なぜ だけが れるのか?

春夏秋冬★ 秘密のビッグバスパターン40

Secret Big Bass Patterns for All Seasons

伊藤巧
TAKUMI ITO

なぜボクだけが釣れるのか？

春夏秋冬★秘密のビッグバスパターン40

Secret Big Bass Patterns for All Seasons

伊藤巧
Takumi Ito

企画・編集・執筆協力・写真＝望月俊典
写真＝宇田　智・NORIES
装丁＝小根山孝一
イラスト＝廣田雅之

Contents

Contents

3rd Season 秋

4th Season 冬

伊藤巧のフィッシング略歴

1987年	3月29日、千葉県柏市にて生まれる
1990年	初めての釣りを経験する
2000年	トーナメント初参戦（TBC）
2006年	TBCオープン第3戦優勝
2007年	プロトーナメント参戦開始、TBC年間3位
2009年	麗沢大学卒業、マルキユー株式会社入社 前日にTBCプロ戦初優勝
2011年	H-1グランプリ年間優勝、TBC年間2位
2012年	H-1グランプリ年間2位、TBC年間3位
2013年	TBC年間2位、H-1グランプリ年間3位
2014年	TBC年間2位、H-1グランプリ年間4位
2015年	H-1グランプリ年間優勝、TBC年間3位
2016年	TBC年間優勝、H-1グランプリ年間2位、 陸王優勝（ルアーマガジン）
2017年	TBC年間2位、陸王優勝（2連覇）、 艇王優勝（ルアーマガジン）、 バサーオールスタークラシック初出場5位
2018年	艇王優勝（2連覇）
2019年	B.A.S.S.セントラルオープン年間4位、 同第1戦トレドベンドリザーバー2位 （エリートシリーズ昇格）
2020年	B.A.S.S.バスマスターエリートシリーズ 第1戦セントジョンズリバー21位

僕もこんな本を読んで
バスプロになった

みなさん、こんにちは。伊藤巧です。

僕は子どものころ、田辺哲男さんの『バス釣りビッグフィッシュパターン』という本を買いました。学校から帰ってくると、その本を読んで勉強して、朝起きて学校に行く前にも読んで……学校から帰ってくると、また読んで……ということを繰り返し、ブラックバスのパターンフィッシングを学んだのです。そんな少年時代を思い出しながら、この本を作りました。

小学校、中学校、高校、大学、そして社会人となり今に至るまで、僕はずっとバスフィッシングに打ち込んできました。そんな日々のなかでもその本を読んでいた時間というのはすごく楽しくて。そして翌日釣行に役立てようとワクワクしながら布団に入ったことを思い出します。

SHIMANO

この本では、春夏秋冬の様々なパターンを紹介しています。

　僕が今までに経験した釣り。ずっと釣れなくて、釣れたときの感動。季節によって法則じみた体験談をもとにしたパターンをひとつずつ解説しました。実際にはそれ以外にもフィールドの環境やベイトの違いなどで、ものすごい量のパターンがあるのがバスフィッシングなのです。それでも、僕が小学生のころから経験してきたなかで感じたことを思う存分紹介してみました。実際、作るのにすごく時間がかかって、ときには「もうやりたくないな……」と苦しみながら作業をしたり。でも、その日々を経て、やっと完成した本なので、ぜひ最初から最後まで読んでいただいて、さらに釣りの参考にしていただけたなら僕もうれしいです。

　フィールドの状況によってはうまく活用できないこともあるかもしれませんが、必ずそのときにマッチする瞬間は訪れると思います。この本を読んで、「そういえばこんなこといってたな……」と、何気なくフィールドで試してみてください。それがハマったときは、大きな感動とともに、この本を買ってよかった！　と思っていただけると幸いです。ぜひ、ガッツリ読んでくださいね。

日本のフィールドに特化して作った、エスケープチビツイン。エスケープ兄弟の年の離れた末弟として、タクミが世に送り出した

伊藤巧とロードランナー。最初に感銘を受けたノリーズ製品こそ、ハードベイトスペシャルだった。今はアメリカでの戦いに欠かせない相棒になっている

夢の舞台、バスマスタートーナメント。これは2019年のセントラルオープン第3戦、スミスレイクのウェイイン。成績は微妙だったが得るものは少なくなかった1戦

タクミのロッド小論

Column 01

ロードランナーがロードランナーである理由

サオがサオであるべき性能を持ち合わせたロッド、それが重要です。どういう意味かというと、軽ければいい、硬ければいい、強ければいい……というわけではなく、トータルで考える。ルアーを投げたときにちゃんとサオが追従し、ルアーを弾き飛ばしてくれること。手が投げるんじゃなく、サオが投げてくれる。操作をしているときにルアーの動きを邪魔せずに追従してくれるバランス。それでいて、魚が掛かったらサオがしっかりと曲がり込んで、バスが暴れたとき、ジャンプしてヘッドシェイクしたときでもサオが追従してバラシを防いでくれる。いい意味で曲がるっていうことを実現できているというのが本当にいいサオかな、と思っています。

僕は20歳でロードランナーに出会って12年、本当に助けられています。僕にとってなくてはならない存在であると確信を持っていえます。今は、アメリカでも使うようになってから、このサオじゃないとな、と実感しています。というのも、田辺さんがアメリカで戦っていたころ、バックシートの人に釣られないように自分が完璧なところへ一発でルアーを入れてバイトさせ、ファイトをいなしてキャッチする、というのを実現させるために作ったのがロードランナーシリーズだったんです。それを今僕がアメリカで使っている。これじゃなきゃダメ、というのは使えば理解できるはず。それくらいアメリカの釣りというのはタフだし、身体にも疲れが溜まってくる。体力勝負の状況で、サオが体をケアしてくれるというのは重要な性能だといえます。今では、アメリカで使うのはこのサオじゃないと……と、強く思っています。

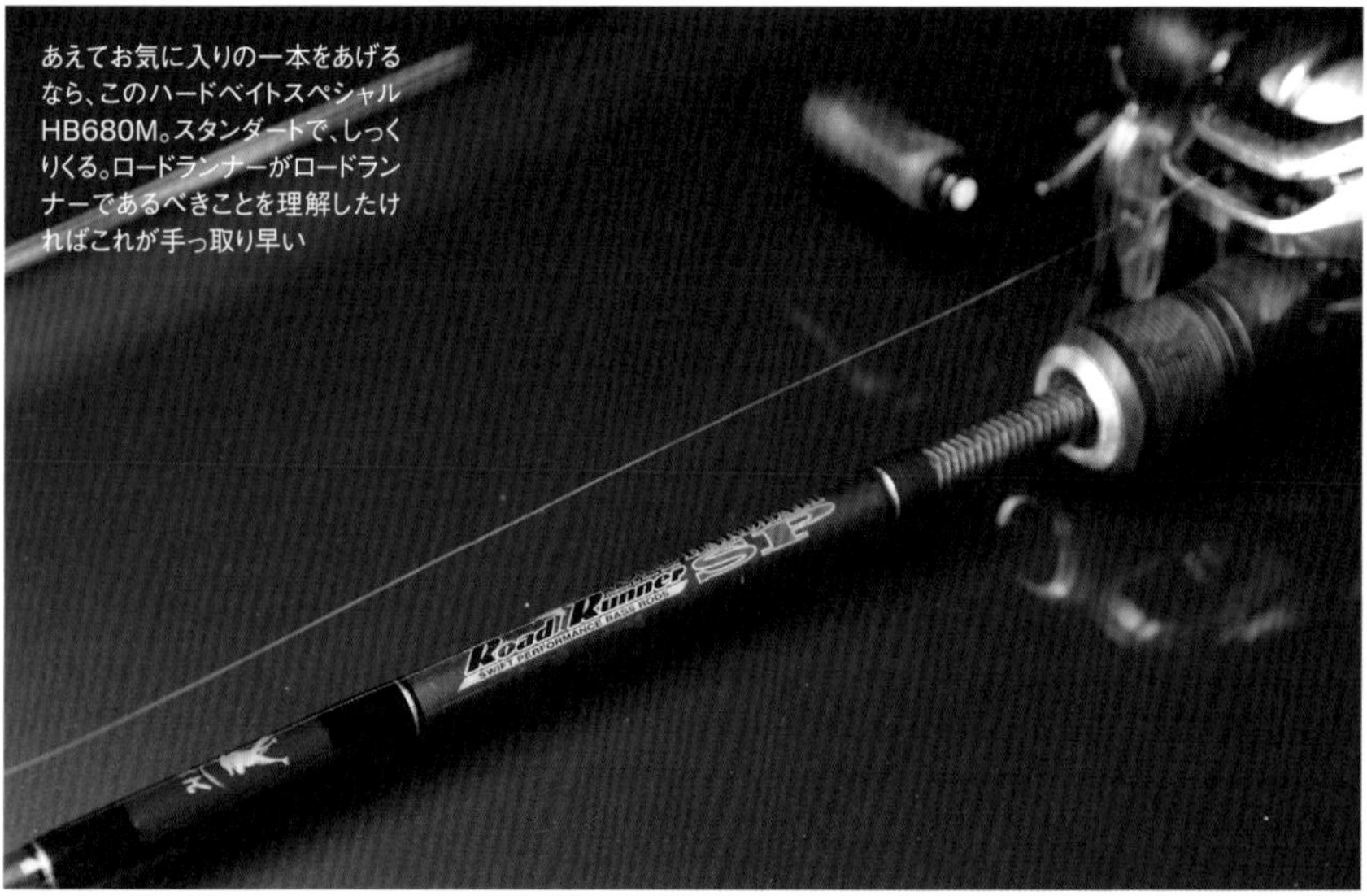

あえてお気に入りの一本をあげるなら、このハードベイトスペシャルHB680M。スタンダードで、しっくりくる。ロードランナーがロードランナーであるべきことを理解したければこれが手っ取り早い

春

1st Season Spring

ズバリ、バスフィッシングが最も面白い季節が春である。まず、冬場の越冬場にいたバスたちが動き出す早春。ワカサギ、アカガエル、ザリガニといったベイトの動きにリンクすると、それまでの沈黙がウソのような釣れ方、いわゆる春の爆発が起こることがある。また産卵前なので、1年で最も太く、いつもは釣れないような大ものがうっかりルアーを食ってしまいがちな時期だ。そして、産卵を経てアフタースポーン期となる春後半、バスはサスペンドし、目線が上を向く。これまた一年のなかでも有数によく釣れる。なによりも、日々刻々と変化する水中の変化を捉えるゲーム性の高さが春は面白いのだ。

タクミ VS. 春
TAKUMI Spring

場所●牛久沼（茨城県）
日時●3月6日
天候●晴れ

この冬は記録的な暖冬だったが、取材日の朝は寒く、北風が強めに吹いていた。牛久沼のレンタルボート店は冬季2月いっぱいは休業。1週間前にオープンしたばかりだ。ロッドと食料を最後に積み込み、いざ出船

春の一発。ヒットではなく場外ホームランを求めて、牛久沼へ船を出した

２０２０年３月６日。このあたりの日本といえば、新型コロナウィルスの感染拡大により、３月２日に全国の小中高校に対して政府から一斉休校の要請が出たタイミング。同じく３月２日にアメリカから帰国していたタクミは、いつアメリカが日本人の入国を制限してもおかしくない状態だったので、エリートシリーズに出場するために一刻も早くアメリカに戻りたい心境だった。

「今日、もしパスポートが届いたら明日アメリカに行ってもいいですか？　明日朝のうちにできるだけ仕事をして……」

と、翌日は１日インタビュー取材をさせていただく予定だったのだが、朝からイレギュラーな提案である。しかし、機を逃せば今シーズンを棒に振りかねないだけに、ライターとしての仕事の責任とは別の感情から「すぐに飛んだほうがいいですよ！」と言ってしまいそうだった（というか、言っていた）。

さて、この日の朝の気温は５℃。今年にしては寒い朝だ。北風が吹いて、水面は波立っているなか、６時48分にたまやボートから無事に出船した。久々の牛久沼、コンディションはいかがだろうか？

「今日はカバーを撃ちたいんだ

今回のボートセッティング。デッキは冬編の三島湖と同じだが、ラッピングが一新されている。また、ボートサイズが違うので、このタイプではいわゆるツライチになる。その他は冬と同様。ラダーも付いている

出船してすぐのたまや前オダから釣り開始。9gの軽いラバージグでじっくりと1周したが……「釣れなそう」とのこと。やや水位が低いことを気にしている

けど、水深が浅いです。ここ、90cmしかないよ。いろいろ考えなければいけない感じですね」

まずは桟橋を出てすぐの沖の杭の集合体、通称たまや前オダから。ルアーはガンタージグライト9gにワイルドダディ（ワイルドポーク）のセット。

ところで、この本の実釣に許される日数は基本的に、1季節＝1日。できればボウズは避けてもらいたいなぁという気持ちから、取材場所を決める際にライターは高滝湖を推していた。ワカサギパターンの爆発が期待できるし、それでなくても好調がうかがえたからだ。しかし、タクミは「牛久沼でやりますか？」と笑顔の顔文字を添えてLINEを送ってきた……。牛久沼の早春といえば、とりわけ近年に関しては厳しい印象しかない。正直タクミを以ってしてもボウズのリスクがかなり高いのではないかと思い、「釣果がすべてではないので……牛久でもいいですよ！」と、あとから思えば、エリートプロに対して失礼極まりない返信をしていたのである……。

ところで、タクミが牛久沼を選んだ理由とはなんだったのだろうか？

「春の一発が起こりやすいから。牛久沼は全体の水深が浅いからシャローに乗っかるタイミングも早く、しかも一気にエサを食いに上がってくるんです。ダメになるのも早いけど、一気に始まるのも早いんです」

つまり、ギャンブルというわけだ。

「よし、旅に出ようかな」とエレキのスピードを上げた。北風を背中に受けながら、南へと走る。目指すは風裏であろう、西谷田川。走行中はバッカンを椅子にする

西谷田川と東谷田川が合流するあたりから釣りを再開。アシをピッチングやフリッピングで撃つ。しかし、風裏だと思っていたが、ほどなく西風が吹き始めた……

放射冷却で冷え込んだ朝はマット状になったカバーにバスが入る、というのがタクミ流セオリー。牛久沼だとガマやアシの茎が倒れたカバーがそれにあたる

ガンタージグライト9g（ノリーズ）＋ワイルドダディ（ワイルドポーク）

同重量ではビフテキに比べて貫通力は劣るが、重量のわりにゆっくり落ちて、着底後はラバーがポワーンと広がってバスにアピールする。ワイルドダディは厚みがあって柔らかいポーク。スイミングでもよく動く

エスケープツイン（ノリーズ）

7gビフテキで使用。横倒しになったガマなどの隙間をスルっと落とすときはこちら。テキサスリグやラバージグよりもストレートダウン力が強いので、障害物から離したくない場合は使い勝手がいい

強い風の向きに翻弄された朝。
魚の上がる道を探す旅

「風が吹き荒れているので、とりあえず、西谷田にいってみようかな。ブレイクも深いし、風裏になるんで。ただ、東谷田も水の色が悪くないので、もう一度戻ってきてやるかもしれません。……よし、旅に出ようかな」

北風がストレートに抜ける東谷田川は釣りづらい、と判断し、風裏となる西谷田川下流部左岸を目指し、グイグイとたまや号は進む。ところで、この前のエリートシリーズデビュー戦のフロリダはどうでした?

「フロリダは嫌いだけど、試合は楽しかったです。プラでは3日間で4匹しか釣れなくて、これは終わったな、最下位だな、と思いましたよ(略:詳しくはアメリカの話編にて)。アメリカだったら牛久沼はクリークですね。バスボートであそことあそことあそこ、って決めてポンポンポンと回って終わり。でも、日本じゃ釣れないんですよね、それでは。アメリカにいくと、日本では釣れなくなりますよ」

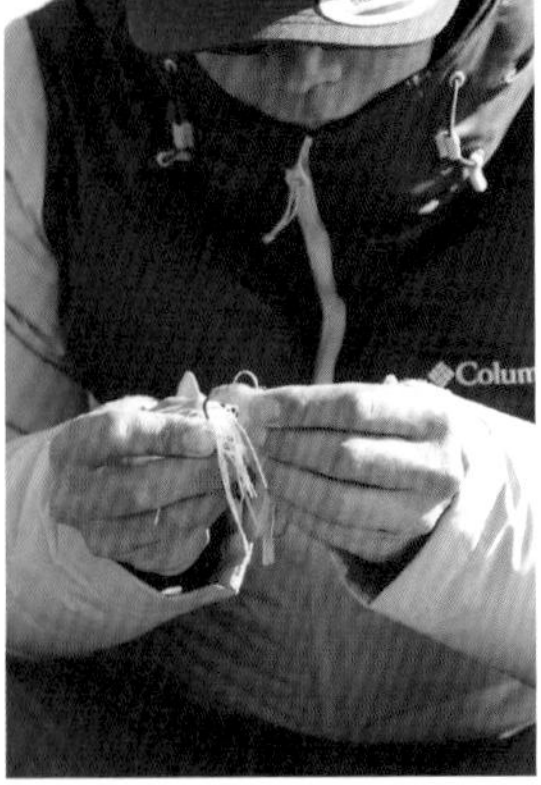

牛久沼でもスイムジグを使うことがある。やや水が綺麗で、アシやガマがパラパラと生えたエリアが出番だ

早春期に理想的なガマ。このように横に倒れて下に空間があり、魚が入りそうなワンドや岬状になった場所の外側にポンとあると最高だそうだ

そんな話をしながら、西谷田川に到着。西の冷たい風が吹いている。アシと倒木が絡んだところにジグをピッチング開始。

「ここはブレイクが近いから、上がってきた魚を捉えやすい場所。ただ、想像以上に風表になっています。水は悪くないけどダメかもな。しばらく釣りをしないで見て回ったほうがいいかもしれない……戻ろう!」

大きく移動してきたエリアだったが、数投で見切りをつけ、走ってきた方向へとバウを向けた。東谷田川に戻っていると、今度は北風。逆風である。

「ムカつくな〜こういう日は。でも、生きているエリアで動いたバスを捉えるチャンスが必ずある。大丈夫」

7時53分、東谷田川中流に到着。このあたりはあまりやったことのない場所らしい。

「今はまだスポーンではなく、スポーン前のフィーディングな

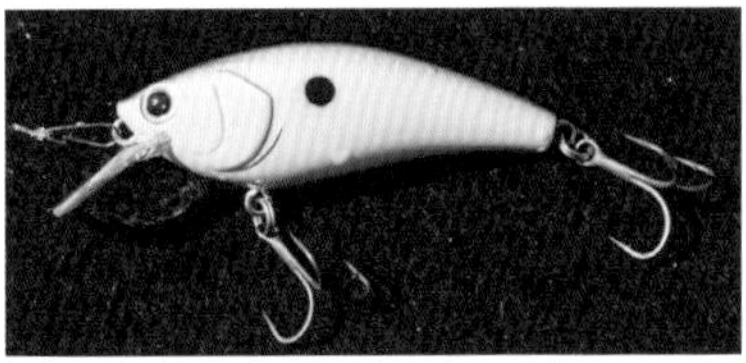

コンプリートスクエア(ノリーズ)

「なんか釣れるクランクないかな〜」と、焼きそばパンをかじりながら、シャロークランクボックスから選んだのがこれ。本当は赤がよかったそうだ。斜め護岸エリアでボトムを叩くように巻いた

ので、魚が上がってくる場所。こういう風に突き出ているところにカバーがある、それが重要なんです。ただ、北風が当たると冷えてしまうのでよくない。ならば、風が当たっていない場所のほうがいい。ベイトフィッシュを捕食しているようなところだとまた違うんですが……」

牛久沼の今のエサはなんですかね?

「クローダット（ザリガニ）じゃないですか。あとはフナも食われてると思うな」

しばらくピッチング&フリッピングでガマを撃ち続けていたが、アタリが出ない。そこで、8時半ごろからスピナーベイトを巻き始めたタクミ。ちょい沖のガマにディーパーレンジ1/2ozだ。

「完全にここも魚が上がってくるスポット。近くに水門があって、ミオ筋が入っていて、そのちょい沖に生えたガマ。1日のうちに何度もやっていい場所です」

そのうちに、プロズファクトリーのプロズスイムジグにチェンジ。

「今までは高いアシの壁があって、その際を撃っていたのですが、ここは外側にパラパラとガマが生えているので、その周辺を探ってみようかと。スピナーベイトを巻くには風が当たっていないし、チャターを使うには水が綺麗すぎるからスイムジグです」

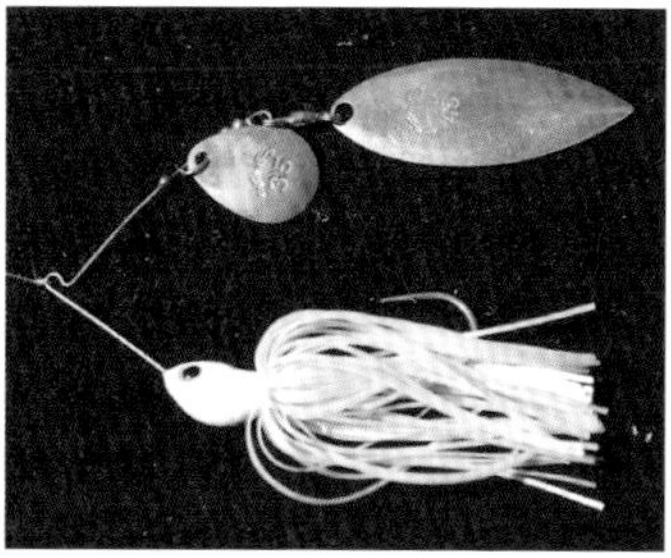

クリスタルS1/2oz（ノリーズ）
風が吹いたらクリスタルS。風が強く当たるガマエリアではこれの出番。水深が浅くてもボトムにある枯れたガマにしっかり当てるため、このウエイトが必要

プロズスイムジグ（プロズファクトリー）＋エスケープツイン（ノリーズ）
水がやや綺麗なパラガマエリアで巻いたスイムジグ。スピナーベイトだとちょっと強すぎるかな?という発想なのでカラーは魚系だが、グリパン系でもOK

ピッチングに時折織り交ぜたフリッピング。効率性と静かなアプローチ性能は他の釣り方と一線を隠す。今でも非常に重要なテクニックだ

ボウズがよぎった頃に訪れた、衝撃のワンパンチ

「スピナーベイトで釣りたい。ここは釣れそうだな……岬ちゃん」

　愚問だが、なぜスピナーベイトなのだろうか?

「横から風が吹いているから。風の当たり方と水面のざわつきで種類を変えています。これだけ吹いていたらクリスタルS 1/2ozです。今釣っているのは見えているガマだけでなく、水中のガマの株も狙っているのでやや重めのほうが当てやすい」

　東谷田川を釣りながら北上していく。茎崎橋を北に越えたところでスピナーベイトを投げながら……。

「ここ、岩が入っていていい感じですわ」

　ということで、シャロークランク、コンプリートスクエア70をボックスから取り出した。護岸に対して斜めにキャストし、ボトムを叩くようにグリグリと巻く。そのまましばらく、クランクベイトやスピナーベイトを巻きながら上流に進んだのだが。

「うーん、岸際の水が綺麗すぎる。この水じゃあ釣ってちゃダメですね」

　明らかに上流のクリアな水になってきたので、ここでUターンを決めた。東岸側沿いにディーパーレンジ1/2ozを巻きながら下る。

「ヤバいな……デコりそうだぞ!朝イチに西谷田川に行ったのは失敗したな」

　13時近くなり、下船時刻まであと3時間半。ボウズというのも十分ありうる展開だな……記事どうしよ?……と思っていた

そのときだった。

「きた！　きました！」

とっさに巻きアワセを決めたタクミ。突然、ハードベイトスペシャル680Mがバットから曲がっているではないか。これが、早春の牛久沼だ。

「デカい、マジでデカい！　ヤバいな……外れそう。バレるなよ」

念願のワンバイト目がビッグフィッシュ。エリートプロが、息が止まりそうなほど慎重にファイトしている。そして、親指を下アゴへ滑り込ませた。

「やった！　メスがきたよ！　正直、デコるかと思っただけにこれはうれしい！」

ファイト中は「外れそう」といっていたフックはガッチリと掛かっていた。これは外れない。

「泣けるな。今日1日のつらさが吹っ飛んだ。よかった……」

たまんねえわ、
牛久沼！

ついに捕まえた、沼の春。狙ってたのはお前だ!!

春の牛久名物、ブタバスがこれだ。45cmながら、2kg近くありそうなファットママ。太陽が当たっていたエリア、倒木に浮いたタイミングだったのだろう。中層を泳ぐスピナーベイトを追いかけてきて食った!

強いクリエスと弱いディーパー。いずれも、食えば絶対デカい！

ヒットスポット。この周辺はガマが生えていない。つまり、ハードボトムが広がっていることが推測できる（実際サイドイメージに石がゴロゴロと映っていたという）。そんな場所で、唯一突き出しているのがこの倒木だった

「太陽。春のメスは太陽パワーです。日が当たってる場所にポツンとある倒木に浮いてきていました。そういうバスには横の動きのルアーがいいんです」

倒木の際にディーパーレンジを投げて、テロテロと1mほど巻いたところで、リールの巻き抵抗がなくなった。ダッシュして食ったバスがそのままボートに向かってきたようだ。

「魚がこっちに突っ込んできてたから合わせたんですが、フッキングが決まらなかったと思った。ローギアだから決まらないかな……と思ったけど、ローギアじゃないとルアーが浮いちゃうんでしょうがないです。あまり引かなかったですが、魚が見えて、メスだ！　と。フロリダのセントジョンズリバーでもそうでしたが、太陽が出てくるとメスが釣れますね」

しかし、牛久沼ではクリスタルS 1/2ozが定番だというが、どうしてディーパーレンジだったのだろうか。

「フィネスです。フィネススピナーベイティング。クリスタルS 1/2ozが定番なんですが、ディーパーレンジのほうが弱い。強いクリエスと弱いディーパー。その使い分けがキモです」

なぜ弱いほうがいいのだろうか？

「もうね、クリエスは祭られすぎてるんですよ。みんな投げすぎてる。で、釣れないじゃん、ってみんなワームに変えちゃう。でも、この透明感だったらディーパーレンジという弱いスピナベがよかった。プレッシャーとベイトサイズとかを含め、強弱を理解すればスピナーベイトで釣れる魚はいるんです。そして、それはデカい」

沖のイケスから小魚を回収している漁師さん。ネットを覗かせてもらうと、どっさり入っていた。牛久沼はバスは薄いそうだが、それを育むベイトフィッシュはかなり豊穣なのだ

クリスタルS ディーパーレンジ1/2oz（ノリーズ）
クリスタルSが剛のスピナーベイトならば、こちらは柔。魚影が薄く、ベジテーションが全面的に広がるレイクで、ビッグバスを狙うのであれば、スピナーベイトしかない。年に数回の牛久沼であればなおさらだ

ピッチングとフリッピングのコツとその使い分け

それでは時間を戻して、午前中のメインの釣り方だったピッチング&フリッピングについて解説いただこう。

「今日使っているロッドは7ftのヘビーアクション。76があれば完全なフリッピングができるんですが、アメリカに置いてきてしまいました」

一連の動作を簡単に解説すると……アシ際にルアーを落とし、少し放置して、軽くシェイクを入れてから回収。

「あまりシェイクするとガマを揺らしちゃうからよくない。特に風が吹いていないところは着水音を静かにします。そういうときはフリッピングがいい。ガマやアシを揺らすことなく、静かな着水音でプレゼンテーションできるので。ただ、波で揺れているようなところはあまり気にしなくてもいい。そういうときはピッチング（の着水音）でルアーパワーを上げて魚を寄せるようにしたほうがいいです」

他にも、アシが出っ張ったり引っ込んだり連続しているところ、あるいはマットカバーはピッチングが最適解。いたずらにキャスト数を増やすよりも、要所を撃ってバスを寄せるようにしたほうがいいそうだ。

風がないときは、ガマを動かしてしまうと食わない。このような密集したガマにリグを静かに落として、動かさないで待つ。水深は浅いのでバスはわかっているだろう、というイメージで周囲にいるバスを静かに誘う。それが牛久沼特有の食わせ方なのだ

フリッピングの動作

1 まず、ロッドティップを跳ね上げた直後、ラインを持った左手を後ろに引っ張る

2 ロッドティップを下げ、ピックアップしたルアーを身体の近くまで引き寄せる

3 再びロッドティップを跳ね上げて、ピックアップしたルアーに反動をつけて打ち返す

4 狙ったスポットに静かに着水させ、左手でラインを送り出して落としていく

あの1尾を牛久に釣りにきたのだけど、2尾目もうれしい

「今日は2本釣りにきてないです。確かに、オダでパワーフィネスをチクチクやれば釣れるかもしれないけど、スピニングを持ってきてない理由はそれですから。このゲームをやりたかったんです」

あのバスの余韻が冷めない。「2本釣りにきていない」とはあくまでもプロパガンダであり、伊藤巧は弩級の釣りキチでもある。当然2本目、3本目を狙いにかかる。

「こういうところに浮くんですよメスが」

と、ちょい沖の杭を撃つ。

「もうこの時間になったらマットの釣りじゃなくて、バスが浮ける場所が有望です」

13時51分、沖の連続した杭でスピナーベイトを巻いている。塚本という旧レンタルボート屋の桟橋跡。今は、バスの越冬場所になっているそうだ。時折クランクベイトも投げているが、スピナーベイトとの使い分けのポイントはなんだろうか?

「クランクベイトはよりガマに絡めたいとき。例えば、ゆっくり巻いてボトムの株に当てて、リアクションで食わせる。クランクは止められるから、ボトムの株に当たったら止めて、浮かせて……また巻く。でも、今日は水温が低いからスピナーベイトの反射で食わせたほうがいい」

そして、だいぶ日が傾いた15時50分すぎ。たまやボートよりも下流に下ったエリアでスピナーベイトを巻いていると……この日2度目のバイトが!

「きた! 今度はオスだ! ……

これは、「水中田んぼ」と呼ばれる牛久沼特有の現象。100年ほど前、泥や葉っぱを練りこんだものを牛久沼に沈め、そこで稲作が行われていたのだという。それが地震などで隆起したもの。隆起した水中田んぼの下はえぐれた空間ができているのでバスが入りやすく、それが風や波で崩れて流されるとボトムは凹んだ状態になる

ディーパーレンジで釣れた巨大な二枚貝。ドブガイだろうか? しかし、二枚貝にスピナーベイトが食われるというのはきっちりとボトムトレースができている証拠だ

この日の殊勲タックル。ロッドはロードランナーヴォイスハードベイトスペシャルHB680M、リールはバンタムMGL PGライト、ラインはR18フロロリミテッド14Lb。ルアーは2尾ともディーパーレンジ1/2ozだった。「春の牛久沼はこのタックル3本態勢でやりたいくらいです」

よし、抜きますよ〜」

　またもスピナーベイト、ディーパーレンジ1/2ozだった。

「外側の矢板を抜けたときに、もんどり打ってきました。杭に付いていたバスが追いかけてきていたんでしょうね。本当はアシの壁に付きたいんだけど、水位が低くて付けないんだろうな。でも、もんどり打って食ってきましたよ。日本で反転したり暴れたりするバスを釣るのは久しぶりだな。アメリカと違って、反抗しないバスが多いイメージでしたが、やっぱり牛久はストロング。スピナーベイトに食ってくるのも健全ですよね」

　3月6日の牛久沼で、2安打。予告した通り、春の一発を見せてくれたのだ。牛久沼の3月のブタは都市伝説ではなかった……。それでは、そろそろ総括をいただこう。

「今日はスピナーベイトでしたが、水位がもう30㎝くらい高ければ、アシ・ガマのえぐれに付くようになるので、そこをフリップで狙うといいと思います。今日はえぐれに付けないからスピナーベイトの方が釣れましたけどね。でもやっぱりいいわ、牛久沼。あの1本を釣りにきたんですから」

ディーパーレンジでの2発目はナイスなオスバス。パターンはバッチリ、よく暴れてくれて、満足度の高い1尾だった

2尾目がヒットしたエリア。アシ際に投げたスピナーベイトを引いてきて、矢板の杭をかすめて抜けた直後、追ってきたバスが水面に飛び出しながらバイトしてきた。ちょっと減水したタイミングではちょい沖の杭に付きがち

春
Spring Pattern 01

スポーニングエリア一歩手前 2月下旬の春爆パターン

川の産卵場である支流への上り口をピュピュっ！と狙う

時期	2月中旬～3月上旬	釣り場のタイプ	リバー

一番破壊力があって、一番デカいのが釣れる、早春の釣り方です。2月中旬から下旬というのは日照時間が長くなってきて、バスがどんどんスポーニングを意識して、産卵場に入る前にご飯を食べようとやる気になっている状態です。一番デカい個体が第1陣として上がってきて、2陣、3陣となるに従って、だんだんと釣れるバスがサイズダウンしていく。

　スポーニングエリアといっても川なので、流入河川などで狙うことが多い。バスはシャローに上がってくるので、その通り道になるようなところでエサを食べるバスを狙うんです。具体的には、流入河川の出入り口、利根川の4～5mまで入った乱杭のような深場から浅場まで入っている連続縦スト、そういうところを釣っていきます。

　釣り方は、縦ストに絡んだ流木とか、ブレイクに絡んだハードボトムとかを狙うのだけど、まだまだ水温は8℃台と低く、下層の水も冷たい。ただ、日照時間が長くなるつれて表層の水が温められるという状況なので、流木の枝などサスペンドできるところにパワーバランス7gのテキサスなどを素早いアクションで落とし込んでいく。シェイクで枝をクリアしつつ、また落とす、という繰り返しで釣る。

　キモは、ザリガニやエビなど甲殻類がまだ出てこない季節なので、素早く、短くアクションさせること。とはいえ、トゥイッチのようなアクションではなく、枝に絡めて落とし込む、というのをピュッピュっとやるイメージです。

スポーニングの上り口にある縦ストを縦横の動きで攻める

支流の合流点近くにある縦スト、さらにそれに絡んだオダなどのカバーにテキサスやヘビダンを絡めていく。雨など悪天候のときはスピナーベイトを巻くのも効果的。当たればビッグバスが連発する、爆発力のあるパターンだ

Lures & Tackles

クリスタルS 1/2oz（ノリーズ）

雨や風でバスがカバーにタイトについていないときはクリスタルSを連続するタテストに対して巻く。ビッグフィッシュの連発に備えよう

ロッド● ロードランナーヴォイス ハードベイトスペシャルHB680M（ノリーズ）
リール● カルカッタコンクエスト100（シマノ）
ライン● R18フロロリミテッド14Lb（クレハ）

4inパワーバランス（ノリーズ） 7gテキサスリグ

引っかかりやすいカバーならばテキサス。ただし、この場合はペグ留めはしないフリーテキサス。素早いアクションを出すために抵抗の少ないワームをチョイス

ロッド● ロードランナーストラクチャー NXS STN670MH-St（ノリーズ）
リール● アルデバランMGL 31HG（シマノ）
ライン● R18フロロリミテッドハードバス12Lb（クレハ）
フック● ダブルエッジ＃2/0（リューギ）

4inパワーバランス（ノリーズ） 7gヘビーダウンショットリグ

カバー薄めで、小さな変化に引っかけたいときは、ヘビーダウンショットで、タイトに落としていこう。まだ甲殻類が出ていない時期ということもあり、魚っぽいワームがいいだろう

ロッド● ロードランナーストラクチャー NXS STN650M（ノリーズ）
リール● アルデバランMGL 31HG（シマノ）
ライン● R18フロロリミテッドハードバス10Lb（クレハ）
フック● ダブルエッジ＃2/0（リューギ）

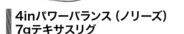

春
Spring Pattern
02

ワカサギレイクの春爆パターン

早春、ワカサギが一気に遡上を開始するとき、それは起こる

時期	2月中旬～3月上旬	釣り場のタイプ	ワカサギがいればどこでもOK

2月の中旬くらいから、ワカサギはリザーバーの川筋などを産卵のために遡上する習性がある。川筋以外にも、シャローのフラットに集まったりもする。まだ春の本当に始まりの時期なのに、ワカサギが上流に動けば、バスもまだボケた状態にもかかわらず、低水温をものともせず上流やシャローに上がってきてしまう、それが春のワカサギパターンです。

ただ、2月から始まるといっても、それは房総の高滝湖のようなフラットリザーバーや霞ヶ浦のようなマッディシャローの話。ハイランドレイクは気温も水温も全然違うので、ワカサギの産卵も時期がズレる。当然そのタイミングに合わせてバスも動くので、注意が必要です。とにかく、ワカサギありきの釣り。ワカサギは温かい流れを感じて上がるのですが、他にも重要なのは月齢。大潮の日など潮回りにも大きく左右されます。基本的に、産卵に絡むベイトは一気に動くので（なぜかというと、ダラダラと産卵をしているとそのぶん危険にさらされるので）、昨日は全然釣れなかったのに、今日は爆釣とか非常にムラがある。釣りにいくタイミングは要注意です。

釣り方は、シャッドやジグヘッドリグを使うことが多い。シャッドはただ巻きで、ボトムに当たった瞬間にリアクション的に動かしたり、比較的速めのアクションで反射的に食わせたりする。他にはレディーフィッシュのジグヘッドリグ。1/8ozとか重めのウエイトでボトムで砂煙を上げながら泳がせるのが非常に効果的。なぜかというと、ワカサギはボトムに這うように泳ぐので、いずれもボトムに当てるほうがいい。素早いアクションで、見切られないようにします。

ワカサギの群れは目視できることも多いし、鳥が集まっていたりもします。春の強い風が吹くと、ワカサギが岸に寄せられるので、そこで爆発が起きることもよくありますよ。

リザーバーの上流部など、温かい流れがキーになる

温かい雨が降って濁りが入ったタイミングなどに、ワカサギは川筋へと一気に動く。ボトムを這うように泳ぐワカサギをイメージして、シャッドやジグヘッドリグをボトムにコンタクトさせながら泳がせるのが効果的だ。2月でもハマれば1日に40cmオーバーが2桁、といった釣りも可能だ

Lures & Tackles

ダブルクラッチ（ダイワ）

レイダウンミノーディープジャストワカサギよりも泳ぐレンジが浅く、固定重心なので安定した高速巻きが得意

ロッド● ロードランナーヴォイス
ハードベイトスペシャル
HB660MLS-SGt（ノリーズ）
リール● ステラ2500S（シマノ）
ライン● R18フロロリミテッド4Lb（クレハ）

3-1/2inレディーフィッシュ（ノリーズ）ジグヘッドリグ

3/32〜1/8ozジグヘッドでボトムをへこへこシェイクする。あまり移動させずにボトムでジグジグしてピュっと飛ばしたり、バシバシと強めなシェイクを連続的に入れる。ただ、メインはボトム砂煙アクションだ

ロッド● ロードランナーストラクチャー
NXS STN650LS（ノリーズ）
リール● ヴァンキッシュ2500SHG（シマノ）
ライン● R18フロロリミテッドハードバス3Lb（クレハ）
フック● ヴェスパ#2　2.7g（リューギ）

レイダウンミノーディープジャストワカサギ（ノリーズ）

基本は速巻きとボトムでのトゥイッチ。固定重心で直線的な動きだが、尖ったリップがボトムに当たった瞬間に左右どちらかにダートしながら砂煙を吐く。反射で口を使わせやすい

ロッド● ロードランナーヴォイス
ハードベイトスペシャル
HB660MLS-SGt（ノリーズ）
リール● ステラ2500S（シマノ）
ライン● R18フロロリミテッド4Lb（クレハ）

春

Spring Pattern 03

マッディシャローの春マブナパターン

一気に春が押し寄せる、マッディシャローの王道ビッグバス釣法

時期	2月下旬〜3月上旬	釣り場のタイプ	マッディシャロー、ポンド

牛久沼、霞ヶ浦、ため池などで特に有効なパターンです。平地の、全体的に水深が浅く、カバーに覆われていて、水温がすぐに上がってすぐ落ちるような水域。そして、マブナがいるところ。マブナは3月くらいに水路など浅いところに入って産卵する。また、マッディシャローは水温が下がり切らないということもない。牛久沼のようなマッディシャローは水温が5～6℃になるとバスもリセットされるので、そのぶん春の訪れも一気にくる。だから、爆発力も大きいんです。

　釣り方は、かなり浅いエリアのパワーフィッシング、特にスピナーベイティングが効果が絶大。春のスポーニングに備えてエサを食べたい大きなバスにうまくリンクさせるという、パワーゲームこそ反応がいい。荒れていたら集魚パワーのあるクリスタルS 1/2oz。ブレードのパワーが弱く、ボトムを取りやすいのはディーパーレンジ1/2oz。底のガマとかを優しく通してあげる。引き方はゆっくりとボトム付近をスローロール。ボトムから浮かせてガンガン巻くのは3月中旬ごろから。キーは、ガマやアシの新芽。新芽が早く生えるところの外株に当てながら引いてくる。また、ハードボトムもマブナが好む場所なので狙った方がいい。

　一度オフになったバスがオンになり、大群で上がってくるこの時期。ぜひ皆さんも春爆を求めてチャレンジしてください。

この本の撮り下ろし取材ではまさにこのパターンが爆発！　決してたくさん釣れるパターンではないが、その水域におけるMAX級の極太バスが釣れることもある、刺激的なパターンだ

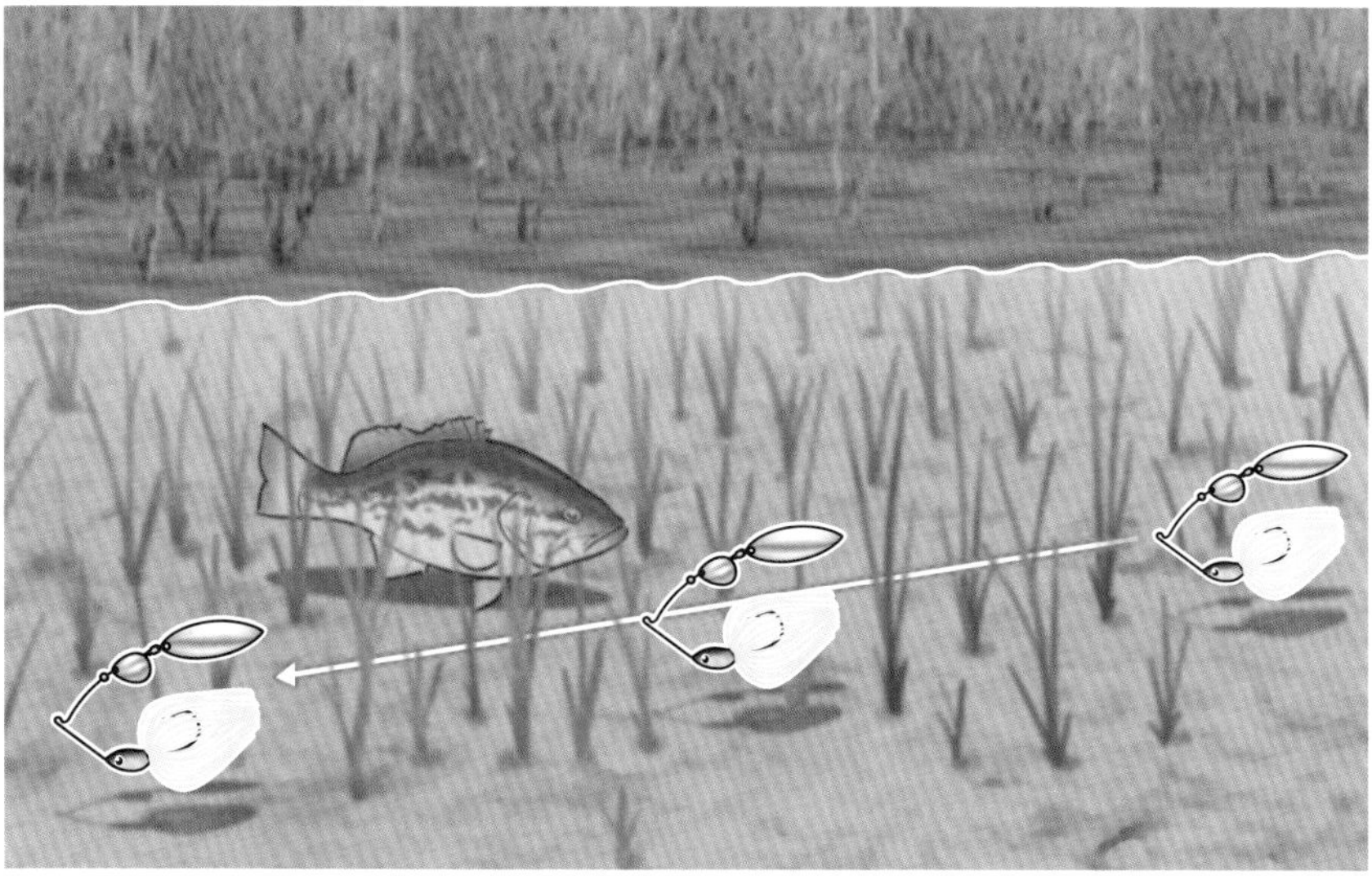

ボトムコンタクトスローローリング

アシ、ガマの新芽が生えるエリアや、ハードボトム、水路のミオ筋などが狙い目。水深は浅いが、ボトムコンタクトさせるため、あえて1/2ozのスピナーベイトで巻く。なお、3月中頃からボトムを切ってスピードを上げるパターンへと変化する

Lures & Tackles

クリスタルS ディーパーレンジ 1/2oz（ノリーズ）

一番ボトムが取りやすいのがディーパーレンジ。パワーが弱いので、ナーバスなバスをスプークさせることなく接近し、強いフラッシングで反応させてしまう

ロッド● ロードランナーヴォイス
ハードベイトスペシャルHB680M（ノリーズ）
リール● カルカッタコンクエストDC100（シマノ）
ライン● R18フロロリミテッド16Lb（クレハ）

クリスタルS 1/2oz（ノリーズ）

風が吹いて湖面が多少荒れているようなら……ノリーズの代名詞的スピナーベイト、クリスタルS。中間的な強さで、春の牛久沼では定番化している

ロッド● ロードランナーヴォイス
ハードベイトスペシャルHB680M（ノリーズ）
リール● カルカッタコンクエストDC100（シマノ）
ライン● R18フロロリミテッド16Lb（クレハ）

クリスタルS スーパースローロール 1/2oz（ノリーズ）

風が強く吹きつけて湖面が荒れていたなら、スーパースローロールの出番だ。もともと低水温期のビッグフィッシュ攻略のために生まれたものだ

ロッド● ロードランナーヴォイス
ハードベイトスペシャルHB680M（ノリーズ）
リール● カルカッタコンクエストDC100（シマノ）
ライン● R18フロロリミテッド16Lb（クレハ）

春
Spring Pattern
04

春の冷え込みを克服するシャローフリップパターン

暖かくなってきたと思ったら、真冬に逆戻りしたような日もあるのが春

時期	2月下旬～4月上旬	釣り場のタイプ	マッディシャロー、ポンド、リザーバー

春といえば、暖かい日と寒い日がいったりきたりするのだけど、スポーニング前にシャローに上がった魚はキーンと冷え込んでも意外に深場には落ちていかないものです。そんなタフな状況で効果を発揮するパターン。

早春の冷え込んだ日は、水面にマット状のものがあることが重要。人間でいう布団のような存在で、シャローに上がったバスが冷えてもじっとしていられるのがマット。それが放射冷却による水の冷え込みを緩和してくれるんです。そういう場所でじっとしているバスに、マットカバーを突き抜けさせるようにルアーを投入していきます。

この釣りは、タフである、というのが大前提なので、アクションはスローに徹する。とにかく、すごく冷え込んだ、あまり水が動かない状況で、タフなバスを相手にするので、シンカーはそこまで重くしない。とくに関東のマッディシャローではバスが逃げちゃうので静かに。それでも、マットカバーを突き抜けられなければどうしようもないので、リグは基本的にビフテキです。テキサスよりも軽いシンカーでマットを突き破ることができるんです。

枯れたガマが倒れてマット化した、こんな場所にリグを貫通させていく。関東のマッディシャローでは、バスをビビらせないようにフリッピングによるやさしいアプローチがおすすめ。このときはビフテキ7gを使用

撃ち方は、日本とアメリカ、関東と関西で違います。とくに関東だと魚がビビってるんで、なるべくならフリッピングでカバーの隙間を狙って静かにやさしくプレゼンテーションしてあげる。魚が逃げてもまた戻ってくるくらいゆっくり時間をかけて誘う。1～2分くらい誘うこともあるかな。関西やアメリカでは貫通優先のシンカーウエイトを選んで撃ち込んでいく。ときとしてロッドを天高くあげて貫通させてやる。

風の弱い冷え込んだ朝がチャンス

冷え込んだシャローのマット下、じっとしているタフなバスにそっとワームを落としてやる。関東はフリッピングが望ましいが、自分の影がマットにかかってしまうようなら距離をとってピッチング。このパターンの弱点は風。マット下の水が荒れるようだとバスが逃げてしまうのだ

Lures & Tackles

エスケープツイン（ノリーズ）7gビフテキ

タフったらエスケープツイン。柔らかいボディ、ほどほどのボリュームとアピール力で食わせに長ける。なお、ビフテキの7gならテキサス10gの貫通能力がある

ロッド● ロードランナーストラクチャーNXS STN720H（ノリーズ）
リール● メタニウムMGL XGレフト（シマノ）
ライン● R18フロロリミテッド ハードバス20Lb（クレハ）
フック● インフィニ#3/0（リューギ）

フロントフラッパーカーリー（ノリーズ）17.5gビフテキ

まだプロトの段階だが、アメリカで戦うために開発中のフリップベイト。エスケープツインよりもフックがズレにくく、ヘビーカバー向き。

ロッド● ロードランナーヴォイス ジャングル760JH（ノリーズ）
リール● メタニウムMGL XGレフト（シマノ）
ライン● スマックダウンステルス グレイブレイド65Lb（クレハ）
フック● インフィニ#4/0（リューギ）

Dボム（ミサイルベイツ）21gビフテキ

ボディにある無数の細かいリブが特徴的なクリーチャーワーム。マテリアルが強く、ハリ持ちがいいのでカバーにどんどん撃ち込める。高活性爆食いのときに使用

ロッド● ロードランナーヴォイス ジャングル760JH（ノリーズ）
リール● メタニウムMGL XGレフト（シマノ）
ライン● スマックダウンステルス グレイブレイド65Lb（クレハ）
フック● タントラムコントロール#4/0（リューギ）

春

Spring Pattern

05

春のキーンと冷えた日の避難系バスを狙撃

**一旦、シャローに上がったものの、
春のキツい冷え込みで
やや深場に移動したバスは手強いが……**

時期	3月中旬～4月中旬	釣り場のタイプ	リザーバー、リバー、マッディシャロー

春の冷え込んだタイミングに、スポーニングエリアのすぐ近くのディープに落ちて、食わなくなったビッグフィッシュを食わせるパターン。スポーニングエリアの近くをデカいメスがウロウロしている状況で、急に冷え込むことがある。するとバスはすぐ沖のアイソレートカバーに付いてじっと耐えるんです。そのデカいメスはなかなか食わないんですが、それをなんとか口を使わせるような釣りです。

　アイソレートカバーというのは連続したものではなく、独立したカバーのこと。例えば、スポーニングエリア沖のオダ、ワンドの入り口にある岬の沖の沈みモノなど。沖じゃなくてもスポーニングエリアより水深があって、じっと我慢していられるようなスペースがあることが大事です。そういうときは北風が強く吹いて冷えるので、なにもないオープンではなく、なにかに寄り添ってじっと我慢できるような条件の整った場所をやります。

　釣り方は、そこまで強い釣りではない。ネコリグやヘビダンなどでブラッシュパイル（オダ）からルアーを離さず、一点で誘えるようなワームがいい。同時に、この時期はバイトが弱くなる傾向があるので、フッキング率がいいリグを使うことも重要です。あまりパーツの多いワームではなく、ストレート系を僕は使います。人間のほうもじっと堪えながら、丁寧にスローに釣っていくのがキモですね。

バンク沿いはいかにもスポーニングエリアになりそうなアシ原が広がり、その沖には杭が密集している。この杭の下にはオダが沈められていて、冷え込んだシャローからの避難場所になる。じっくり攻めていこう

スポーニングエリア沖の隠れ場所を見つけよう

バスが避難しているであろう、少し深いところにある沈みモノを魚探で見つけ、そこからワームが離れないよう、1点でシェイクして誘う。沖の杭や怪しいブイなどは下にオダや魚礁が沈んでいることもあるので、魚探がなくてもトライしてみよう

Lures & Tackles

6.5inシュリルピン（ノリーズ）1.8gネコリグ

軽めのネコリグならばシュリルピンを選択。泳がせるのではなく、1点ロングシェイクで食うまで誘う

ロッド● ロードランナーストラクチャーNXS STN650M（ノリーズ）
リール● アルデバランBFS XGレフト（シマノ）
ライン● R18フロロリミテッドハードバス 10〜12Lb（クレハ）
フック● ヘビーガードタリズマン＃1/0（リューギ）

5-1/4inラッテリー（ノリーズ）2.3gネコリグ

シュリルピンよりもやや重くしたラッテリーのネコリグ。どれもラインはカバーの濃さに応じて10〜12Lbを使い分ける

ロッド● ロードランナーストラクチャーNXS STN660M-St（ノリーズ）
リール● アルデバランBFS XGレフト（シマノ）
ライン● R18フロロリミテッドハードバス10〜12Lb（クレハ）
フック● ヘビーガードタリズマン#2（リューギ）

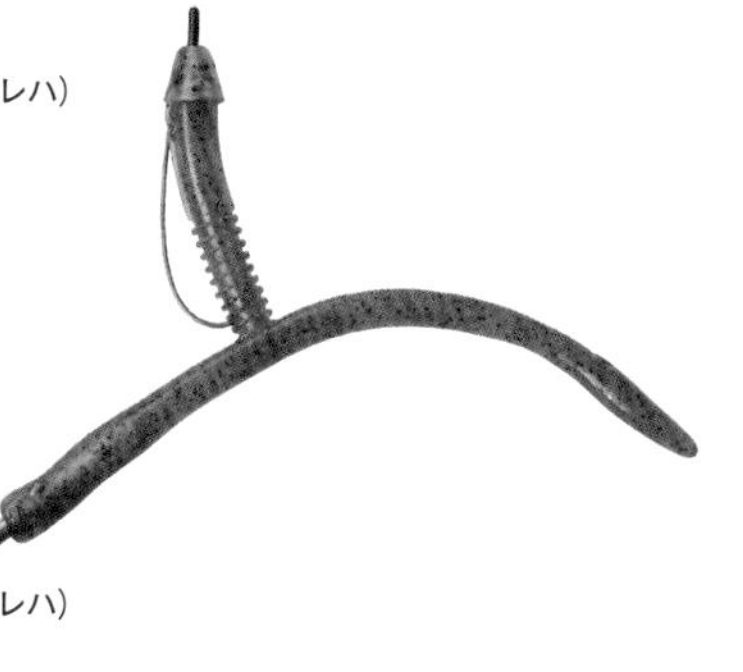

サンカクティーサン（ノリーズ）5gネコリグ

水深が深い場所、あるいはカバーに深くしっかり入れたいときはサンカクティーサン5gで侵入させる

ロッド● ロードランナーストラクチャーNXS STN670MH-St（ノリーズ）
リール● アルデバランBFS XGレフト（シマノ）
ライン● R18フロロリミテッドハードバス10〜12Lb（クレハ）
フック● ダブルエッジ#1（リューギ）

春
Spring Pattern
06

ジャークベイトで攻略する春のサスペンドフィッシュ

比較的クリアな水域でまだエサを追っている
プリスポーナーをジャークベイトのポーズで食わせる

時期	2月下旬〜3月中旬	釣り場のタイプ	リザーバー、リバー

早春の、まだバスがエサを追っている時期のパターンです。七川ダムみたいなクリアウォーターリザーバーだったり、利根川のような透明度の高い川が向いているかな。

比較的水深の浅いシャローから、水深がある場所のテトラ、リザーバーの岩盤など、太陽が出てくるとメスが浮くような地形を持った場所でやります。キモはちょっと暖かいこと。なぜかはわからないのですが、スポーニング前のエサを食べたい個体は、晴れて暖かいと障害物の上にポーンと浮く傾向がある。

他に必要な条件は、ジャークベイトが機能する水の透明度、風が吹いてもそれほど強くないこと。ルアーに対して浮いてきて食べるので、バスがルアーを見つけやすい環境が効果的だと思います。注意して欲しいのは、霞ヶ浦水系などマッディシャローのウィンディサイドのジャークベイトパターンとは違うということです。逆に、水がクリアすぎてジャークベイトで釣るのが厳しいなら、これがジグヘッドリグのミドストに変わるイメージ。ジャークベイトに適した濁りだったり、ミドストではアピールが足りないときはジャークベイトになる。そう考えるとイメージが湧きやすいかな、と。

使い方は、リザーバーの岩盤で水深10mくらいあったとしても釣るのは2mくらいまで。動かし方は2ジャーク1ポーズ。ポーズの時間も、追うのに時間がかかるようだったら、最長で3秒くらい。暖かくてバスがかなり浮いているような状況なら1秒ポーズでOKです。

日の当たるリザーバーの岩盤などにサスペンドするビッグバスを狙う。特に魚がフィーディングに入りやすいシャローが控えた岩盤ならばなおいい

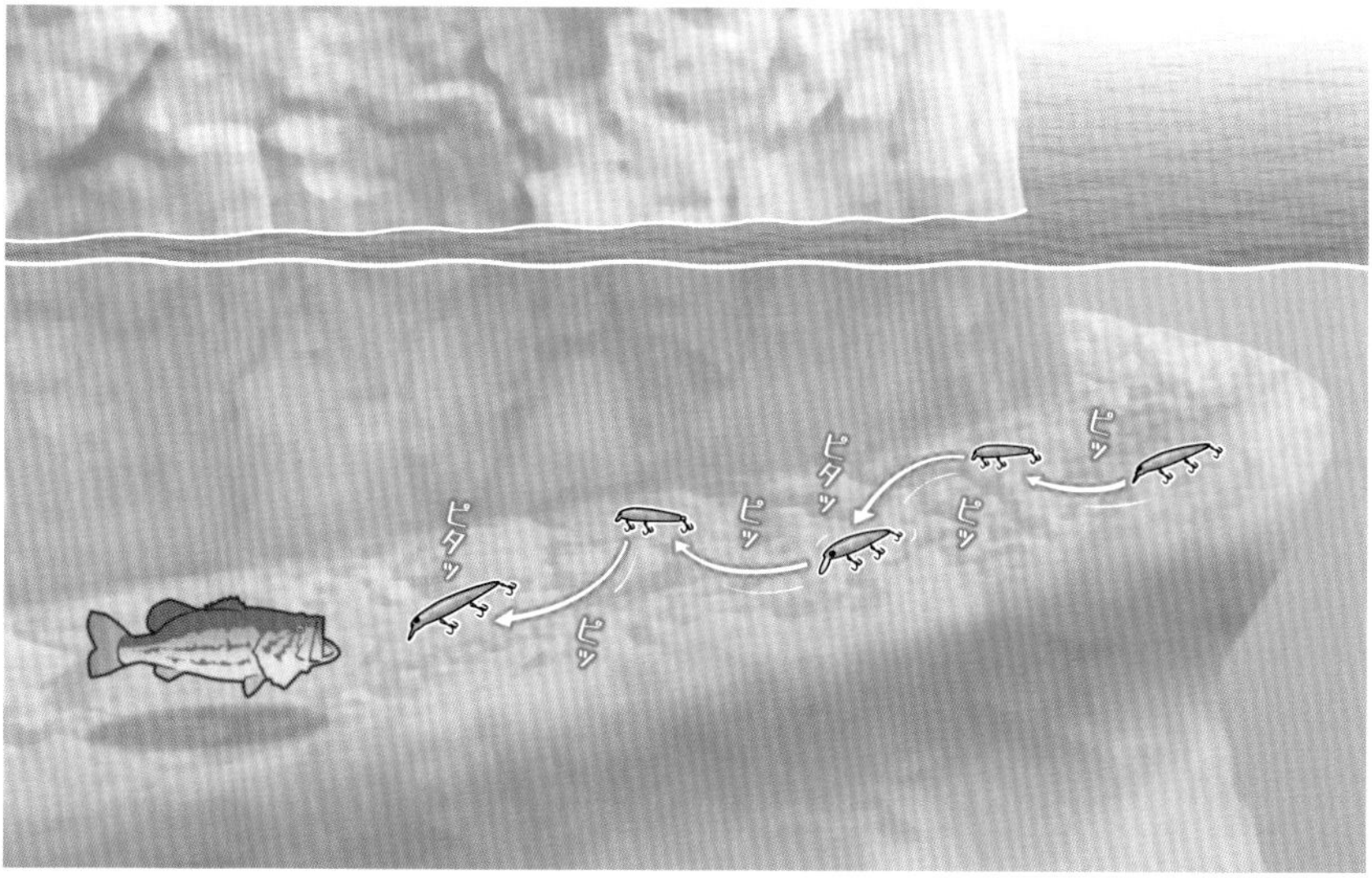

サスペンドバスをポーズで獲る

日の当たるテトラや岩盤、あるいはオダの上にポーンと浮いたメスをジャークベイトで釣っていくパターン。バイブやクランクなど速い動きには反応しないので、止められるジャークベイトが有効。あくまでも浮いたバスを狙うので、水深2m程度までアピールできれば十分だ

Lures & Tackles

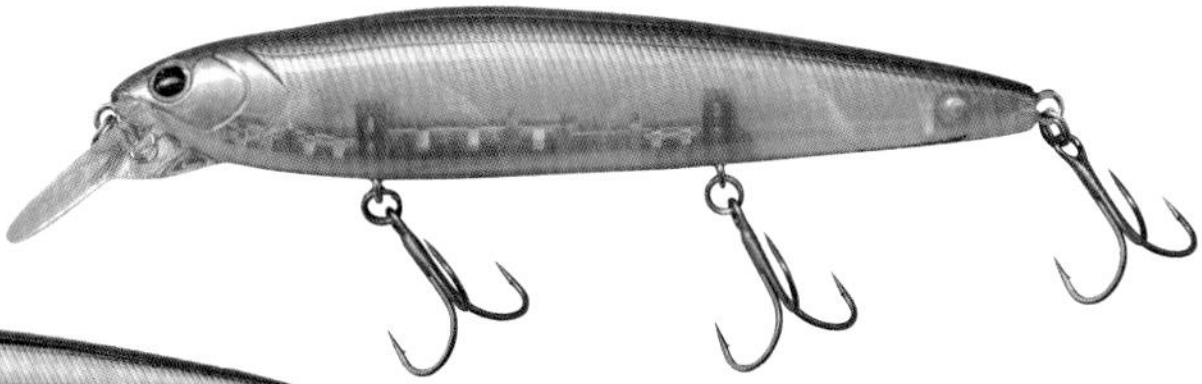

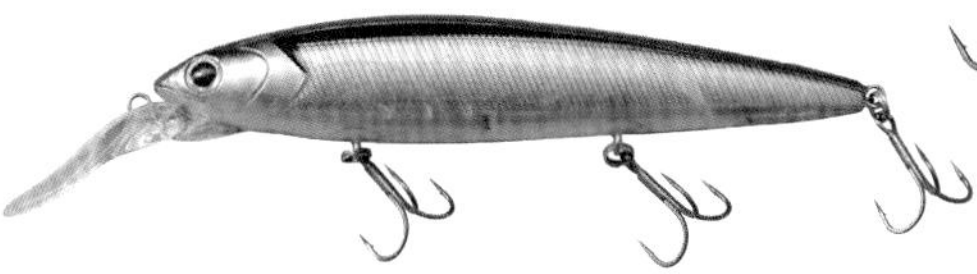

レイダウンミノー110JP（ノリーズ）

グッ、グッと、ジャークすると下へ下へと入っていきつつ、適度なダートをする。低水温、低活性時に定評があるジャークベイト

ロッド● ロードランナーヴォイス
ハードベイトスペシャルHB640ML
リール● メタニウム ライト（シマノ）
ライン● R18フロロリミテッド12Lb（クレハ）

タダマキ112（ノリーズ）

一番水のなかに入っていく、クランキングミノー。ジャークするとダートというよりは下に下にと入っていくタイプ

ロッド● ロードランナーヴォイス
ハードベイトスペシャルHB640ML
リール● メタニウム ライト（シマノ）
ライン● R18フロロリミテッド12Lb（クレハ）

ビジョンワンテン（メガバス）

左右にダートしつつ、細身なのにウォブリングと強いフラッシングで誘うことができる優秀なジャークベイト

ロッド● ロードランナーヴォイス
ハードベイトスペシャルHB640ML
リール● メタニウム ライト（シマノ）
ライン● R18フロロリミテッド12Lb（クレハ）

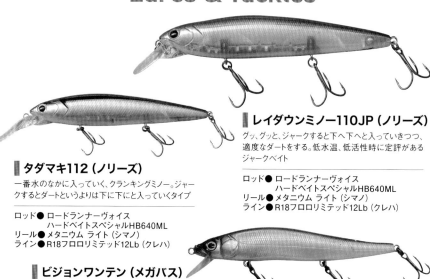

春
Spring Pattern
07

スポーニング前の食わないバスを釣るフィネス

スポーニングエリアに入ってはいるが、スポーンはまだ。そんなナーバスなバスをどう釣るか？

時期	4月	釣り場のタイプ	リザーバー、リバー、マッディシャロー、ポンド

スポーニングする場所に魚が入っている4月初旬~下旬。まだネストは張っていないけど、スポーニングエリアにオスもメスも完全に入っている……こういう状況下になると、バスはスピナーベイトとかジャークベイトとか強いハードベイト系のルアーをほぼスルーして食わなくなる。それよりも、軽くて、ゆっくりふわふわとフィネスなアクション、それでいて移動距離を抑えた動きのワームを食う。いや、食うというか侵入者を排除する、という意識がだんだん出てきている頃合いなのだと思う。そんな意識を持って釣りをするとわかりやすい(注意：ベッドフィッシングではなく、その直前の釣り)。

場所は例えば、利根川水系なら長門川の逆ワンドなどが大規模なスポーニングエリアになる。ブラッシュパイルや石がたくさん入っているような場所。そういうエリアの岸際ちょい沖の水深1mないくらいの岩がゴロゴロしたハードボトムをズルズル引いてくる。

僕がよく使うルアーは、スモラバとジグヘッドワッキー。1.3g前後のスモールラバージグをボトムにズルズルと這わせながらゆっくり誘う。石などをかわしつつ、ズルズルやる。リアクションなどを意識してハングオフさせたりはしないで、スピード感を出さずに誘う。あとは、3inファットヤマセンコーの逆付けノーシンカー。今紹介したスモラバ、ラッテリーのジグヘッドワッキー、センコーのノーシンカーは、その時々でバスの好き嫌いがあるので、どのルアーに反応が出るのか見極めていくことも大切だったりする。

基本的な動かし方は、シェイクしながらのズル引き。ロッドは横に構えて、ルアーをボトムから離さないようにロッドを動かす。大規模なスポーニングエリアにはたくさんのバスがいるので、1日のうちに食ったり食わなかったりだけど、必ず反応はある。バスは確実にいるので、じっくりやるのが大切。

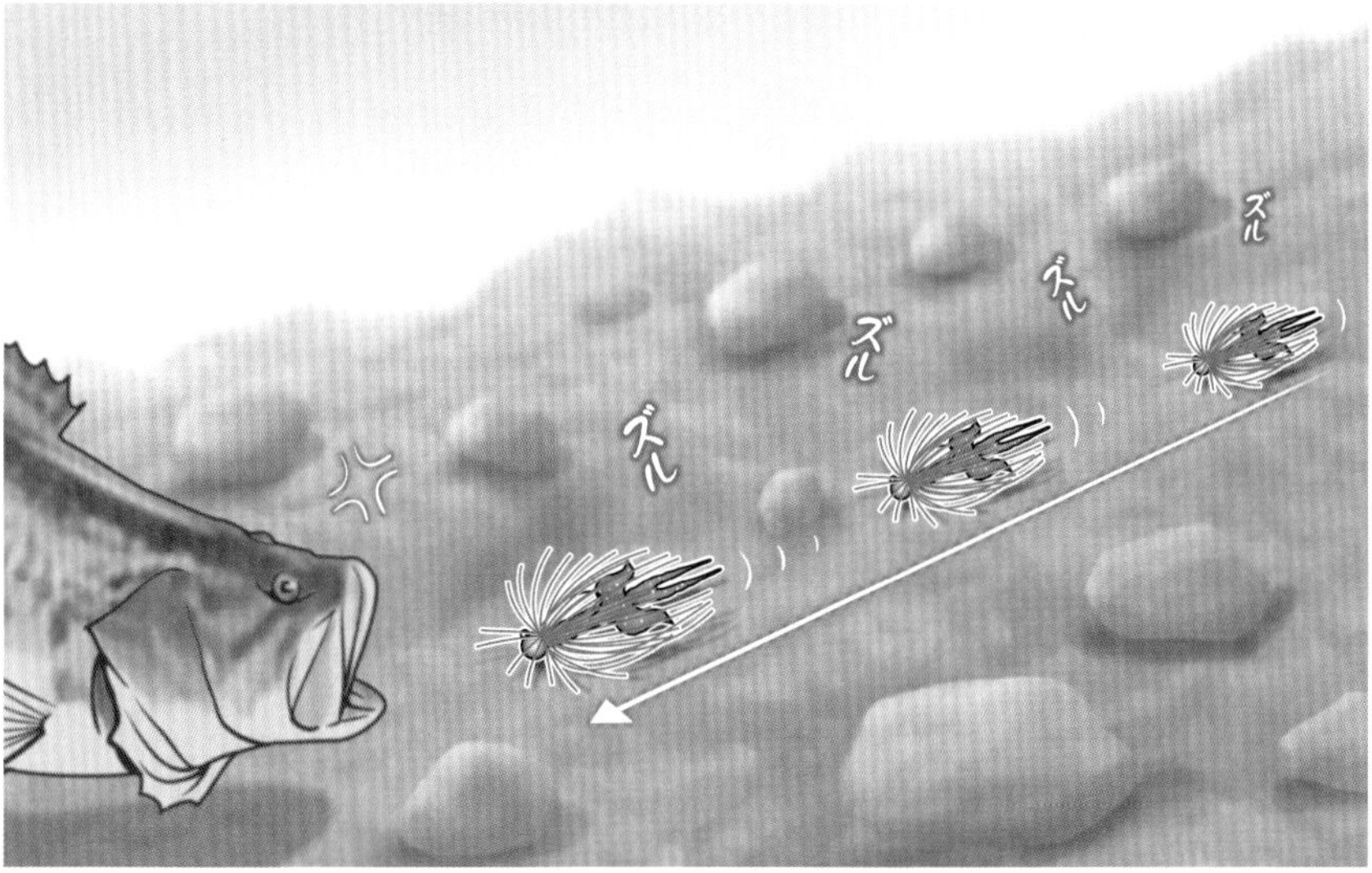

ボトムをゆっくり這うようにして排除意識を刺激

狙うのは、教科書通りのワンドやハードボトムのスポーニングエリア。水深が1m前後のエリアでの釣りになるので、なるべく軽いシンカーで根がかりさせないように誘うのがキモ

Lures & Tackles

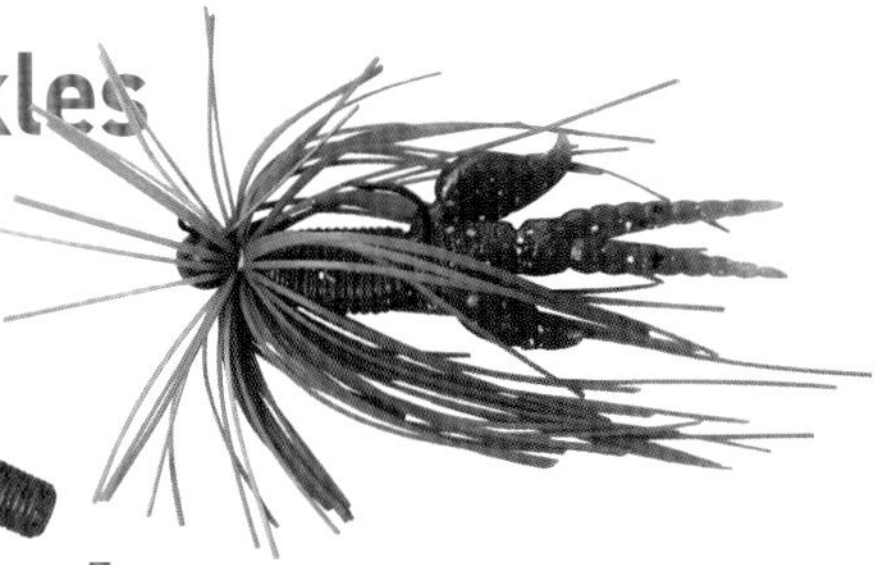

5-1/4inラッテリー（ノリーズ）1.3gジグヘッドワッキーリグ

水が濁っているエリアではこれ。これも同じく軽いウエイトでボトムをズルズルとゆっくり誘う。バスをイライラさせることが重要だ

ロッド● ロードランナーストラクチャーNXS STN610LLS（ノリーズ）
リール● ヴァンキッシュ2500SHG（シマノ）
ライン● R18フロロリミテッドハードバス4Lb（クレハ）
フック● エグジグワッキーヘッド1.3g（ジャクソン）

D-ジグ1.3g（ディスタイル）＋ディトレーター（ゲーリーヤマモト）

軽いウエイトのスモラバをスタックしないように軽くシェイクしながらのズル引き。D-ジグのスカートは小さなシェイクでも優しくアピールするのが○

ロッド● ロードランナーストラクチャーNXS STN610LLS（ノリーズ）
リール● ヴァンキッシュ2500SHG（シマノ）
ライン● R18フロロリミテッドハードバス4Lb（クレハ）

3inファットヤマセンコー（ゲーリーヤマモト）ノーシンカーリグ

水をしっかり掴みつつ、移動距離の短いワッキーノーシンカーか、水を切りながらゆっくり漂うオフセットフックノーシンカーかは状況で判断する

ロッド● ロードランナーストラクチャーNXS STN610LLS（ノリーズ）
リール● ヴァンキッシュ2500SHG（シマノ）
ライン● R18フロロリミテッドハードバス4Lb（クレハ）
フック● ダブルエッジ＃1/0（リューギ）

春 Spring Pattern 08

スポーニングベッド周りをうろつくメスをステイで食わせる

**いよいよスポーニング直前、
ベッド周りにいるスポーンを意識したメスを釣る方法。
決してネスト撃ちの釣りではないよ**

時期	4月〜5月上旬	釣り場のタイプ	リザーバー、リバー、マッディシャロー、ポンド

前のページのパターンに似ているが、さらにミッドスポーンに近いタイミング。とはいえ、ベッドにロックしたオス、メスの釣り方ではなく、産卵直前のベッド周辺をうろつくバスを釣るパターンです。この時期に釣りにいくと、ベッドフィッシングが優勢で、他の釣り方では難しくなる。しかし、ミッドスポーンに近いというのもあり、バスはベッドの近辺にいるのも事実。そこで、重視するのは、ベッドを準備しているオスではなく、その周りにいるスポーンを意識したメス。これも強いルアーではなかなか食わない。

そんなメスをどう釣るかというと、ズバリ、ロングステイ。ふわっとしたルアーで長めのステイを取ってあげるのが重要になってくる。意識がかなりスポーンにいっているので、食性というよりも威嚇を煽る。その意識をうまく利用します。

狙う場所は、スポーニングエリアの外側のエッジ。ベッドがあるところの外側がキモになる。近くなんだけど、外です。

ルアーは、ノーシンカーワッキーとか虫とか。とにかく移動距離が短く、目障りなイメージを持たせることが重要。「こいつ邪魔だから食うか」、となるまでステイで待つ。

亀山湖などのリザーバーは、この時期になると虫系ルアーなど一点で動いているものに対して、産卵前のメスがバイトすることがある。これも虫を食べているというよりも、おそらくバスの精神的な部分、排除する意識が芽生え始めているのだと思う。

5月上旬の亀山ダムにて。スポーニングエリアであるアシ原の外側のブレイクなどをウロウロしているバスを狙った

産卵前のメスに意外に効くのが虫

スポーン直前というと、バスはボトムを意識しているというイメージがあるが、トップウォーターも有効。移動させなくても動き続ける虫ルアーがいいだろう。産卵直後になるとスイッシャーが効きはじめる

Lures & Tackles

5-1/2inスレンダーグラブ（ゲーリーヤマモト ）ジグヘッドワッキー

ヤマセンコーではなく、あえてスレンダーグラブのテールをカットしたジグヘッドワッキーもアリ。ポチャンと落として、ステイしよう

ロッド● ロードランナーストラクチャーNXS STN650LS（ノリーズ）
リール● ヴァンキッシュ2500SHG（シマノ）
ライン● R18フロロリミテッドハードバス4Lb（クレハ）
フック● エグジグワッキーヘッド1.3g（ジャクソン）

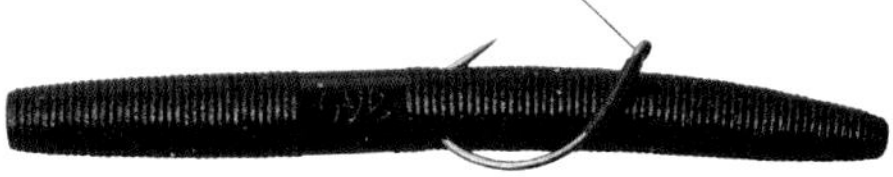

4inヤマセンコー（ゲーリーヤマモト）ノーシンカーリグ

日本なら4inのノーシンカーワッキー。アメリカや琵琶湖なら5inを使う。1/64ozのジグヘッドワッキーを使うこともある

ロッド● ロードランナーストラクチャーNXS STN650LS（ノリーズ）
リール● ヴァンキッシュ2500SHG（シマノ）
ライン● R18フロロリミテッドハードバス4Lb（クレハ）
フック● ヘビーガードタリズマン#1/0

スイッチオントレーラー（ノリーズ）の虫チューン

テールをカットしてフックは逆付けにする、タクミ流虫チューン。ベッドの外側にあるカバーにぶら下げていると食べる

ロッド● ロードランナーストラクチャーNXS STN640MLS-Md（ノリーズ）
リール● ヴァンキッシュ2500SHG（シマノ）
ライン● 完全シーバス 0.8号＋グランドマックス2号（クレハ）
フック● インフィニ#1（リューギ）

春
Spring Pattern
09

産卵直後、ワームに釣り勝つトップウォーター

ライトリグの落とし込みが定番のこの時期に、それを超えうるパターン

時期 4月中旬〜5月　**釣り場のタイプ** マッディシャロー、ナチュラルレイク、リザーバー、リバー、ポンド

僕の釣りのなかでも、スポーニング直後のバスに対して最もコンフィデンスがあり、実績の高い釣りです。この時期に定番であるワームのスローダウンパターンに釣り勝つ破壊力があり、サイズ、釣果が叩き出せるのがトップウォーターです。

どんな状況下が出しどころかというと、産卵が終わった直後でエサを食べたいけど元気がない。流れが当たりづらく、バスが休めるような場所をトップで釣っていく。その時期のバスは目線が上を向いている個体が多く、ルアーがボトムにあるとなかなか反応しないので、水面を利用することになる。

ルアーは、ズバリ一択。レイダウンミノーウエイクプロップラスで、アシの壁ギリギリとかを狙う。実際、トレブルフックが3つ付いたルアーを撃ち込むのは勇気がいるんじゃないかと思いますが、このルアーのすごいところというのは、圧倒的なキャストアキュラシー性能。15g近いウエイトがあるのですが、リップが付いているのでオダとか枝とか障害物を乗り越えるのが非常に得意で、倒れ込んだアシの奥のポケットに撃ち込んでいくことができる。リップで回避するのはもちろん、後ろにプロペラがついているので、なかなか前に寄ってこない。スローに誘えます。

狙う場所は、とにかくシャロー。アシの壁やパラガマ。基本的に風裏を釣っていくのですが、浅いところというのがキモになってくる。アシが出っ張って引っ込んだ隙間とか、風が当たらないところには産卵直後のバスがじっとしていることが多い。

ルアーの動かし方は、優しくトゥイッチ。これがキモです。川とかマッディシャローレイクでは、ジャバ！って音を立てるよりも、お辞儀をさせて頭がちょっと水に入るかな、っていうくらいが好き。琵琶湖とかウィードレイクになるとバスを呼ばないといけないので、ちょっと強めにすることも。

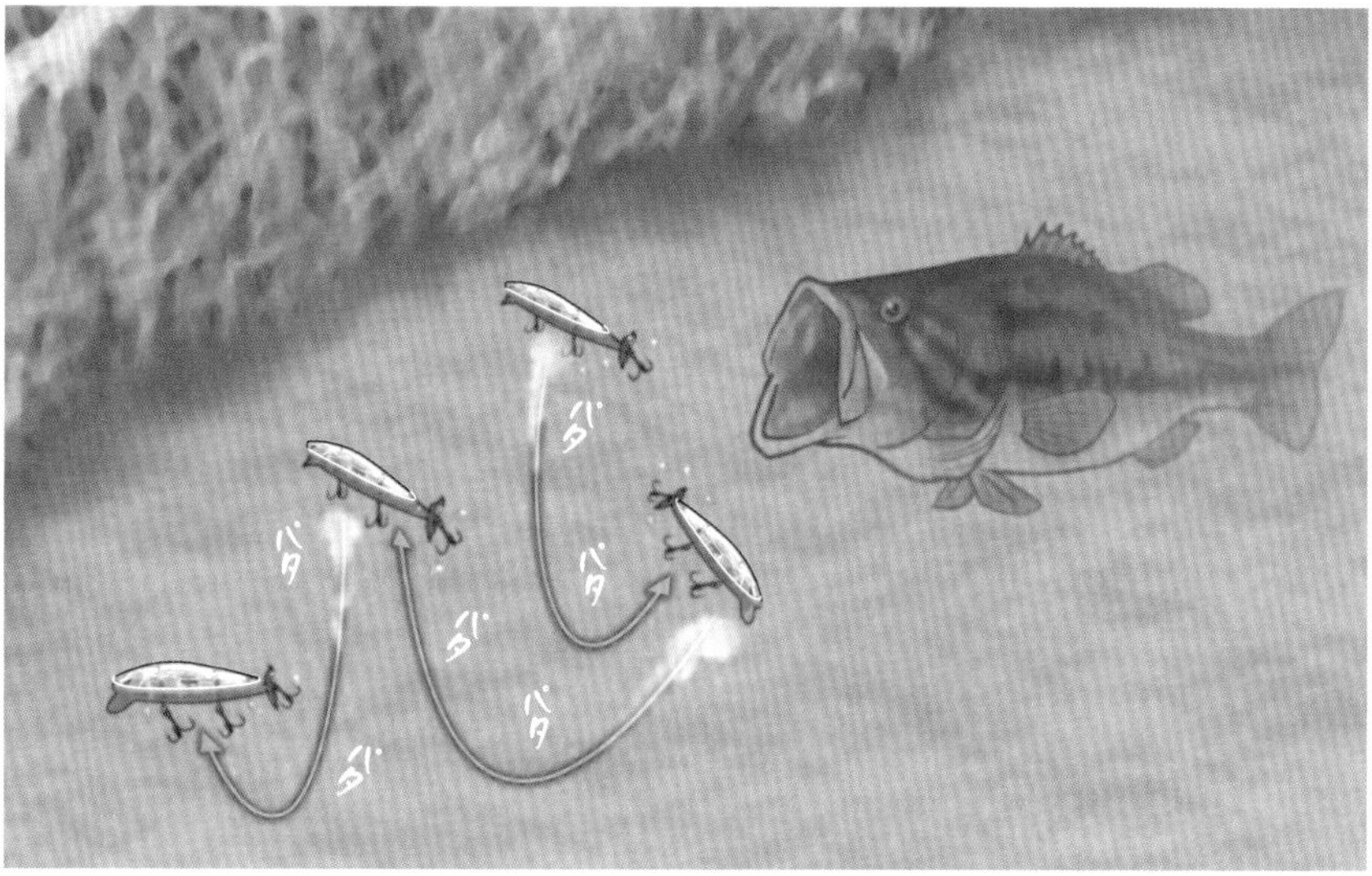

ウエイクベイトでネチネチと誘う

ノーシンカーの落とし込みなどで釣っていくのが定番のシチュエーションだが、タクミはリップとプロペラのついたトップウォータープラグで上に誘い上げる。関東のタフな釣り場でビッグフィッシュを連発させたことも珍しくない

Lures & Tackles

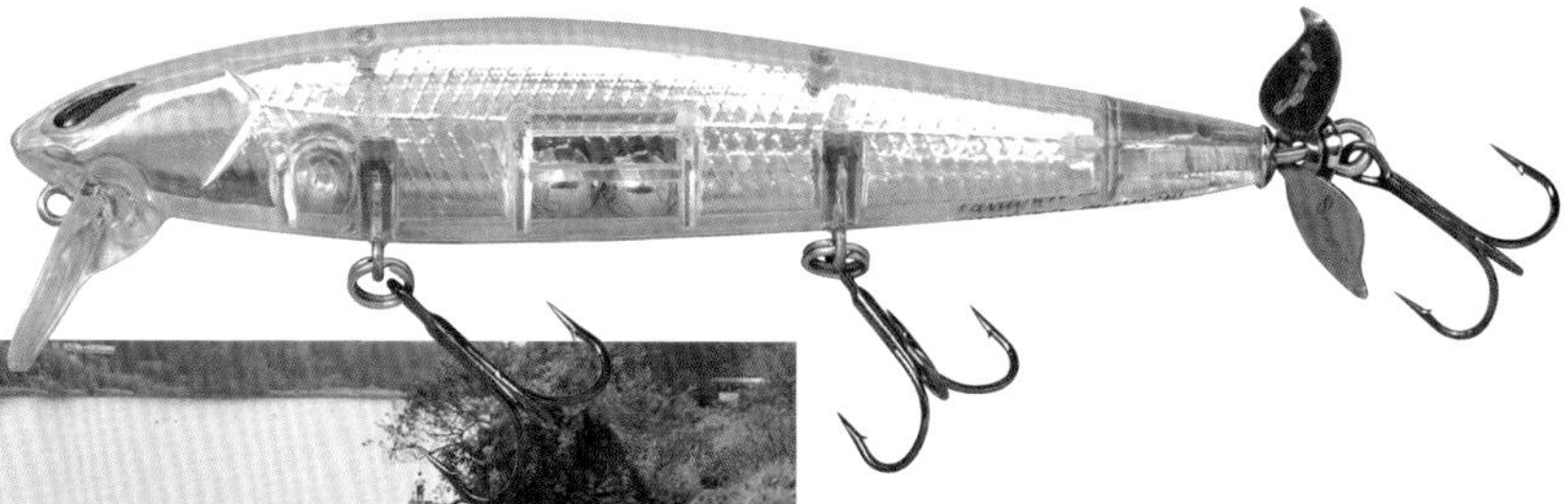

レイダウンミノー ウエイクプロッププラス（ノリーズ）

ポストスポーン期において、タクミが絶大な信頼を寄せるウエイクベイト。ミノーシェイプながら、リップとプロペラがあるので、移動距離を抑えた連続的な首振りでゆっくりじっくりバスとの心理戦を楽しめる。低音単発系ラトル入り

ロッド● ロードランナーヴォイス ハードベイトスペシャルHB630LL（ノリーズ）
リール● バンタムMGL ライト（シマノ）
ライン● R18フロロリミテッド16Lb（クレハ）

いかにもどアフターのバスがつきそうなベジテーション と杭。ベジテーションの凹んだところの奥までウエイクベイトを突っ込ませて、ゆっくりネチネチ引いてみよう

春
Spring Pattern 10

アフタースポーンのテナガエビパターン

テナガエビの産卵と バスのアフター回復がリンクする強力な釣法

時期 5月〜6月 **釣り場のタイプ** マッディシャロー、リバー、リザーバー、ポンド

スポーニングから回復傾向にあるバスにとって、時期的に産卵が絡んでいてまとめて食べられるベイトがテナガエビです。5月以降、テナガエビを捕食するバスを釣るパターンというのが確実に存在します。

そもそもキモがありまして、バスって産卵が絡んで集団行動しているエサを食いたいという習性がある。そんなバスがスポーニングを終えてお腹が空いているときに、テナガエビが産卵に集まってくる。そんな、非常に強力なパターンなんです。テナガエビというのは産卵のために、水深2〜3mを行進しながらシャローに上がってくる。テナガエビは沈んだ流木、張り出したテトラ、シャローにあるハードボトムなどに沿って浅いところへ移動するので、バスがそれを待ち構える形で捕食する。テナガエビを追っているバスは産卵の疲れから体力が回復しきっていないので、一所懸命にエサを食おうとする。ある意味イージーに釣れるんですが、バスは回復してくると頭がよくなってくるので、エサに合わせてあげないと食わない。マッディウォーターでもルアーを見切るので注意が必要です。

なので、キモはテナガエビにルアーのサイズに合わせてあげる。エビが大きい時は6.5inシュリルピン、カバーでは5inサンカクティーサン3.5g、小さいときはパワーフィネス……と食べているテナガエビのサイズに合わせる。リアクション重視ならバズベイトもアリ。ワーム系とハード系を使い分けて釣るのが効果的です。

5月中旬の多々良沼にて、テナガエビをイメージした5-1/4inラッテリーのジグヘッドワッキーでビッグアフターをキャッチ。難しいといわれる釣り場で連発し、パターンを証明してみせた

テナガエビが列をなして歩く道をイメージする

テナガエビが産卵のために歩いてきそうな、沖に張り出した石積みなどのハードボトムに絡んだブッシュが狙い目。使うルアーはいかにもテナガというシェイプであることよりも、サイズ感を合わせるほうが重要。どのリグも軽いシンカーでカバーに絡めて釣る

Lures & Tackles

5-1/4inラッテリー（ノリーズ）1.3gジグヘッドワッキーリグ

テナガのサイズが中型ならば、6.5inシュリルピンからちょっと落としてこのサイズでシルエットダウン

ロッド● ロードランナーストラクチャーNXS STN610LLS（ノリーズ）
リール●ヴァンキッシュ2500SHG（シマノ）
ライン●R18フロロリミテッドハードバス4Lb（クレハ）
フック● エグジグワッキーヘッド1.3g（ジャクソン）

6.5inシュリルピン（ノリーズ）1.3gネコリグ

テナガエビのサイズが大きいときはコレ。利根川の定番リグだったが、近年はテナガのサイズが小さくなっているという

ロッド● ロードランナーストラクチャーNXS STN650M（ノリーズ）
リール● アルデバランBFS XGレフト（シマノ）
ライン● R18フロロリミテッドハードバス10Lb（クレハ）
フック● ヘビーガードタリズマン#1/0（リューギ）

フラチャット3/8oz +フラバグ（ノリーズ）

テナガエビが浮いて水面付近を泳いでいるようならバズベイトやチャターでリアクションバイトを狙うのも有効。テナガの様子を観察し、ルアー選びは柔軟に対応しよう

ロッド● ロードランナーヴォイス ハードベイトスペシャルHB640ML（ノリーズ）
リール● メタニウムMG DC（シマノ）
ライン●R18フロロリミテッド14Lb（クレハ）

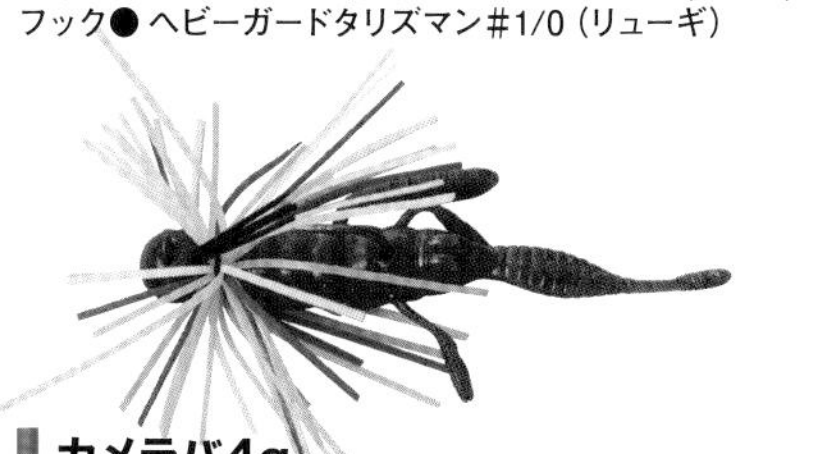

カメラバ4g +スイッチオントレーラー（ノリーズ）

バスが食べているテナガエビのサイズが小さい場合はルアーを見切りやすい。そんなときは、パワーフィネス系をカバーに吊るしたり絡めたりして口を使わせる

ロッド● ロードランナー ヴォイスジャングル700JHS(ノリーズ)
リール● ヴァンキッシュ2500SHG（シマノ）
ライン● スマックダウン フラッシュグリーンブレイド30Lb（クレハ）

なぜあのロクマルが獲れたのか

タクミの

あるときから急にビッグフィッシュが釣れるようになった

一般的にビッグフィッシュというと、50アップとか60アップとかになってくると思うのですが、僕は釣りをしてきて、しばらくはそのサイズが全然釣れていなかったんです。そんな僕があるときから急に釣れるようになった。それまでは皆無だった50アップ60アップが釣れるようになったのはある出来事がきっかけでした。それは、取材などで関西をはじめとした西日本にいく

池原ダムのグッドサイズ。カメラバ＋スイッチオントレーラーはビッグフィッシュに強い

ビッグフィッシュ論

Takumi's theory of big fish

ようになったこと。それまで関東中心に釣りをしてきた僕は、悪い意味で丁寧にやりすぎていたのではないか？ という反省点が出てきた。ちょっと大雑把にやると……デカいバスが釣れるようになったんです。関東では、なにかの際とか端っこを攻めたり、よりタイトにより繊細に釣りをするんですが、関西の釣りでは際とか端っことはまた違うところに魚がいるな……ということに気づいた。関東とは違う魚の存在。ブレイクに対して、ブレイクのちょっと沖側をフラ～っと泳いでいるとか、そんなにカバーに執着して張り付いているのではなく外から傍観しているような魚の動き。ポワーンと浮いてる魚という存在に気づけたことが大きかった。それによって関東でも大きなバスが釣れるようになったんです。

それまで釣れていなかったのは、様々なフィールドで釣りをするという経験値が浅くて、自分の身近にあるフィールドでの釣りに凝り固まっていたんだな、と。バスって、自分の知らない動きをしている、という理解へのスタートがそこで切れたんです。自分のスタイルに大きな変化がもたらされました。

ビッグフィッシュをどう釣るか？

では、実際にどうやってビッグフィッシュを釣っていくかというと、いくつか重要な要素があります。

まず、水温はあまり高くないほうがいい。そして、冬から春とか、季節の変わり目がいい。なぜかというと、バスは変温動物なので、水温の変化が頭の回転のよし悪しにつながると思うんです。水温が高い状態でプレッシャーに晒されているよりも、冬で冷えて一度リセットされたあと、そこからグッと水温が上がるときがいい。ビッグフィッシュを狙うには冬から春にかけて、というのが大切かな。

デカいバスって長年生きているので、ルアーに対しても経験値がある。そんなバスでも過ちを犯しやすい時期ということもキーであると思います。そのひとつがスポーニング。デカい魚は頭がいいので、なかなかシャローには上がってこないと思うけど、それがスポーニングの時期だけは嫌でもシャローに上がってくる。アングラーにとってはチャンスです。シャローに動いた魚は釣りやすいですから。デカい魚を釣る最大のきっかけになるんです。

ビッグフィッシュは動かない

次に重要だと思うのは、デカいバスほど一年中同じ場所にいるということ。春はスポーン、それ以外の季節は安定してエサを食べられる……という場所を起点として、その近くで生活しているのかな、と思います。なぜかというと、例えば夏になるとバックウォーターをガンガン上っていってエサを食べるバスがいるとします。そいつは、秋から冬はどうなるの？ というと、ベイトとともにいなくなってしまう。でも、本当にデカいバス、例えば、50アップがデ

タクミのビッグフィッシュ論

Takumi's theory of big fish

ビッグバスを獲るためのスピニングシステム、パワーフィネス

カいといわれる場所での55㎝や60㎝を超えるようなバスというのは、夏になるとバックウォーターの上流まで上がって、また戻ってということをするよりも、水深がドカっとある崩落とかにいる。寒ければ崩落の下へ入るし、暑ければ浮いているし、エサが回ってくればそこで食べるし、スポーニングはその近くでやる。そこを起点として一年中過ごしている、と僕は理解しています。なぜかというと、デカいバスほど自分のテリトリーとしてその一等地エリアに陣取ることができるから。現に、相模湖で62㎝を釣ったスポットは大規模なレイダウンだったんです。立地的には、シャローフラットと岩盤の間という、すごくいい環境にあるレイダウン。釣ったあとに、「いつもいるけど全然食わない……あのロクマルを伊藤巧が釣ったんだ」ということをよくいわれてた。やはりあのバスはそこを起点に動いている魚で、あのときの僕は、たまたまタイミングよくあの場に入ってあの魚をキャッチできたんだな、とね。

そして、本当にデカいバスはなかなか釣れない。なぜかというと、単純に頭がいいからだと僕は思っている。人間のこともルアーのこともよく知っている。過去に痛い目にもあっている。だから、食わない。エリートが故の頭のよさがそのサイズまで成長させるということ。おそらく、その頭のいい遺伝子を持ったデカいバスは、親もすごくデカかったと思う。そんなエリートの両親から受け継いだ遺伝子でできているから、ルアーに口を使わないし……バスの領域を超えた存在。それをどう釣るかというと、そこまでたくさんのロクマルを釣ったわけではないのですが……僕が日本とアメリカでビッグフィッシュを釣ってきて、今感じているのは……一番はタイミング。これはすごく都合のいい言葉なんですが……例えば急に風が吹いたとか、急に気圧が下がったとか、急な変化に対して魚がなんらかの反応をしようかな、と思った瞬間にルアーを投じて食わせること。それが大事。おそらく、運よくその瞬間を捉えることができれば、なかなか食わない魚にも口を使わせられる。このルアーがよく釣れるとかいう人もいますが、一番はそこじゃない。自分がいいと思えるタイミングを最高の場所で迎えることのほうがはるかに重要だと思っています。

ビッグフィッシュを釣るためのルアー

最後にお伝えするのは、なぜかビッグフィッシュが釣れるルアー。それは食性だけじゃなく、デカいバスに訴えるなにかがある。僕はカメラバというパワーフィネスで、相模湖と池原ダムで60アップを2本釣っているんですが、カメラバってスモールラバージグなので、存在感はさほど大きくないのに、どうして60アップがそれを食べるのか。おそらく、自分のテリトリーと呼ばれるエサ場にそんなちっこいモノが長時間フワフワしてる。「なんかコイツ目障りだな……パクっ」ということもあるから、食性以外のトリガーがあると思っている。相模湖では、木が1本沈んでいて、太い幹から2本の枝に分かれるちょうど真下にロクマルがいた。目で見えてはいなかったんだけど、枝分かれするところは日陰というか、魚体を隠すのにベストな場所。水深1〜2mくらいだったのですが、僕はそこにスモラバをぶら下げて、木からボトムまでの90cmくらいの空間を釣っていたんです。中層で長時間シェイクをして食わせたのですが、テリトリーにずっと居続けられることのウザさで食ったんじゃないかな。

池原ダムのバスは、水深が27mもあるところに木が1本バーンと立っていた。僕はその木にスモラバを引っかけて落とそうかな、とエレキを踏んだ。すると、その瞬間に足元の、巨大な木から、エレキの音で3尾、55アップ2本と60アップ1本が出てきたんです。僕のことを見にきて、船も見て、「ああタクミくんだね……帰ろう」って、僕がルアーを投げておいた木に入っていった。そこにスモラバがあった。長時間そこにあったスモラバをロクマルがじーっと見ていた。僕がルアーのレンジをフワッと上げて、チョコチョコとシェイクしたときに、そのロクマルが食べたんですよ。それはエサを追いつめて食べるのとはまたちがう。60アップがスモラバをその場で吸い込んだんです。

結局どちらも普通の釣れ方ではなかった。現在までに、僕が釣った60アップは5尾。内訳はカメラバが2尾、エス

タクミのビッグフィッシュ論

Takumi's theory of bigfish

池原のハスをイメージ？ レディーバランスのヘビーキャロライナリグでキャッチした50アップ。まだまだ未来のモンスター

ケープツインが2尾。ボルケーノグリッパー1/2oz＋レディーバランスが1尾。それが意味することは、60アップが釣れるルアーにはなにかがある。ロクマルが食う理由があって、それがなにかはまだ理解できていないのだけど、ルアーパワーと呼ばれるなにかがあるはず。僕がビッグフィッシュを釣ってきたなかで、現段階では、それがひとつの答えなのかな、と思います。

タクミのリール小論

Column
02

釣れるリールとはなにか?

僕がリールに求めるものは、カッコよさとかデザイン性とかよりも、釣れるリールであるかどうか。それが一番重要。釣れるリールとは、ルアーとサオがシンクロして……ルアーを引っ張りすぎないで泳がせられるリール。例えば、巻きモノならローギア、引っ張りすぎないでアクションできること。巻いたときに引っ張りすぎないでルアーを泳がせられるギア比やスプール径などがトータルでバランスされているのが重要。そしてキャストアキュラシー性能。狙ったところに完璧に撃ち込めるリール。ワームの釣りなら回収の速さ、カバーから引きずり出すスピード感。ルアーを食ったバスが思い切りこっちに向かって走ってきてもしっかり巻きアワセができるギア比だったり。様々な釣りに合わせてローギアもハイギアも使いこなしていく。

外見ではなく、そういう機能性をちゃんと備えていることこそ、僕がリールに求めている要素です。

また、プロになるとほぼ毎日釣りをするので、リールに負担が掛かってしまう。それに耐えてくれる、というタフさも重要。雨、雪、湿度など様々なバッドコンディションにも耐えてくれる頑丈さを重視しています。そこで選ぶなら、シマノかな、と。シマノのリールを使っていて不自由さを覚えたことはありません。スピニングタックルも、いざとなれば頼れるドラグ性能で重要な魚を逃がさないというのもシマノの優位性だと思っています。

お気に入りの2台。ワーム系の釣りならばメタニウムMGL。巻きモノ系ならカルカッタコンクエストDC100。アメリカで戦うようになり、シマノリールの堅牢性がなによりも頼もしく感じている

夏 2nd Season Summer

産卵を終え、体力回復期である初夏はバスが活発にエサを追う時期でもある。バスの目線が上がり、表層に浮いているもの、またはゆっくり落ちてくるものに極めて反応がよくなってくる。梅雨が明けて、真夏になると水温はMAXレベルまで上昇し、バスは日陰に入ったり、流れを求めたり、あるいは水温の低い深場へと落ちていく。1年のなかでもバスの居場所を絞りやすく、しかもバスの活性が高い。パターンがハマればビッグフィッシュを次々とヒットさせることもできる季節なのである。

タクミ VS. 夏

TAKUMI Summer

3日間続いた雨は真夏だった利根川に大きな変化をもたらした

場所●利根川（千葉県）
日時●8月22日
天候●曇り

B.A.S.S.セントラルオープン・ミシシッピリバー戦を終え、日本での夏を過ごしていた2019年8月のタクミ。この本のための最初の取材を、ホームウォーターである利根川でスタートさせた。今回も机上のパターンではなく、生きたパターンであることを現場で証明していただこう。今日は、夏ではあるけれど、朝から曇っているせいか暑くはない。そして、8月19日から取材前日の21日まで3日間連続で雨が続いたあとだった。なので、最高水温が続いている、いわゆる典型的な真夏のシチュエーションではなく、そこから水温が下がったような状態にある。

北総マリンのスロープから、6時半ごろサウザーで飛び出した（今回はスキーターではないのだ）。まずはスロープ対岸にあるブッシュや乱杭を狙って、バズベイト、ポッパー、スピナーベイトなどをキャスト。はっきりとした流れと濁りが入っている。

「バスかどうかわからないアタリがありましたが……それだけでした」

少しだけ上流部にある若草大橋へ。橋のやや下流で浚渫船が作業をしている。そしてそれによる濁りが広がっていたのだ。今度は右岸側からオーバーハングした木やブッシュをテキサスリグで撃っていく。

「連日の雨による急激な水温低下で流れを嫌っているバスがいないかなー、と思いましたが……」

8時30分ごろ、若草大橋を越えてさらに上流へ。右岸側にある水門周辺でボートを止めた。水門へと続くクリークの入り口付近のブッシュへまずはエスケープチビツインテキサスリグやバズベイトなどトップ系を投入。反応がない。では、と、この日初めてパワーフィネスタックルを握った。クリークの中にちょっとだけ入ったところ、岸際にあるブッシュへカメラバをねじ込む。そして、シェイクで誘っていると……。

「食った！　よっしゃ！」

すかさずフッキングを決め、カバーの中から強引に引きずりだした。これは……いきな

連日の雨により利根川の流れは速い。乱杭などを見れば流れが巻いているのがわかる。さらに水温も下がっているので……こういうときのバスは夏といえども流れを嫌う傾向がある

若草大橋下流のストレッチ、水面ギリギリを覆う木にテキサスリグを送り込んでいく。まずは濁りと増水ということで、カバーにタイトに付いているのではないか？　という推理だ

りかなりいいサイズだ！　場所がいいのか、あるいはパワーフィネスの魔力なのか……。

「場所は田んぼにつながっている支流への水路です。水門の入り口の地形が大きなカーブのインサイドに位置していて、この水路の出口の上流側にも浅いサンドバーが入っています。つまり、ここは川の流れが当たらない場所なんです。夏特有の豪雨とか

ジグロッド並みにヘビーなスピニングロッドで容赦のないフッキングを決めた。そのまま、ドラグロックしたヴァンキッシュのゴリ巻きでカバーから出す

カメラバ4g+スイッチオントレーラー（ノリーズ）

貫通力のあるウエイト、強靭なガード付きスモラバ。それをPE2号で直結し、水面上のカバーにねじ込んでいく。木の枝などに吊るすと、中層で水平に近い姿勢をキープできる。このときもそのままシェイクで誘った

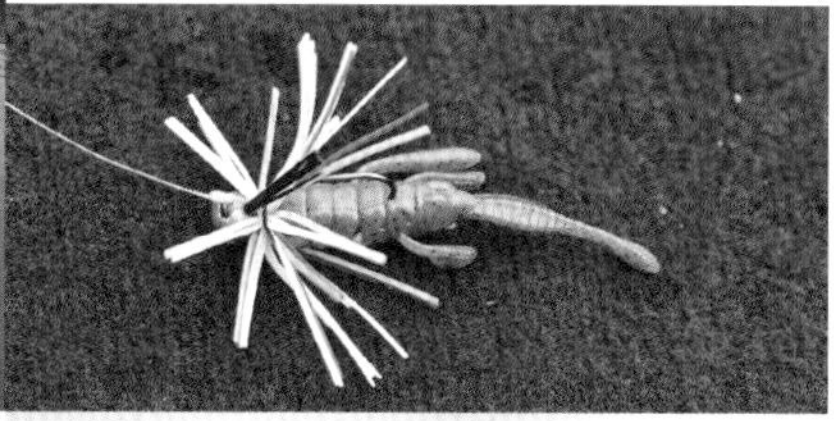

バスをカバーから出したら遊ばせることなく、そのまま迷わずに抜き上げ！　スモラバながら太いフック、2号のPEラインならこれができるのだ

による急激な水温低下によって、それまでは水通しの良い場所にいた魚が、避難系のポジションに動いたんですね。冷たい水の当たらない場所に動いている状態。この水路の中は水温が本流に比べて0.7℃高い。本流の水温が雨が降る前に比べて4～5℃一気に落ちているので、冷たい水の当たらない場所に動いている状態ですね」

実は……この解説をしてもらう前に、2尾目のバスをキャッチしていた。2投連続、パワーフィネスで柳のようなブッシュから2匹目のドジョウならぬバスを。

本日1尾目のバスは見事なコンディションだった。「これは水路に依存しているタイプではなく、エサを追って入ってきた魚ですね。利根川は特に、水路に依存している魚は動けないやせた魚が多いんです。やっぱり動いている魚は太っていていい魚が多い。こういう太めの魚。今、この場所は依存系の魚プラス、入ってくる魚もいるから、魚影は2倍のストック量というスーパーホットスポットになっています」

タクミ、利根川、パワーフィネス。代名詞のようなコンボで48cmのトネビッグバスをいきなりキャッチ!

連発した水路のパターン解説。食っているエサがやはり重要だった

クリークの入り口でのパワーフィネスが2投連続で炸裂し、いずれもナイスサイズのキャッチに成功したタクミ。この現象を夏のパターンとして考えると、どのような要素が集約されているのだろうか?

「まず、川というのは急激な水温の低下や増減水など変化が起こりやすいタイプのフィールドです。普通の湖では1日で2〜3℃水温が下がることはあるかもしれないけど、4℃以上一気に落ちるということはあまりない。でも、利根川のような氾濫するタイプの川ではそういうことが普通に起きるので、今釣ったような場所をバスは避難場所として認識しています。こういう本流の流れが当たらないような地形の場所というのは、産卵直後のアフターバスが増えるところなんですが、夏でも水門からの水通しがあるのでバッドではない。けれども、真夏になってバスが流れを好んでいるときは魚影が減る場所でもある」

ということは、サマーパターンというかその前後の……?

「サマーパターンで大丈夫です。夏は水路の上流にベイトフィッシュが入ってくる。バスもそれを追って入ってくることもある。上に上がれば水通しもいいので、

パワーフィネスの誘い方。カバーの奥にカメラバを落とすことに成功したら、左手でラインを持ち、ロッドで小刻みにシェイクアクション。左手のラインを少しずつ送り込んでレンジを下げていく。さらに落としたい時はベールを起こしてラインを出し、最後はボトムに着ける。左手でラインを出しているのはバイトを即座に感知するためだ

冠水したブッシュにもう1尾いた! 奥から強引に引き出す。一瞬でもバスに主導権を与えない覚悟とタックルのパワーが必要だ

さっきは豪快に抜きあげてみせたが、今度はバスの背中をすくい上げるようにハンドランディング。なにが違うのだろうか? 気まぐれかもしれない

居付き系もフィーディング系もどちらのタイプのバスもいます。[illegible]、夏までですね。秋になると水路や支流の水温低下でベイトが抜けて本流の沖寄りになり、バスは水路の奥までは入らなくなる」

今まさに2尾のバスを引きずり出したこのブッシュのような

これもコンディションのいい45cmクラス。「今はたぶん水位が一気に上がっているんですよ。どんどん水路の中の水深が上がってきていて、それが効いているんだと思う。水温が下がった本流の水を嫌っているのもあって、バスが入ってきていますね」

カバーはやはり重要なのだろうか？

「うん、すごく大切です。バスがポジションを取りやすい。ただ、ブッシュじゃなくてもいいんです。なぜかというと、別にブッシュにベイトがつくからバスが入ってるわけじゃないから。あくまでもブッシュはバスをだますひとつの要素として使っているだけです」

今はパワーフィネス用のラバージグだったが、ルアーを選ぶ基準とは何か。

「水路依存の魚ってスレているので、カバーがあればパワーフィネスが多いです。カバーがなければパワーフィネスじゃなくて、Dジグとかサンカクコティーサンでやればいい。もっと透明度が高ければDジグ、濁っていたらサンカクコティーサンかな。あとは食っているエサによって変える。テナガエビが接岸していたらエスケープツインとかシルエットの大きなルアーを使う。小さいエビを食っているならスモラバ系とか。今は小エビを食っていますね」

バスの考えていることはなにか、それを考えるのがタクミの釣りの大前提だ。どこでどんなエサを追っているのかも大切なキーになる。

「こんなルアーで釣りたいとか僕もあるけど、試合で勝つためだったり、どうしてもバスを釣りたいなら、やはり魚の動向に合わせてあげることが重要です。例えば、利根川のテナガエビは以前と比べてサイズが小さいんですよ。6.5inのシュリルピンのネコリグなんて利根川の超定番だったのに、今や……悲しいことにサイズが大きすぎるんです」

そう言いながら、奥の水門へサンカクコティーサンのネコリグを放り込んでいた。

水路の奥には利根川と支流をつなぐ水門がある。タテストでありシェードでもあり、流れが強まる場所でもある。夏、水門が空いていれば高確率でバスが入っている

「またきた!」
水門の奥へ滑り込ませ、中層をシャカシャカとスイミングさせたあと、ボトムもシェイクしながらズル引くと……右の壁沿いでヒット。スピニングロッドが柔らかく弧を描いた。この水門から本流へ続く短い水路で3尾のバスをキャッチしてみせた。

「解説していた通り、サンカクコティーサンの1.8gネコリグです。水門に依存してるバスかな?と思ったけど、入ってきた魚ですね。たぶん、この水門の中はベイトがたくさん浮いていて、水が外よりもマシだからかなりの数のバスが入ってきているんだと思います。特に今のは水門の出口でエビとかを待っている感じのバス。ただ、食ってきたのがボトムだから、やはり水温低下は食らっているんだな、という感想です。本来、水門みたいなタテストなら中層で食って然りなんですよ」

サギのフンを見つけたら……バスの食っているエサをプロファイリング

バスが釣れたレンジから、彼らの気持ちがわかるというのか……。

「こういうところにポジションしていながらボトムで拾い食いしたということはまあまあ水温低下を食らっているということです。本流がダメなんで、安定した水にバスがすごく執着している。夏でも豪雨のあとなどは水通しがいいところとは限らない。これは水温低下を嫌ったバスの典型的なポジションの取り方です。本流の水は急に冷たくなり、ベイトは浮いてないので、釣れるとしたら午後になってからです。今はちょっとキツいかな」

そう話したあと、水門出口の手すりに落とされた、あるモノに目を止めた。

「見てください! サギのうんこです。僕はこれをすごく注目してるんですよ。これはアオサギで、食っているものがわかります。……これはザリガニですね。魚系だと黒くてベチャっとなります。ザリガニを食っているときはこういう塊になりやすい。しかし、利根川にまだザリガニがいて安心しました。圧倒的にバスのコンディションがよくなりますから。ザリガニやテナガエビがいるとバズベイトなどが

サンカクコティーサン（ノリーズ）1.8gネコリグ
夏場のカバーをライトリグで攻める時はパワーフィネス系ジグ。水が濁ったオープンウォーターではサンカクコティーサンのネコリグだ。特に小さいエビを食っている時に有効。大きなテナガエビなら6.5inシュリルピンがマッチする

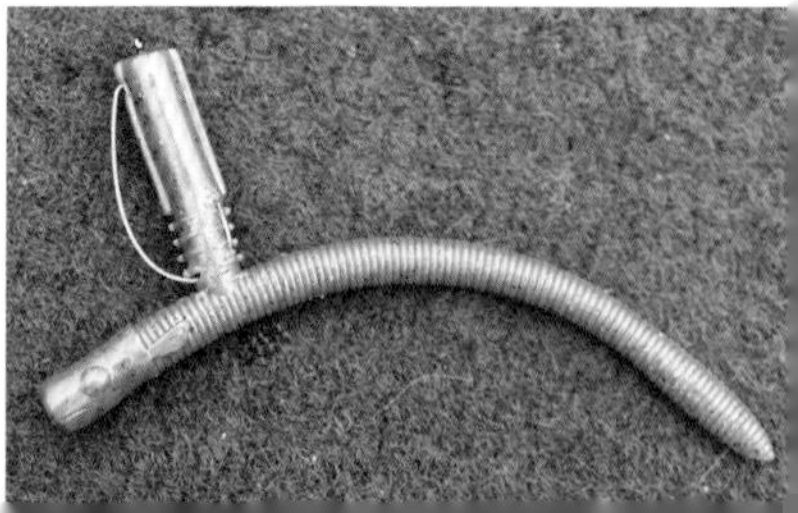

水門の角に落ちていたアオサギのフン。大きなザリガニのツメやシッポの殻が消化されずに排泄されている。小魚だと黒い液体状になるという。フンの内容物から使うべきルアーのヒントが得られるのだ

よく釣れます。なぜかというと、テナガもザリも動きの波動が強いので、バズベイトに反応しやすい。よりルアーを大雑把にできるイメージです」

真夏の利根川ではバズベイトのみならず、ウォッシャークローラー（ノリーズ）やNZクローラー（デプス）などのデカ羽根モノも有効なのだという。特に水温が30℃を超えてくるとハマりやすいそうだ。

「こういう柳のオーバーハングはフロッグもありです。あとはファットイカのスキッピング。あれはザリガニとデカいテナガエビの動きをイミテートしています。だから、基本的には岸ギリギリまでスキッピングで到達させて、岸際で食わせるイメージです。また、めちゃくちゃ水通しのいい場所にある反転流というのも夏の定番。流木とかが沈んでいるので、イカじゃなくてテキサスリグで下まで落としてしっかりとルアーを見せてやります。ただ、今日は流れを嫌っているので、そういう場所は釣れないのをわかってやっているんですけどね」

水門の右側の壁際でヒットした。オープンウォーターなのでファイトは余裕である。その後、2尾目のデジャヴのようなハンドランディングを決めた

「試合だったら、こういう日は勝てるんだよな」

バスは地形ではなく、水に付く

北総マリンのスロープから橋1本分ほど下流へ移動した。木下（きおろし）というエリアだ。まずはオーバーハングした木々に対してザグバグを投げ始めた。

「ビッグフィッシュの予感……。今日は利根川の水以外で釣ると決めたので、今やっているところは浚渫の水です。バンクの地形なんかはどうでもよくて、水依存です」

上流には浚渫船とオイルフェンスが見える。どうやらその浚渫によって濁った水が下流へと流れていた。タクミはその濁り水を狙っている。濁りというか泥が流れてきているようで……水が泥臭い。

「これがいいんですよ。絶対にバスはいると思います。今は急な水温低下と水位上昇していて普通の本流の水で戦うとやられます。水門の水やちょっと変わった水で釣るのがいい。この場所でたぶん僕は釣ると思う。なぜかというと、ここは浚渫の水プラス、すぐ上流にある水門の水も絡んでいるから」

そう言いながら、濁り水が当たるオーバーハングへとファットイカをスキッピングで入れていく。ピッチングの時よりもボ

ートポジションが離れている。

「その方が食わせやすいというのもあるんですが、遠い方がラインの角度が浅くなるので、スキッピングでバウンドしたルアーが浮きづらく、ブッシュに引っかかりにくいんです。これはテナガ、ザリ系のアプローチですね」

……しかし、ここではなぜか釣れなかった。その後、パワーフィネスでバイトは得たものの、昼まではそのワンチャンスのみ。支流の根木名川でバズベイトを投げ倒したがノーバイト。そして、本流に出たところで、さらに水位が増え、流れが強くなっていた。

「もう今日はダメだ。釣れないです。これが氾濫するフィールドの定め。バスが避難モードになって絶対に口を使わなくなる。流木も流れてきて、エンジンもヒットしかねない」

そう宣言し、13時半に実釣終了。食うとき、食わないときがはっきりしているのが利根川であり、それを知り尽くしているタクミなので、退却も鮮やかだった。

浚渫船が川底の泥を掘っているので、その下流には人為的な濁りが流れてきていた。浚渫の濁り水は溶存酸素量も多く、ベイトが集まってくる。タクミはそれを追って釣りをすることもあるそうだ。しかし、この時はレンギョの大群を集めてしまっていた

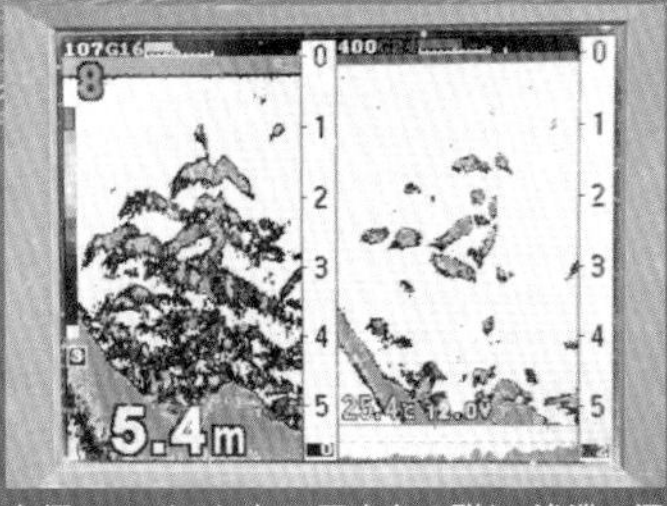

魚探にはっきりと映る、巨大魚の群れ。浚渫の濁り水を占領していたレンギョの大群。水質変化に敏感なので、タクミは彼らのポジションから川のコンディションがわかるらしい

レイダウンミノーウエイクプロッププラス（ノリーズ）

タクミお得意のアーリーサマーパターンが、ウエイクベイト。特に、アフター回復系によく効く。5月下旬、新利根川の某対決企画ではこれで次々とナイスサイズを連発させていた

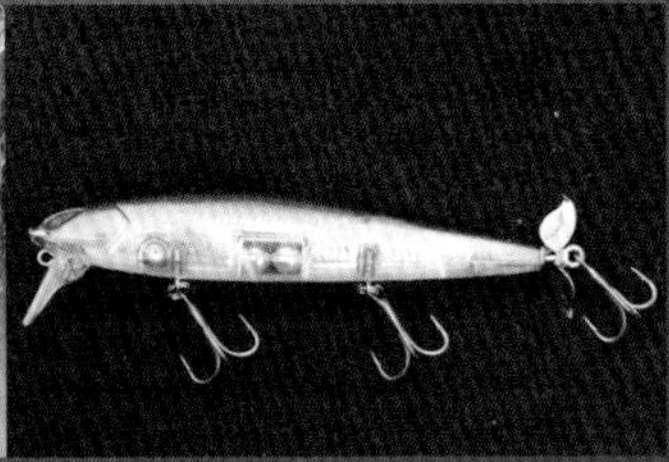

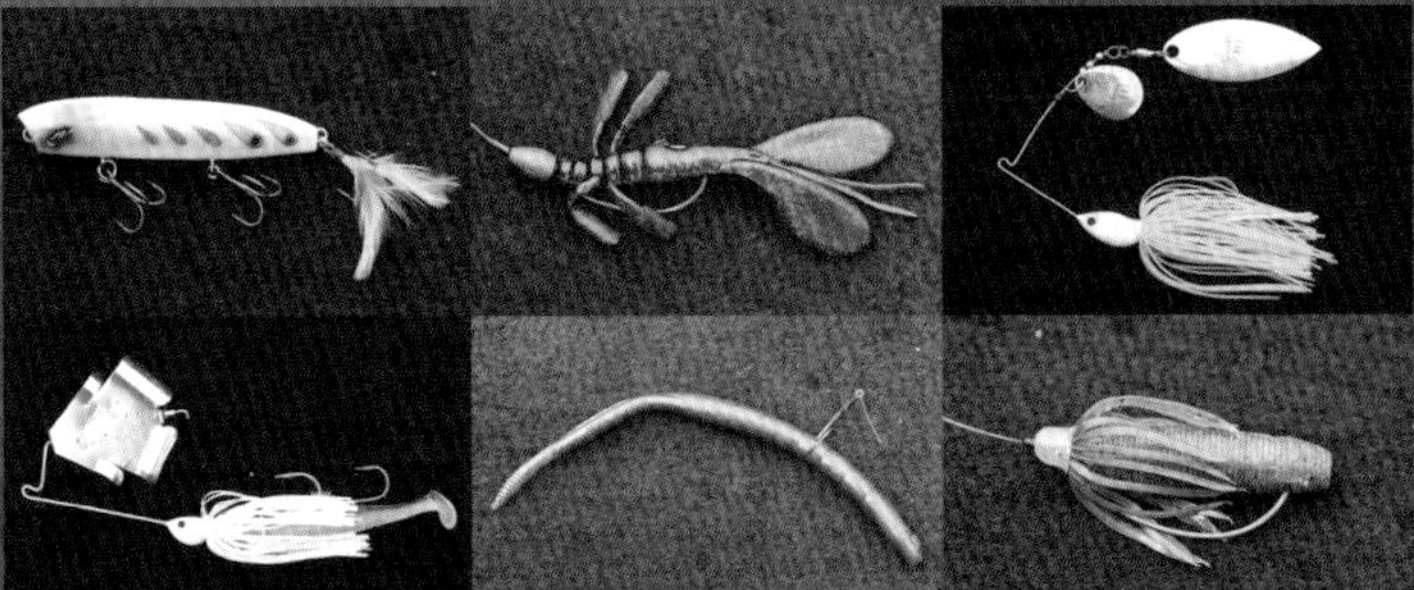

この日にキャストしたその他ルアー。朝のうちはスピナーベイト、アシにはエスケープツインのテキサスやザグバグ、スキッピング用のファットイカ、テナガエビがいそうなところにはレディーフィッシュ6.5in、根木名川ではバズベイト……など

夏
Summer Pattern 01

浚渫船の濁りを追え!

浚渫によって発生する泥水にはベイトが寄せられ、バスも集まる!

時期	6月～9月	釣り場のタイプ	リバー

利根川などでは、専用の船で川の底面を掘って深くする「浚渫」という作業をよくやっています。泥や砂を吸い出して流しちゃうんです。それによって、ボトムの泥の中にある栄養価の高い堆積物が水にかき混ぜられて……そこにベイトが寄ってきて、バスも寄る。つまり、釣れるんです。

他にも重要視しているのは、捨てられた泥はどんどん下流部に流されて、反転流が起きるところは栄養価の高いエリアということになるんです。

なので、とくに利根川で、僕は浚渫船を追いかけることがある。浚渫船の下流側の泥水が流れている場所をね。

浚渫船はポンプで水底の泥などを水ごと吸い上げて、巨大なホースで川の外へと汲み上げていく。そこには沼地のような溜まりができて、ザリガにが繁殖する。また、浚渫船からの泥濁りが発生し、下流へと流れていく

ベイトが溜まっている水門周りみたいにイメージしてもらえればいいと思う。

泥水に集まるベイトというのは、イナッコ、テナガエビ、あとはザリガニ。また、浚渫船はポンプで汲み上げた泥水を川の外に放出するのですが、そこが湿地帯になってザリガニが繁殖していて、その周辺はよく釣れることが多い。なので、そういう場所はザリガニをイメージして、ブッシュはファットイカ、アシはフリップドムでシャローカバーを撃っていく。とくに、水位が高いときに有効です。テナガエビだったら、ファットイカやバズベイトがメインルアー。岸際のカバー周りでは、ベイトが小さければ、カメラバのパワーフィネス。濁っていたら、サンカクティーサンのネコリグ、それほど濁っていなくて、カバーが少なくバスがフラフラしている場合はDジグ1.3g+ディトレーターでのサイトフィッシィング。あとは、エサに合わせてルアーをセレクトしてあげてください。

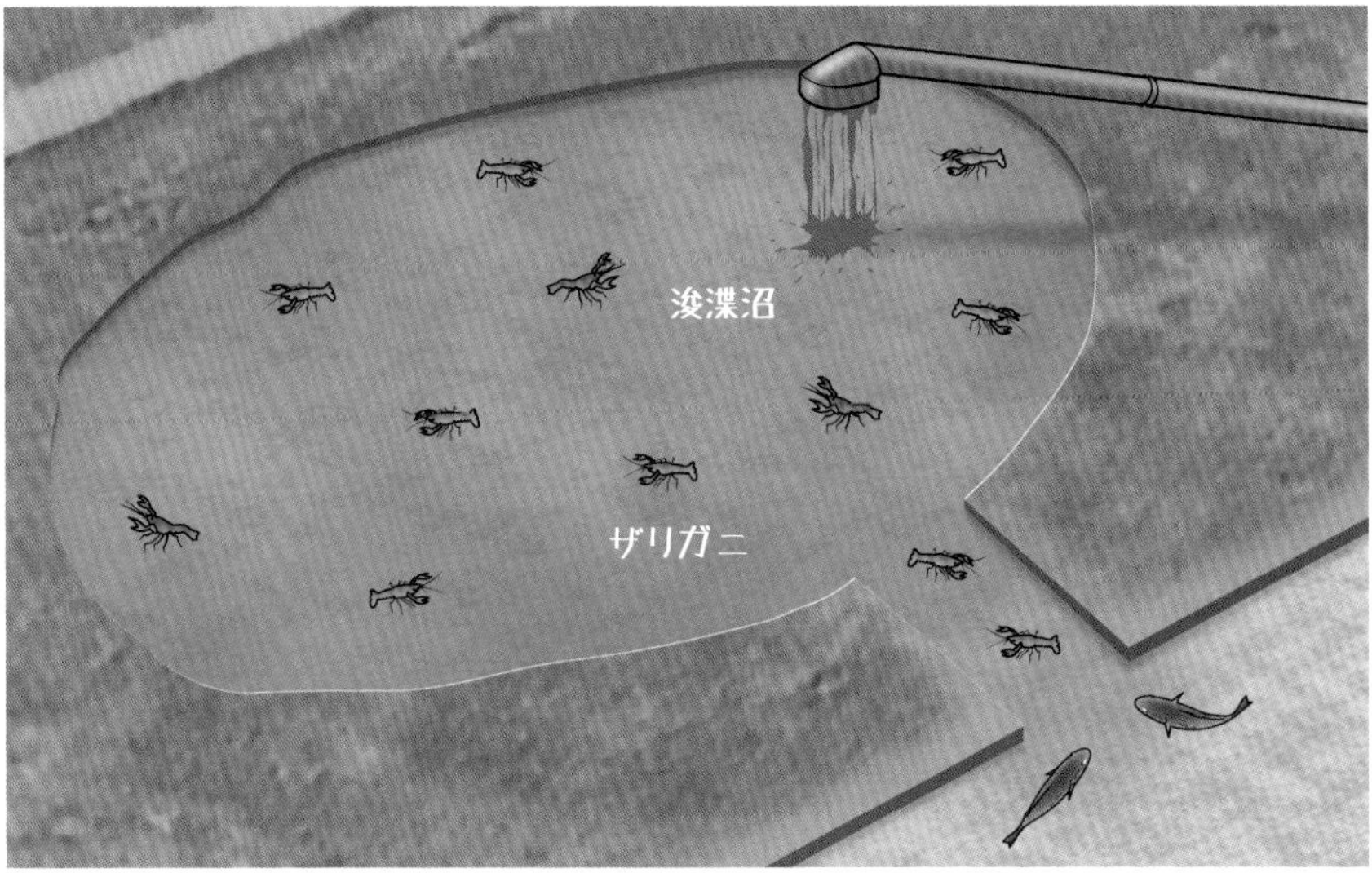

「浚渫沼」の出口は最高のスポットだ

浚渫船が組み上げた泥水が作り出した湿地はザリガニの繁殖地となる。水位が高いときはその湿地から川と繋がるスポットが狙い目。また、浚渫船からの泥濁りが当たるシャローカバーもベイトを集めやすく、活性の高いバスがよく釣れる

Lures & Tackles

3inフリップドム（ノリーズ）

ザリガニが逃げるようなリアクション系の釣りをするならフリップドム。スカートがないのでよく飛ぶが、ブッシュのツルなどにくるくるっとなりやすいので、狙うべきはアシ壁などタテ系ストラクチャー。スキッピングで岸に乗せてポトリと落とそう

ロッド● ロードランナーヴォイスLTT680MH（ノリーズ）
リール● メタニウム MGL XGレフト（シマノ）
ライン● R18フロロリミテッドハードバス16Lb（クレハ）
フック● インフィニ#4/0（リューギ）

ファットイカ（ゲーリーヤマモト）

ブッシュにはグラブガードを付けたファットイカ。スキッピングでカバーの最奥まで入れるのだが、ファットイカ＋グラブガードは小枝にくるくるっと巻きつくような引っかかり方が起こりにくく、スルスルと抜けてくる

ロッド● ロードランナーヴォイスLTT680MH（ノリーズ）
リール● メタニウム MGL XGレフト（シマノ）
ライン● R18フロロリミテッドハードバス16Lb（クレハ）
フック● インフィニ#4/0（リューギ）

カメラバ4g＋スイッチオントレーラー（ノリーズ）

テナガエビのサイズが小さければ、黄金のパワーフィネスでカバーを撃つ。カバーの外側にいるようならサンカクティーサンのネコリグやDジグ＋ディトレーターなどで食わせにかかろう

ロッド● ロードランナーヴォイス
ジャングル700JHS（ノリーズ）
リール● ヴァンキッシュ2500SHG（シマノ）
ライン● スマックダウン
フラッシュグリーンブレイド30Lb（クレハ）

ボルケーノグリッパー3/8oz（ノリーズ）

大きなテナガエビが上ずっているようならバズベイト。濁り水が当たるブッシュやアシ周りをスピーディーに探っていく

ロッド● ロードランナーヴォイス
ハードベイトスペシャルHB680M（ノリーズ）
リール● メタニウムMg DC（シマノ）
ライン● R18フロロリミテッド16Lb（クレハ）

夏
Summer Pattern
02

川の反転流が効いた岩盤パターン

夏のキーとなる水通し。ベイトの出入りも多いので ファストムービング系も効くぞ

時期	6月〜9月	釣り場のタイプ	リバー

水通しがいいところ、というのは夏のキーになる。例えば、岩盤のストレートで流れがバーっと通っているようなところ。その近くにある変化に注目すると、反転流が効いていて、そこにはベイトが溜まり、バスが捕食にやってくる……となりやすい。そんな岩盤というのは、テナガエビなどが産卵のために歩いてきたり、とくにエビ系が多くいるんです。また、岩盤は集まってくるベイトの動きも速い。バスもずっと居座っているというよりは、回ってきたタイミングで食うという傾向があり、その瞬間を狙うのが大切です。

　さて、反転流の釣り方ですが、ブレイクを叩きやすいクランクベイトもアリだし、バズベイト、スピナーベイトも使います。ワーム系ならエスケープツインのテキサスリグなんかもアリ。ファットイカとかだと流されてしまうので、僕はテキサスを使いますね。そのあたりはバスとベイトの状況に合わせて使い分けます。巻きモノ系は、曇りや雨のローライトでカバーの外に出てくる状態ならばスピナーベイト、バズベイトなど。流木などにコンタクトして、ブルブルっとヒラを打たせて食わせるならクランクベイトを使う。

　利根川の場合は、水位が低くなって流れが強くなるとバスは喜んじゃう。水通しのいい岩盤は水位が低いほうが魚が集まりやすく、よく釣れることが多いです。逆に、急激に水位が増えたフロー状態は絶対によくないです。すべてのバスが口を閉ざしてしまって釣りにならないことも時々あります。

利根川名物の水中堤防。見えない石積みが沖へと張り出し、流れのヨレを作る。テナガエビもベイトもそのヨレに集まってくるので、夏バスの有望スポットになる

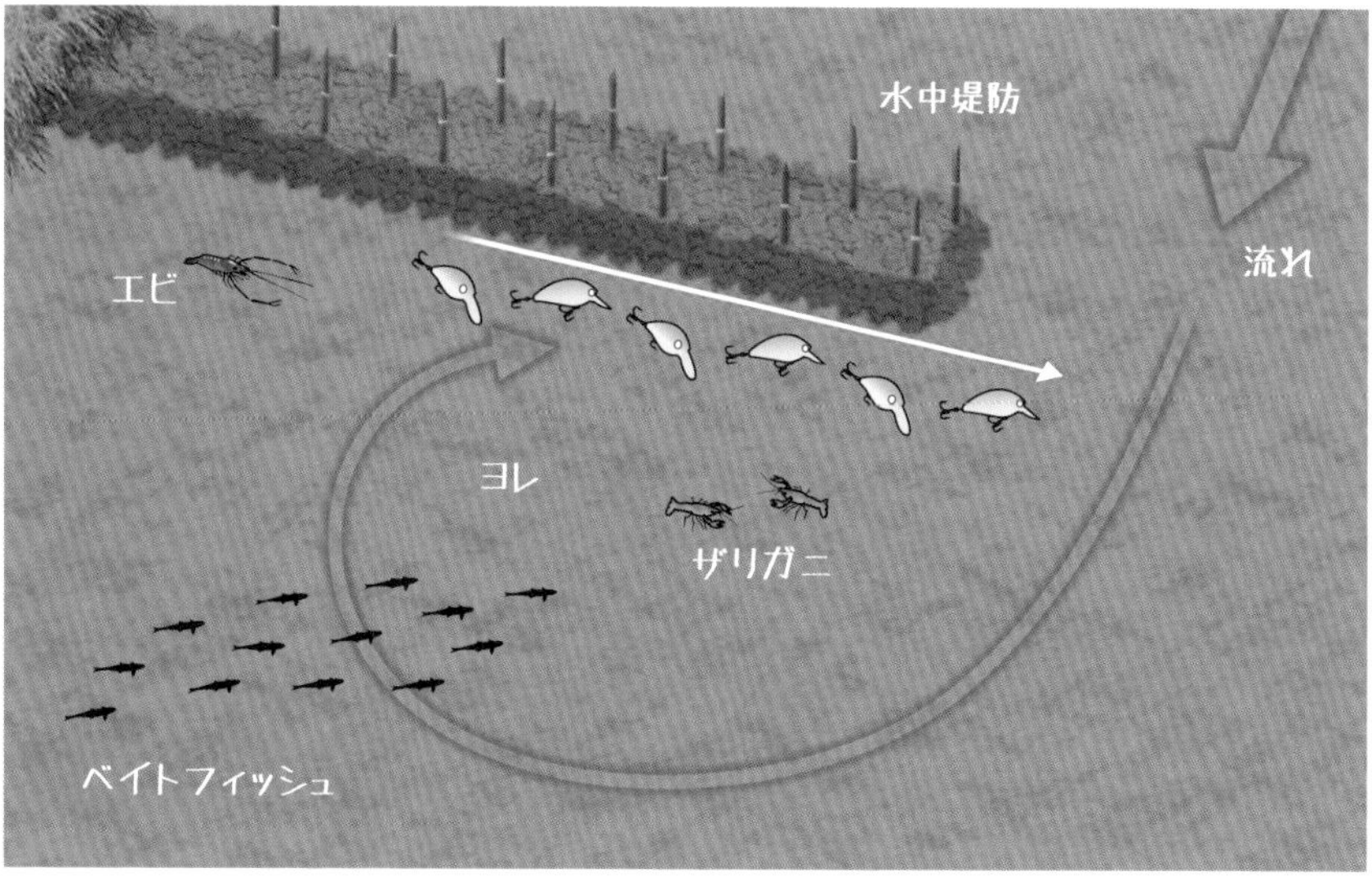

ハードベイトでヨレを狙う

水通しのいいストレート岩盤や水中堤防、その周辺の反転流には、エビや小魚など、多くのベイトが集まってくる。ローライトであればスピナーベイト、クランクベイトなどハードベイトが効く。ここぞとばかりに巻いていこう

クリスタルS1/2oz（ノリーズ）

雨や風で水面が荒れ気味のときはスピナーベイト。流れに負けずにしっかり泳ぐ1/2ozでカバーやブレイクを巻こう

ロッド● ロードランナーヴォイス
ハードベイトスペシャルHB680M（ノリーズ）
リール● カルカッタコンクエストDC100（シマノ）
ライン● R18フロロリミテッド16Lb（クレハ）

ショットオメガビッグ62（ノリーズ）

長めなリップを持ちながら潜行深度は浅めというロングビルシャロークランク。これはサイズがひと回り大きいタイプで、流れの中でもしっかり泳ぎ切り、長めのリップで障害物回避性能も高い。マクベス（シマノ）もよく使う

ロッド● ロードランナー
ハードベイトスペシャルHB680L（ノリーズ）
リール● バンタムMGL PGライト（シマノ）
ライン● R18フロロリミテッド20Lb（クレハ）

エスケープツイン（ノリーズ）5～7gテキサスリグ

流されない重さのテキサスリグで、反転流の沈みモノやブレイクを狙う。エスケープツインはテナガエビパターンのメインベイトだ

ロッド● ロードランナーストラクチャーNXS
STN720H（ノリーズ）
リール● メタニウム MGL XGレフト（シマノ）
ライン● R18フロロリミテッドハードバス20Lb（クレハ）
フック● ダブルエッジ＃3/0（リューギ）

ボルケーノグリッパー3/8oz（ノリーズ）

これも雨などでカバーから離れているときにやや広めに巻いてみよう。逆に、ドピーカンでも有効だったりもする

ロッド● ロードランナーヴォイス
ハードベイトスペシャルHB680M（ノリーズ）
リール● カルカッタコンクエストDC100（シマノ）
ライン● R18フロロリミテッド16Lb（クレハ）

夏
Summer Pattern
03

ボラ食いバス狙いの カバークランキング

川の上流、一発ビッグフィッシュ狙いの ストロングパターン！

時期 7月〜10月 **釣り場のタイプ** リバー

川の上流部にて、ビッグバス狙いのカバークランキングのパターンです。僕のホームである利根川は、上流に上がるとブッシュがたくさんあって、ボラやアユが多い。バスの個体数は少ないのだけども……デカい。そんな夢のある状況です。やはりベイトフィッシュがたくさんいて、それを食っている個体にはデカいヤツがいるんです。

そこで、僕がやるのはクランクベイトです。上流にはスズメバチが巣を作っていそうなゴージャスなウッドカバーがずーっとある。そんなブッシュをテキサスリグなどで撃っていくのは大変なので、いわゆるカバークランキングという釣りで攻略していく。

これは、やる気がないバスをカバーで騙して釣るようなパターンではなく、回ってくるボラの群れを待っているアグレッシブな個体を、カバーに絡めたクランクで当てていく。僕はマクベスとかコマック、オメガビッグ62を使い分けます。

カバーに当ててブルンとさせて食わせるなら、クランクベイトもいいけど、スイムジグもアリ。スキッピングもできるので、クランクベイトよりもカバーの奥に入れやすく、引いてくるときもヌルヌルとかわしながら、ビッグフィッシュに食わせることができます。

いずれもカバーの奥から横に引いてこられるので、圧倒的にチェックが早い。流れの中のビッグバスを攻撃的な巻きの釣りで狙ってみてください。

利根川ではないが……マクベスのカバークランキングで釣れたビッグバス。ウッドカバーにめっぽう強い

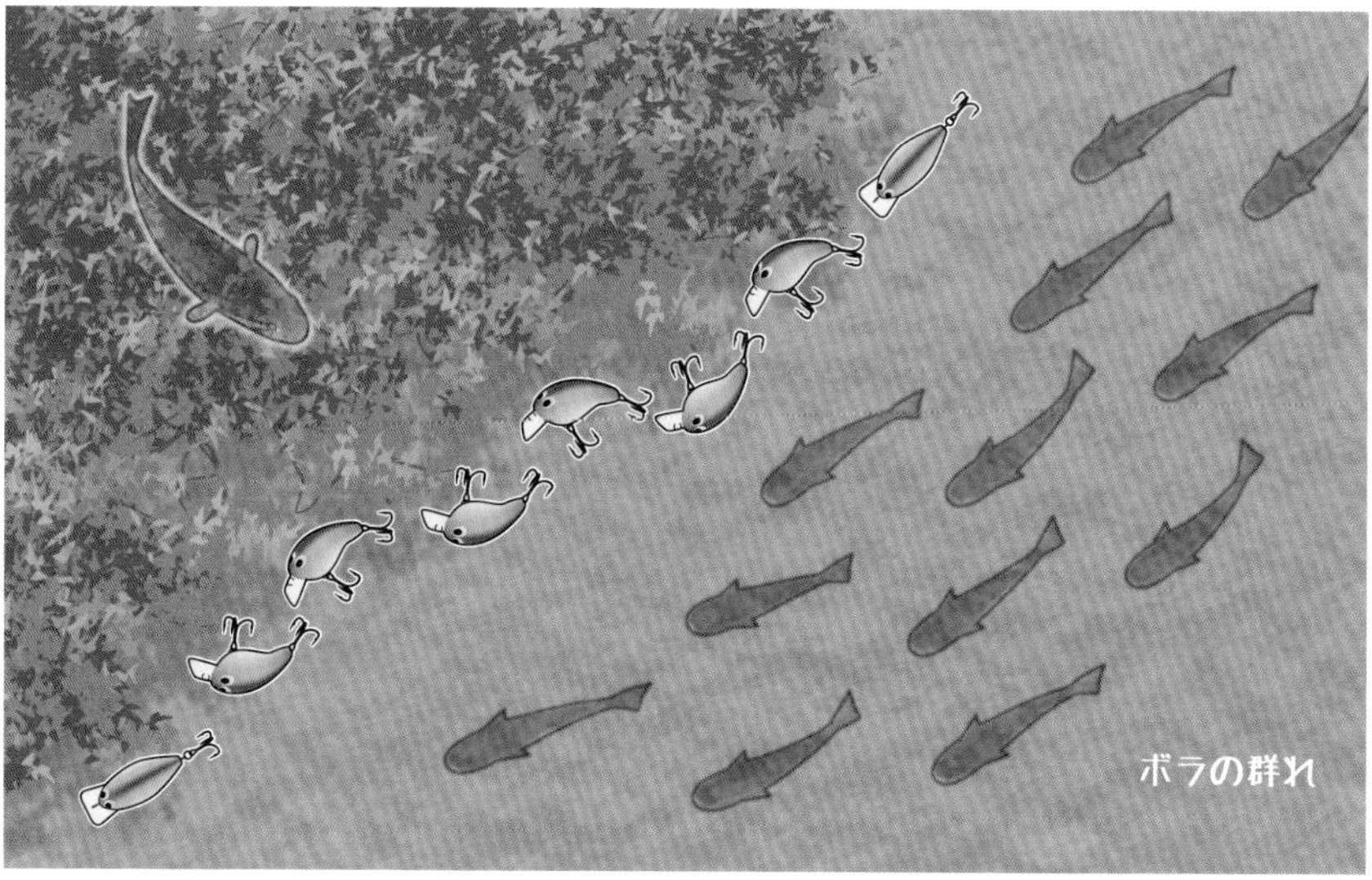

カバーのベイトフィッシュパターン

流れのある上流部、岸に沿って泳ぐボラの群れと、待ち構えるビッグバス。そして、彼らが交錯するのがウッドカバーだ。エビ・ザリ系のパターンではないので、ワーム系よりも横の釣りであるカバークランク、スイムジグといった攻めの巻きが威力を発揮する

Lures & Tackles

マクベス50（シマノ）

濁りが薄めでシルエットを小さく見せたいときはコマック（マクベス50の愛称）。潜行深度が浅いわりにリップが大きく、アクションのキレとカバー回避性能の高さはオリジナル譲りだ

ロッド● ロードランナーヴォイス
ハードベイトスペシャルHB680L（ノリーズ）
リール● バンタムMGL PG（シマノ）
ライン● R18フロロリミテッド20Lb（クレハ）

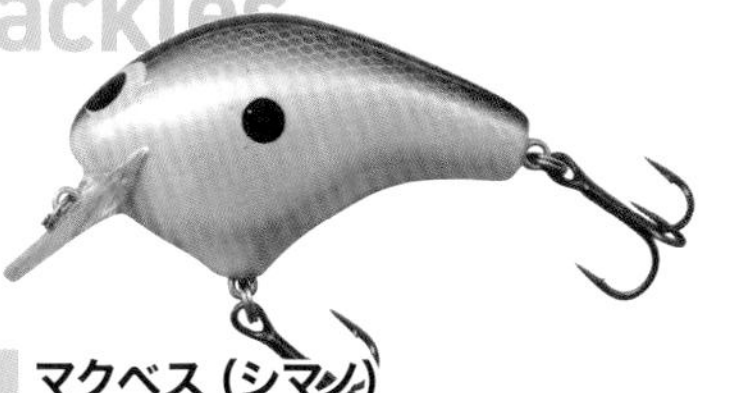

マクベス（シマノ）

濁りがあってパワーが必要なときはマクベス。エッジの効いたスクエアリップはアクションの立ち上がりがよく、ウッドカバーの回避性能にも優れる。太めのラインを使おう

ロッド● ロードランナーヴォイス
ハードベイトスペシャルHB680L（ノリーズ）
リール● バンタムMGL PG（シマノ）
ライン● R18フロロリミテッド20Lb（クレハ）

マツラバ1/4oz（ギークス）＋スイングインパクトファット3.8in（ケイテック）

スキッピングでウッドカバーの奥の奥まで到達できるのがウリ。これはクランクベイトには難しい。尖ったシンカー形状が、次々と迫るウッドをたやすくかわしながらクリクリと泳いでくる

ロッド● ロードランナーヴォイスLTT680MH（ノリーズ）
リール● メタニウム MGL HGレフト（シマノ）
ライン● R18フロロリミテッドハードバス16Lb（クレハ）

ショットオメガビッグ62（ノリーズ）

どちらかというとカバーよりもオープンウォーター寄りで食わせたいときはコレ。大きめボディの浮力を生かし、流れの中でもブリブリと水を押す

ロッド● ロードランナーヴォイス
ハードベイトスペシャルHB680L（ノリーズ）
リール● バンタムMGL PG（シマノ）
ライン● R18フロロリミテッド20Lb（クレハ）

夏
Summer Pattern 04

ザリガニ 落っこち 水門パターン

テナガエビの次にやってくるのがザリガニの産卵。水門の水に注目！

時期	6月～8月	釣り場のタイプ	リバー、マッディシャロー

夏の川やマッディシャローでのザリガニパターンです。5月から始まるテナガエビの産卵のあと、6～8月くらいに産卵が絡んだザリガニが出てきます。夏って、水通しのいいところを好むバスが多いのですが、それとは関係なく、田んぼの間を通って本流に合流する水路から出てくる水に付いているバスもいる。あとは、インサイドベンドの泥に埋まったウッドカバー、沖のシャローフラットに沈んだ流木などにでっかいバスがいたりする。それらのバスが食っているのはなにか……というと、圧倒的にザリガニ。

ザリガニが多い場所というのは、大体田んぼの水が絡んでいます。水路を通ったザリガニが水門にゴロゴロと落ちてきて、流れの弱いインサイドをテクテクと歩いて流木に居着くというイメージ。なので、圧倒的にインサイドの方がザリガニを捕食しやすいです。

僕はザリガニをハンバーグのようなものだと思っています。テナガエビはソバ、ワカサギはイタリアン……あくまでもイメージですけどね。テナガエビがソバというのは、食べてしっぽりする感じ。対して、ザリガニはハンバーグくらいの重さがある。だから、ハンバーグを食っているバスはすごくゴンディションがいい。

ベイトの重要度ランキングを作るとして、上位にくるのは……ザリガニ、テナガエビ、ハス、ワカサギかな。ギルやボラは下の方。上位ランキングのベイトがいないときに食われている非常食のようなイメージです。ギルを食っているバスは多いですが、ザリガニやハスが多いときはあまり食っていない。ランキングの高いベイトを食っているバスを狙うことがビッグフィッシュパターンへの近道だと思いますよ。

夏の実釣で連発していたのは、まさに田んぼの水路から流れ出す水門周りだった。そこに落ちていたサギのフンにはザリガニの残骸が多数混じっていた

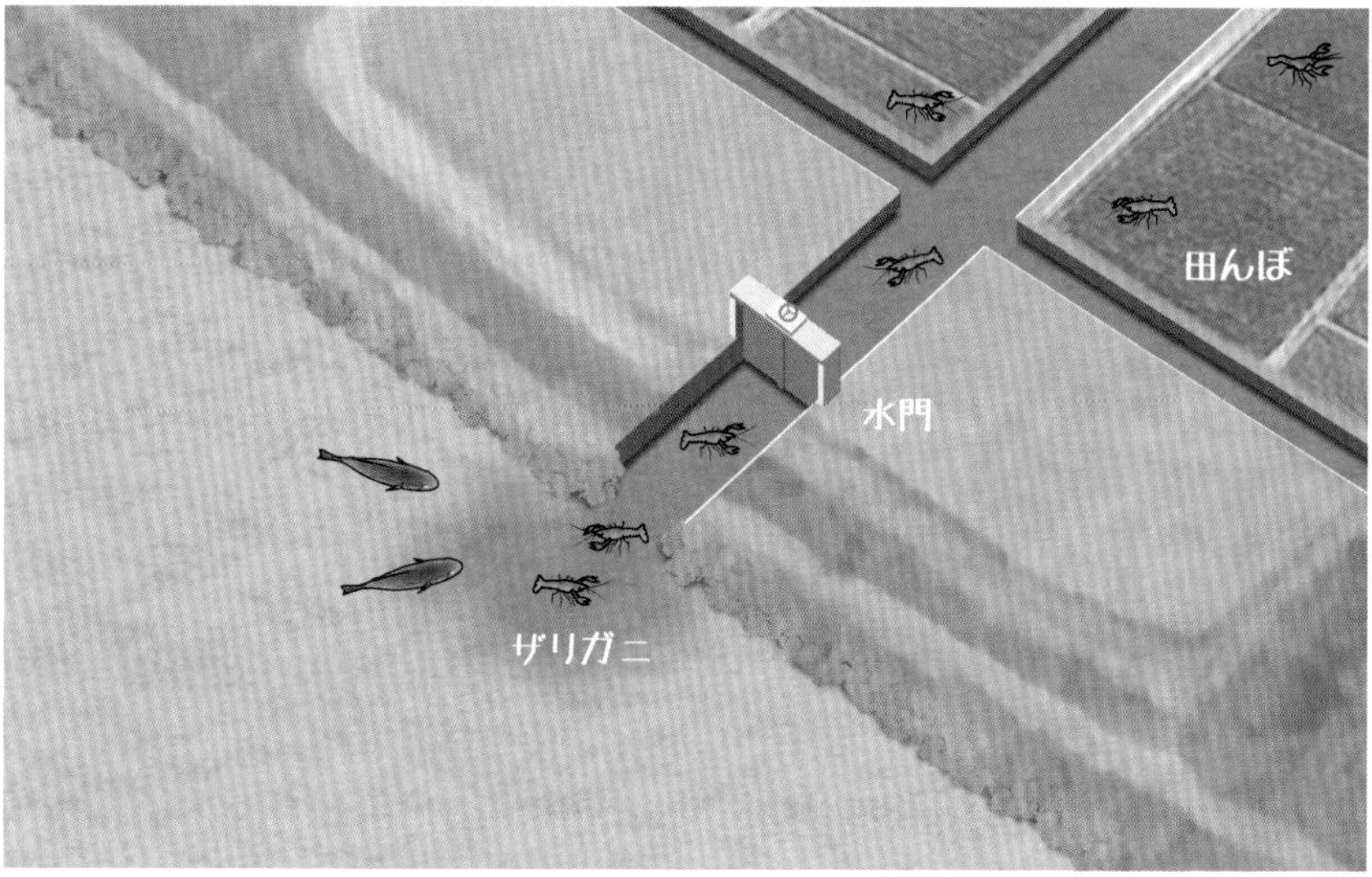

開いた水門から出ている水に注目

水路からの水門が開いて、田んぼの濁った水が出てきているようならチャンス。付近のブッシュカバーや杭、ちょい沖の流木などをザリガニをイメージしたルアーでアプローチしてみよう。サギもザリガニを狙っているので目印になる

Lures & Tackles

3inフリップドム（ノリーズ）

あたかもザリガニが水面を蹴って逃げているような、パパパパパパパッというスキッピングをさせる。ファットイカよりも飛ばしやすいのだが、覆いかぶさるようなカバーにはやや絡まりやすいので、使い分けが必要

ロッド● ロードランナーヴォイスLTT680MH（ノリーズ）
リール● メタニウム MGL XGレフト（シマノ）
ライン● R18フロロリミテッドハードバス16Lb（クレハ）
フック● インフィニ#4/0（リューギ）

ファットイカ（ゲーリーヤマモト）

いかにも食べ頃なザリガニのボリューム感。グラブガードを付けてスキッピングでカバーの一番奥まで送り込む。直立したアシよりも覆いかぶさるようなブッシュに向いている

ロッド● ロードランナーヴォイスLTT680MH（ノリーズ）
リール● メタニウム MGL XGレフト（シマノ）
ライン● R18フロロリミテッドハードバス16Lb（クレハ）
フック● インフィニ#4/0（リューギ）

ガンタージグライト7g
＋エスケープツイン（ノリーズ）

昔も今も、ザリガニといえばジグ&クローワーム。ラバージグにしては軽めのシンカーを使い、ブッシュや流木などに絡めていこう

ロッド● ロードランナーストラクチャーNXS STN720H（ノリーズ）
リール● メタニウム MGL XGレフト（シマノ）
ライン● R18フロロリミテッドハードバス20Lb（クレハ）

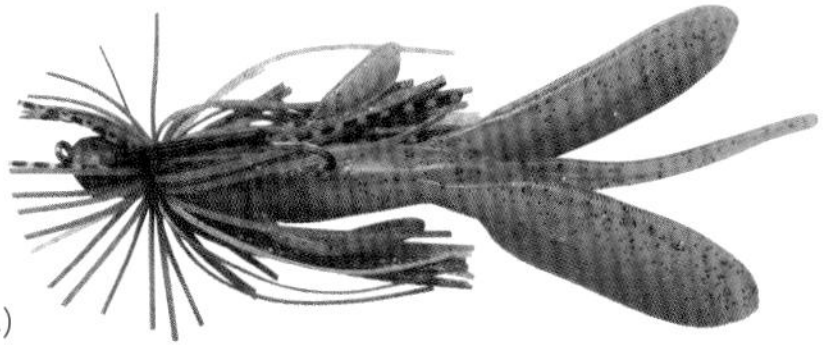

夏
Summer Pattern
05

リザーバーのワカサギ酸欠表層パターン

夏のリザーバーの風物詩、表層のワカサギの群れとボイルするバス。どうやって釣る?

時期	7月～9月	釣り場のタイプ	リザーバー

亀山湖などに代表される、ワカサギ酸欠表層パターンです。梅雨が明けると水温が30℃を超えてきて、ワカサギが酸欠状態になって表層に浮き上がってくる。比較的水通しがよく、水面の溶存酸素量が多い、反転流みたいなところに溜まるんです。それをバスがバカバカ食うというパターン。

これは特に朝イチが大事。太陽がキーになっていて、曇りの日はフィーディングが長続きするんですが、晴れていると朝イチで終わってしまうことが多い。なぜかというと、太陽が出ることで水中の水草やプランクトンなどが光合成をして酸素がどんどん回るので、ワカサギたちが下に潜れるようになっちゃう。でも、朝は水草とかが光合成できないので、二酸化炭素が増えた状態。どんどん水中の酸素量が減っていくからワカサギが浮いてくるんです。太陽が出ると、いろいろなものが光合成をして水中の溶存酸素量が増えてワカサギも散るから、バスも散る。逆に、ローライトだと太陽が出ないので水草やバクテリアなどが活性化するのに時間がかかる。だから、フィーディング時間が長くなるんです。太陽が出て酸素が増えるとワカサギは散る。それによってバスがフィーディングをやめてしまう……という流れですね。明らかに、ボイルが減ります。

釣り方は、ミドストとノーシンカーワッキー。ジグヘッドは0.6gとかなり軽いものを使います。ノーシンカーワッキーはいわゆる水面でのピクピク。ピクピクピク……と動かしてから止めておきます。

夏の亀山湖にて、まさにこのパターンがハマった。ローライトでバイトが続く模様が、つり人社刊行のDVD、『タクミズム』に収録されている

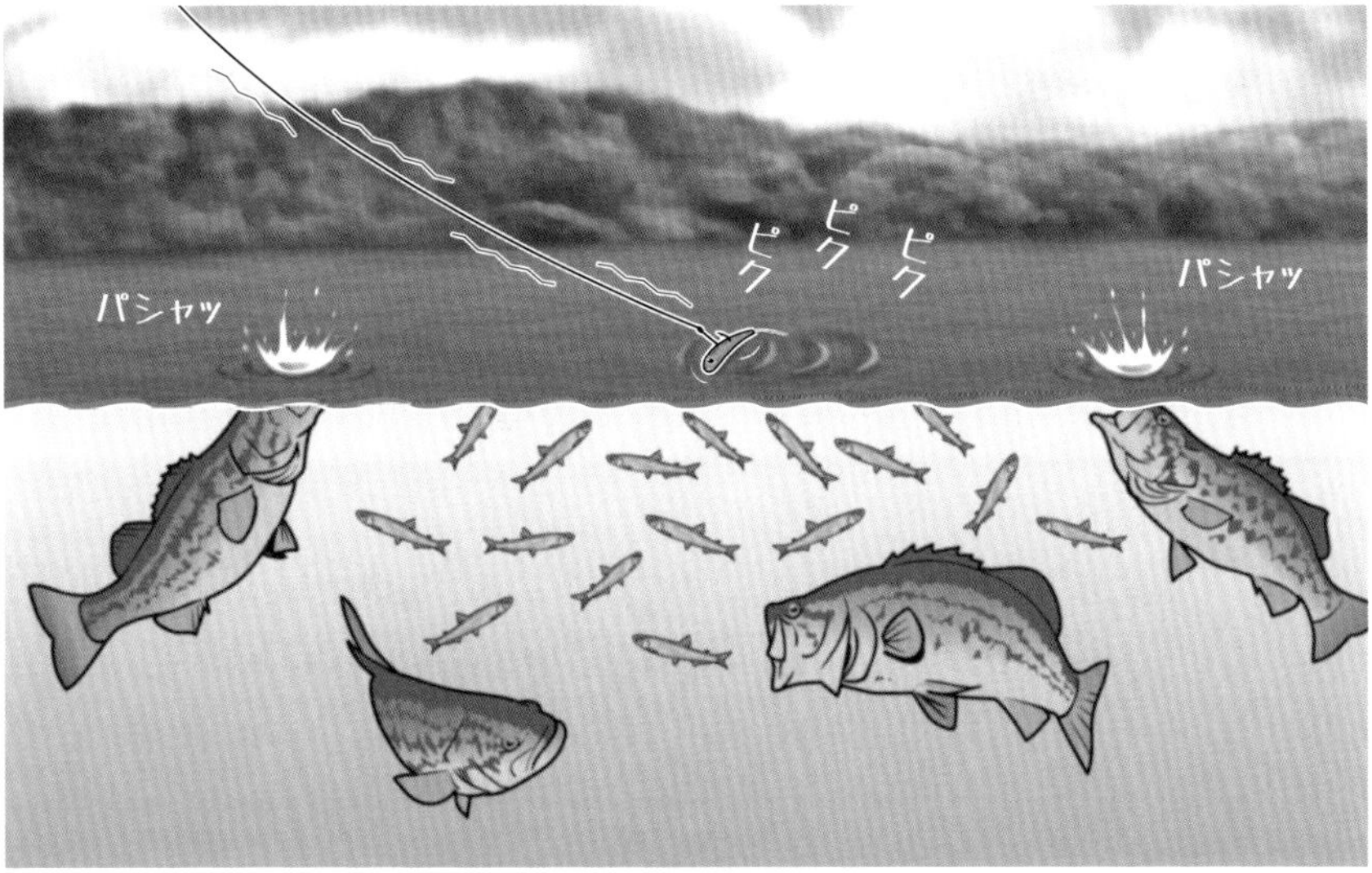

時合はバスが教えてくれる

流れの巻くようなエリアでボコボコとボイルしていたらこのパターンを試してみよう。晴れていたら朝、曇りや雨ならば一日中有効。まあ、ボイル＝時合、なのでわかりやすいはずだ。釣り方は軽量ジグヘッドのミドストか、浮力の高いワームによる水面ピクピクを推奨

Lures & Tackles

スーパーリビングフィッシュ3in（ティムコ）0.6gジグヘッドリグ

ボディのロールとテールの微細なバイブレーションで、スレたバスをも騙す、リアル系ワーム。最も軽いクラスのジグヘッドで表層近くをフラフラと泳がせる。シンカーはヴェスパ（リューギ）0.6gを使用

ロッド● ロードランナーストラクチャーNXS STN640LLS（ノリーズ）
リール● ヴァンキッシュ2500S（シマノ）
ライン● R18フロロリミテッドハードバス3Lb（クレハ）
フック● ヴェスパ#2（リューギ）

レインボーシャッド（イマカツ）ノーシンカーリグ

シンセティックという繊維素材のテールがついた高浮力リアルワーム。使い方は、ノーシンカーワッキーでの水面ピクピク。テールが移動距離を抑えてくれるのでとても使いやすい

ロッド● ロードランナーストラクチャーNXS STN640LLS（ノリーズ）
リール● ヴァンキッシュ2500SHG（シマノ）
ライン● PEX4ルアーエディション0.3号＋グランドマックス1.25号（クレハ）
フック● フォグショット#3（リューギ）

アッパーカッター95（ノリーズ）

高活性のときはペンシルベイトもアリ。水面で波紋を出し続けるスライディングアクションで、多少の波も物ともせず、ちょっとしたディープからもバスを呼ぶアピール力を有する

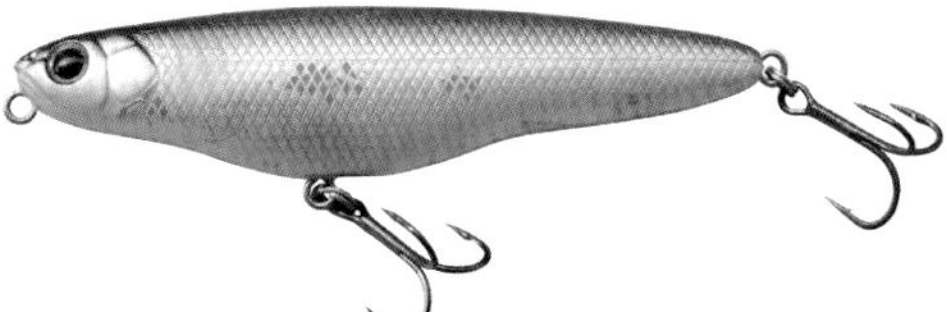

ロッド● ロードランナーヴォイス ハードベイトスペシャルHB630LL（ノリーズ）
リール● メタニウム MGL ライト（シマノ）
ライン● R18フロロリミテッド12Lb（クレハ）

夏
Summer Pattern
06

食えないバスを釣る虫パターン

エサを追えないバスをあえて狙うという、禁断のパターン。

時期	5月～10月	釣り場のタイプ	リザーバー

この釣りはあまりおすすめしません。なぜかというと、コンディションのいいバスがあまり釣れないから。バスのなかにはベイトフィッシュを追えなくなって、虫を専門に食っているヤツがいる。もしくは、ベイトフィッシュを食いたくて追っているバスなんだけど、結構なプレッシャーがかかっていて食わないヤツ。それを特殊な虫の使い方で食わせる釣り方です。

　虫の釣りは、普通はチョウチンでやることが多い。ただ、もはやなにかに引っ掛けて一点でシェイクするという釣り方すらスレてきているんです。なので、僕がよくやっているのがブンブン釣法。ラインで引っ張っても動かないような太い木の枝に引っ掛けて、ルアーを振り子のように動かすんです。下にいるバスはこういう動きにはまだスレていないので、本物だと思って空中でバーンと食ってくる。

　キモになるのは、バスに空中で口を閉じさせること。水中で閉じさせてしまうと水と一緒にやさしく食っちゃう。虫ルアーのフッキング率が低いというのはそれが理由です。空中で虫を速く動かすとバスは本気で食うので、バイトさせた瞬間に口を閉じる。それでキャッチ率は圧倒的に上がります。全身を出すドルフィンバイトさせると、口を閉じる力がすごく上がるのでキャッチ率がかなり高まります。とにかく重要なのは、虫を食ったあとに口を閉じさせることです。

　他に虫で食わせるコツというと……ひとつある。ルアーと一緒に葉っぱを落とすんです。まず、岩盤に生えた木の枝にラインを引っ掛けて、ゆさゆさと葉っぱを落とす。すると、虫を待っているバスはスイッチが入るんです。そしたら、そのままぽちゃんとルアーを落として食わせてしまう。日常的に、エサだけが単体で落ちてくるってあんまりないはずなんですよね。砂や葉っぱと一緒に落ちてくるというのに、バスは敏感に反応しますよ！

サーカスのようなブンブン釣法を見よ

ブランコのように、枝に引っ掛けた虫系ルアーをブランブランさせていると……スレッカラシのバスが、なんと全身を出しながら空中でバイトしてくる。いわゆる本気食いなので、フッキングも良好。ちなみに、葉っぱを一緒に落としてスイッチを入れる釣り方は、パンコイ釣りで発見したのだという

Lures & Tackles

スイッチオントレーラー（ノリーズ）逆付けノーシンカー

テール部をカットして、フックを逆付けするだけの虫チューン。愛称はピコチュウ。いわゆる沈む虫でもある。PEラインセッティング時はインフィニ#1（リューギ）を使用。また、沈む虫として使うときは、R18フロロリミテッドハードバス3Lbを使ってゆっくり落としたりもする

ロッド● ロードランナーストラクチャーNXS STN640MLS-Md（ノリーズ）
リール● ヴァンキッシュ2500SHG（シマノ）
ライン● R18完全シーバスフラッシュグリーン0.8号＋グランドマックス1.5号（クレハ）
フック● インフィニ＃1（リューギ）

いかにも木からポトリと虫が落ちてきそうな、夏の日のリザーバー……

夏

Summer Pattern 07

水温30℃超えのチャターゲーム

真夏のウィードレイクで追わせずに食わせるハイスピードリトリーブ

時期 7月下旬〜8月　釣り場のタイプ ナチュラルレイク

水温30℃を超えた真夏のウィードレイク。シャローウィードフラットやカナダモドームの中にいるバスを追わせずに食わせてしまえるのがチャター系。ハイスピードリトリーブでウィードにコンタクト&ハングオフさせて反射でバイトさせる釣りです。

表層の水温は高いけど、カナダモドームの中は涼しい。そんな状況でよく効くのですが、それが追ってきて食うのではなく、もうドームを突き破って縦に出てくる。一瞬の本気食いみたいな感じなのです。使い方は、水深1〜1.5mで、60〜70㎝くらいのウィードが生えてるようなシャローフラットをウィードに当たるか当たらないかくらいのレンジを速巻き。カナダモドームもギリギリの上をバーっと巻いてくる。カナダモにタッチして、反射的に外すと一気に突っ込んできます。

また、チャターの最大の強みは、濁りにも強いということ。存在感と振動のスピードだと思うのだけど、判断の間を与えずに一気に口を使わせることもできます。天候は晴れがいいです。おすすめのウエイトはスピードの出る5/8oz。ベイトフィッシュを食っているバスをターゲットにするので速く引けることがなによりです。

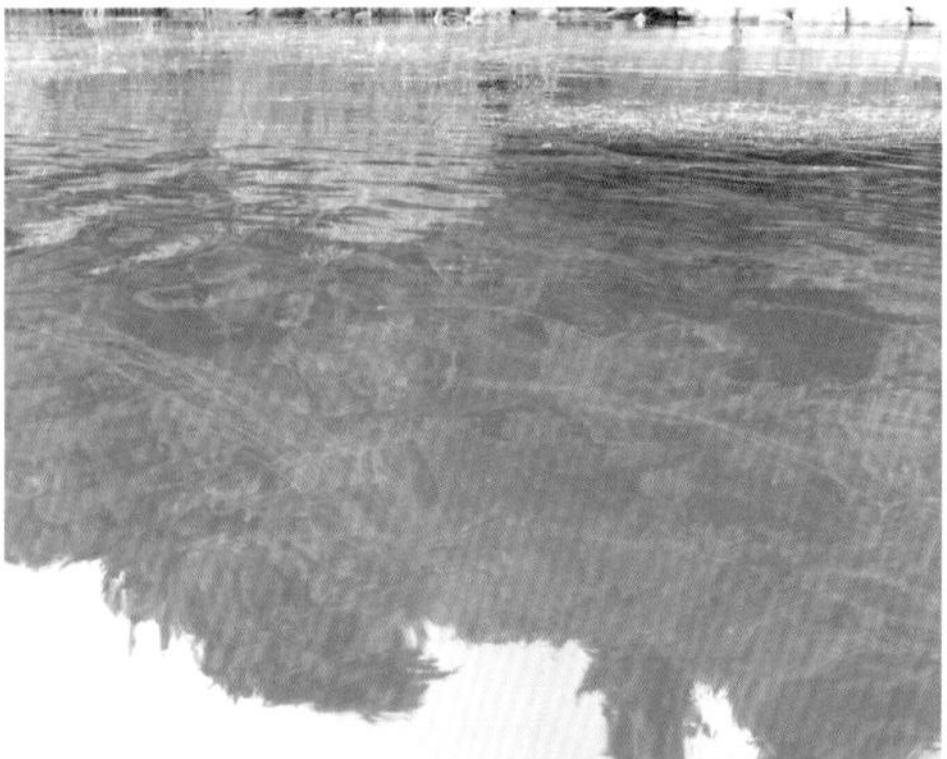

琵琶湖のカナダモエリア。水面まで生えきっていない場所の上ギリギリを引いてくると……ウィードの中から反射的に飛び出してきて食う

エキサイティングなマット突き破りバイト

カナダモドームの下は空洞になっていて、水通しのいいエリアならばとても涼しく、バスにとっては居心地がいい場所。その上の層をチャターで速巻きすると……油断したバスが一瞬でドームを突き破って、激しくバイトしてくる

Lures & Tackles

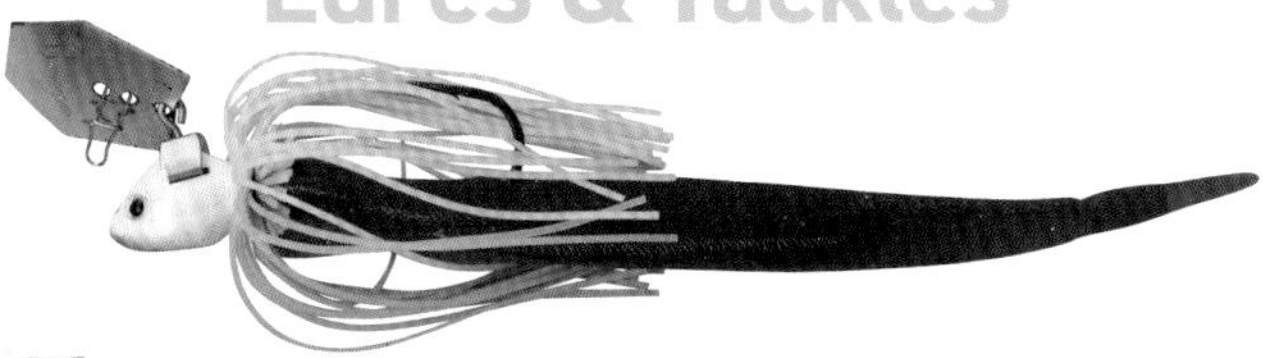

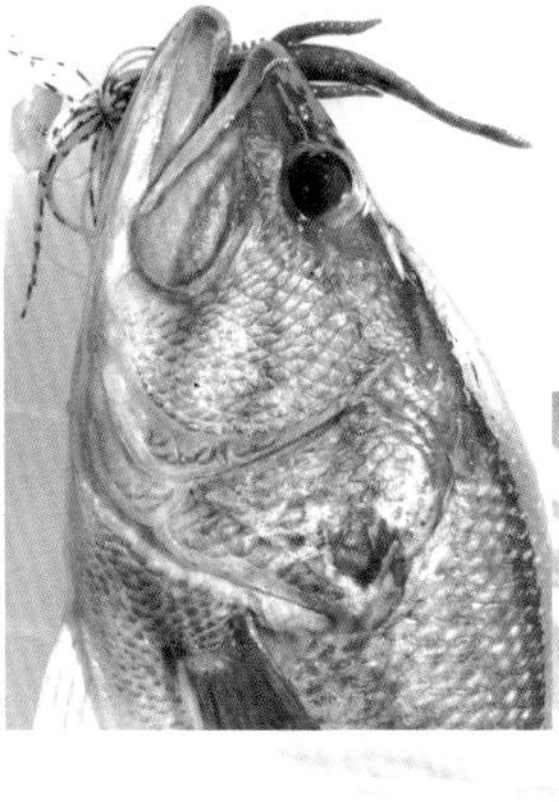

フラチャット5/8oz+5.8inレディーバランス（ノリーズ）

フラチャットは速く引くための5/8oz。トレーラーは基本的にレディーバランスだが、ギルやフナなど平たいベイトフィッシュを食っているときはFGダディの縦刺しセッティングを使う

ロッド● ロードランナーヴォイスLTT680MH（ノリーズ）
リール● メタニウムMGL ライト（シマノ）
ライン● R18フロロリミテッド16Lb（クレハ）

夏
Summer Pattern 08

ため池のインレット、アウトレット

夏の茹《ゆだ》ったため池でもインレットとアウトレットがあればなんとかなる?

時期 7月中旬〜8月中旬　**釣り場のタイプ** ため池

水通しがいいであろうインレットとアウトレット。基本的に水の動かないため池にとって、ものすごくキーになるスポットです。だからもう、絶対に攻めるべき。変化の少ない釣り場なので、水の流れがちょっとあるだけで、大きな変化になってしまうんです。

バスだけでなく、ベイトにとっても大きな変化なので、クチボソ、フナ、エビ、ザリガニ、カエルなど、たくさん集まってきたり、あるいはインレットに流されてきたりもします。

攻め方は、インレットは幅が狭くて流れが起きやすいので、アウトレットよりも有望。流れてくる虫を待っているバスがいるので、チャグウォーカーやビハドウ、フリップドムなどのザリガニ系がおすすめです。カバーやシェードがあればテキサスリグやフロッグで積極的に撃っていきます。

アウトレットも水が動いているから悪くない。バスがたくさん溜まっていたりします。アプローチはインレットと変わりませんが、インレットよりエリアとして広いことが多いので、でかい羽根モノなんかもおもしろいですね。

水量の多い土管タイプのインレット。周りにはゴミだまりもある。先行者に釣られていなければ、活性の高いバスが入っている可能性が高い。フロッグなどでゴミを丁寧に攻めてみたい

夏はどのタイプの釣り場でもそうなのですが、朝マヅメと夕マヅメは外せません。その時間帯は太陽の角度が斜めになっているので、シェードの面積が広くなる。とくにカバーや変化の少ない池は、周辺の木や土手でさえ朝夕はシェードとして池に差しかかってくるので、バスにとっても重要な時間帯になります。夏のため池は、やる気がなくて食わない状態のバスも多いのですが、そんなバスでも朝夕だけは動いてスイッチが入ることが多いんです。

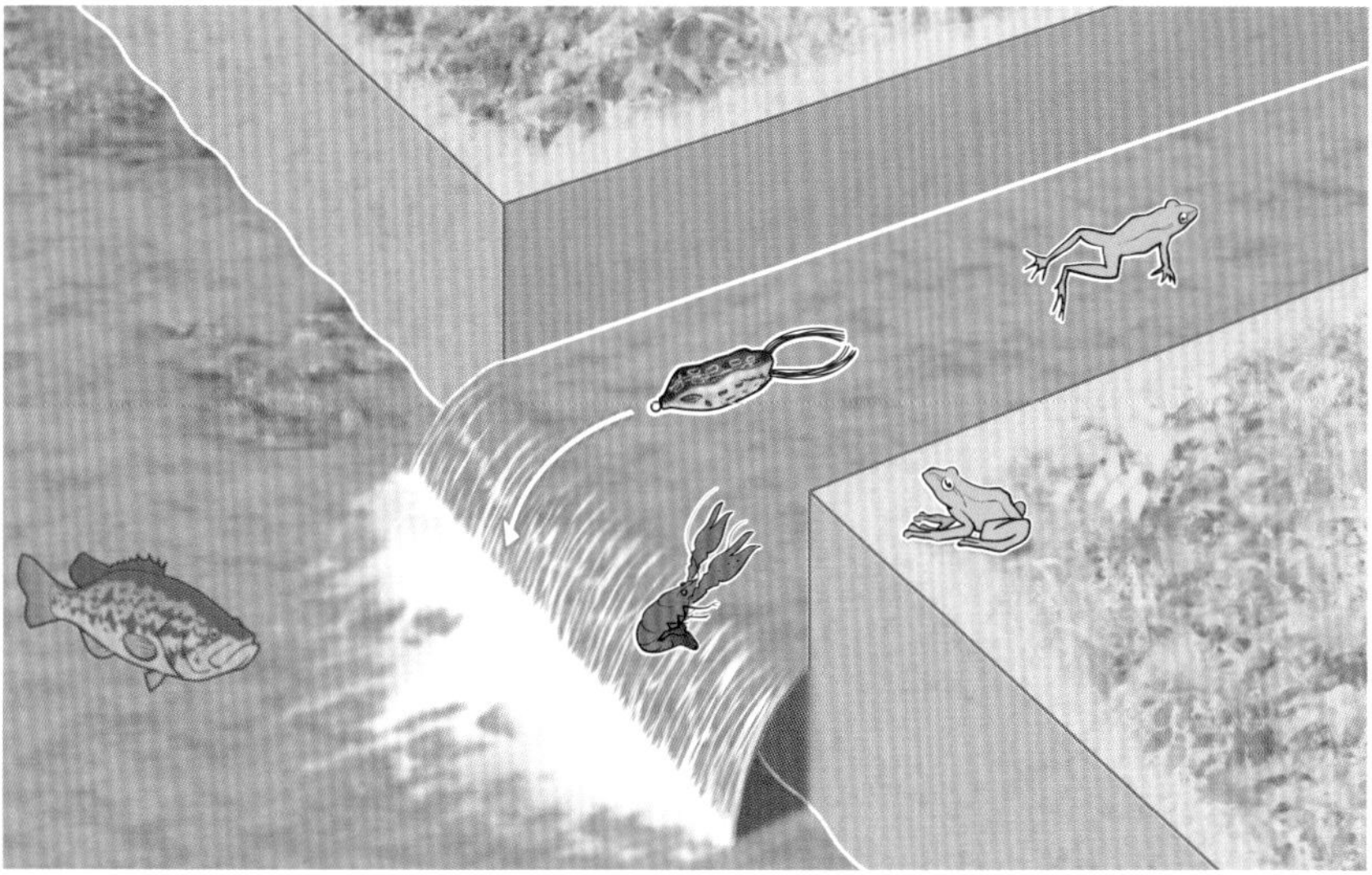

落ちてくるエサをイミテートする

水通しやシェードなどの好条件が重なるため池のインレット。雨が降って強い流れが発生すると、上の池や田んぼなどからカエルやザリガニなどが流されてきて、それを待ち構えるバスは、トップやワームのドリフトなどで簡単に釣れることもある

Lures & Tackles

チャグウォーカー（シマノ）

ポップ音と飛沫によるアピールだけでなく、ロッド操作で首も振らせることもできるポッパー。移動距離を抑えつつ強くアピールできるので、狭いインレットなどに向いている

ロッド● ロードランナーヴォイス
ハードベイトスペシャルHB511LL（ノリーズ）
リール● カルカッタコンクエストBFS HG（シマノ）
ライン● R18フロロリミテッド10Lb（クレハ）

スイッチオントレーラー（ノリーズ）逆付けノーシンカー

P.73でも紹介した虫チューン。ため池は虫を食っているバスも多いので、インレットから落ちてくる様を演出してやろう。PEラインセッティング時はインフィニ#1（リューギ）を使用

ロッド● ロードランナーストラクチャーNXS
STN640MLS-Md（ノリーズ）
リール● ヴァンキッシュ2500SHG（シマノ）
ライン● R18完全シーバス0.8号
＋グランドマックス1.5号（クレハ）
フック● インフィニ＃1（リューギ）

NF60（ノリーズ）

ため池のインレット周辺にはカエルも多い。周辺のゴミだまりやアシをウィードレスベイトとして使うのもいいし、インレットから流れてくるカエルをイミテートするのもよし

ロッド● ロードランナーヴォイスLTT680H（ノリーズ）
リール● メタニウム MGL XGライト（シマノ）
ライン● スマックダウン
ステルスグレイブレイド50Lb（クレハ）

3inフリップドム（ノリーズ）

ザリガニが多い池ならフリップドム。スキッピングでオーバーハングに入れたり、アシを撃ったり、流れ込みに直撃させてポトリと流してもいい

ロッド● ロードランナーヴォイスLTT680MH（ノリーズ）
リール● メタニウム MGL XGレフト（シマノ）
ライン● R18フロロリミテッドハードバス16Lb
フック● インフィニ＃4/0（リューギ）

ウィードレイクで夢をみる 真夏の羽根モノ

**表層水温30℃を超えた真夏の天然湖。
バスを本気で怒らせる羽根モノマジック**

時期　7月中旬〜8月　釣り場のタイプ　ナチュラルレイク

琵琶湖などのウィードレイクの釣り。デカ羽根モノは、水温が高すぎて水草に潜ってるバスを引っ張り上げることができるんです。ギル型のビッグベイトだと暑すぎて出てこない状況なのに、羽根だけは出ることがあるのを目の当たりにしました。ヒラクランクギルでブンブンやっても出てこなくて、羽根モノを投げたら50アップが釣れた。それが1尾じゃなくて、2尾、3尾釣れて。水温が30℃を超えるとデカ羽根モノじゃないと呼び起せないことがある。バスのやる気がなくても違うスイッチを入れられるのが羽根モノだと思っています。バイトの出方が激しい。

狙うのはやっぱり浮いてる魚。普通のトップより引っ張り上げる力は強いけど、やっぱり浮いてる魚が重要になる。ウィードレイクなら水面近くまでオオカナダモやエビモがある方がドーン！　と出てきやすい。水通しのいい場所ならさらにいいです。

ルアーは、ウォッシャークローラー、フカフカ、NZクローラーを使います。ギル系でもダメなときは試してみてください。複雑な水絡みのせいなのか？　やる気のないバスも食わせる不思議な力があります。

灼熱の琵琶湖でヒットした50アップ。その後もウォッシャークローラーマッスルの魔力か、2発、3発と連発。そのすべてがビッグフィッシュだった

デカ羽根モノは天井を歩く忍者？

ウィードに浮いているバスには複雑な水面波動でアピール、カナダモドームの中にいるバスには姿は見えないが、音と波紋だけで……まるで天井を歩く忍者のような侵入者として認識し、一瞬でスイッチが入ってしまうのだろうか……

Lures & Tackles

ウォッシャークローラー フカフカ（ノリーズ×アカシブランド）

ボディの下に付いた大きなブレードがブランブランと動き、虫のような波動を出す。ボディにぶつかる音と水押しはビッグバスにとても有効

ロッド● ロードランナーヴォイスLTT680H（ノリーズ）
リール● メタニウム MGL XGライト（シマノ）
ライン● R18フロロリミテッド20Lb（クレハ）

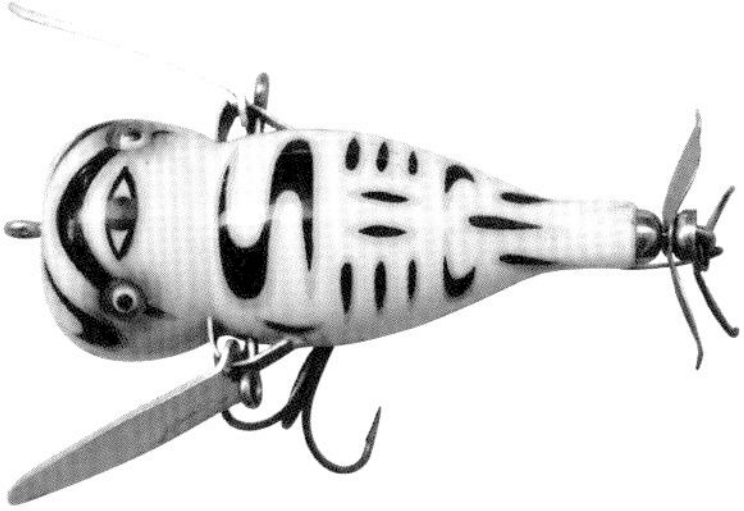

ウォッシャークローラー（ノリーズ×アカシブランド）

基本はコレをよく使う。釣ることにこだわった、ウッドボディのハンドメイド。木だからこそ出る甘い着水音と水噛みがとてもいい。水を押しつつ、プロペラでジャラジャラと拡散させて進む

ロッド● ロードランナーヴォイスLTT680H（ノリーズ）
リール● メタニウム MGL XGライト（シマノ）
ライン● R18フロロリミテッド20Lb（クレハ）

NZクローラー（デプス）

日本のルアー市場では最大級のデカ羽根モノ。純粋な、ビッグバスを引っ張るパワーがある。カモの仔など、小型の水鳥を食ってるバスに効くのかも？

ロッド● ロードランナーヴォイスLTT690PH（ノリーズ）
リール● バンタムMGL XGライト（シマノ）
ライン● R18フロロリミテッド20Lb（クレハ）

夏

Summer Pattern 10

夏の爆発、雨の流入河川パターン

厳しい真夏のマッディシャローが爆発する瞬間にぜひ立ち会おう！

時期	7月中旬～8月	釣り場のタイプ	マッディシャロー

霞ヶ浦などマッディシャローの流入河川には、夏になると本湖の魚が入ってくる。なかでも、特に注目したいのが、雨で流入河川に流れが増したとき。本湖のバスがベイトと一緒に、ものすごい勢いで入ってきます。ただ、雨が降っているときよりも、雨が降ったあとの晴れがいいです。晴れてるのに花室川が爆釣とかね。降り始めとか降っている最中は、本湖でフィーディングしていることが多いと思う。

もっといいのは、本湖の水が悪くて流入河川だけ雨のあとに流れが強くなっていたら最高。ゴーって水が出ていて、本湖は茹ってる……みたいな。絶対にバスが入ってくるから、そういうときがいい。周りが厳しい状況の方が流入河川のよさが際立ってくる。

攻め方は、オープンウォーターで食わせるならヴァラップスイマー。カバーにチョウチンならカメラバ。スレているならウォッシャークローラー。入ってくるベイトのイメージはボラとかエビが多いかな？

前日の雨のあと、濁った水が流れていた支流からの水路にて短時間に3連発。本湖の酸素が少ない状況であればこそ爆発力は高まる

雨のあとは晴れていても川筋をチェック

雨が上がって、本湖の水は落ち着いているのに、流入河川は轟々と流れているようなタイミングがチャンス。いつもはあまり水が動いていないような川や支流で尋常ではない釣れ方をすることがある。ベイトフィッシュが入ってきたようならシャッドテール系を巻こう

Lures & Tackles

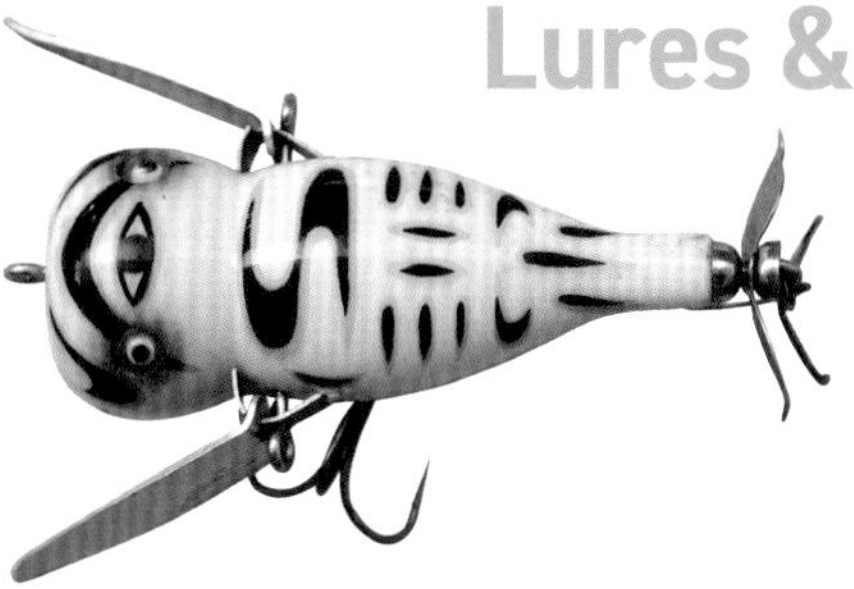

ウォッシャークローラー (ノリーズ×アカシブランド)

バスがスレていてイマイチ食いが悪かったら羽根モノ。対岸のオーバーハングに入れてシェードの中をクロールさせてじっくり誘ってみる

ロッド● ロードランナーヴォイスLTT680H (ノリーズ)
リール● メタニウム MGL XGライト (シマノ)
ライン● R18フロロリミテッド20Lb (クレハ)

カメラバ4g+ スイッチオントレーラー (ノリーズ)

柳の木や護岸に垂れ下がる草などに引っ掛けて……吊るしで誘う。カバーに居座っているバス、カバーにエサを食いにくるバス、どっちも釣ってしまおう

ロッド● ロードランナーヴォイス ジャングル700JHS (ノリーズ)
リール● ヴァンキッシュ2500SHG (シマノ)
ライン● スマックダウンフラッシュグリーンブレイド30Lb (クレハ)

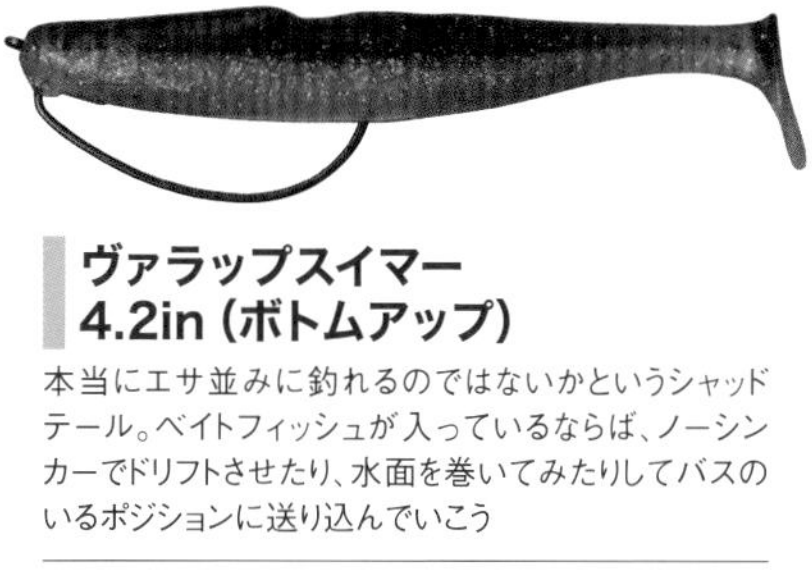

ヴァラップスイマー 4.2in (ボトムアップ)

本当にエサ並みに釣れるのではないかというシャッドテール。ベイトフィッシュが入っているならば、ノーシンカーでドリフトさせたり、水面を巻いてみたりしてバスのいるポジションに送り込んでいこう

ロッド● ロードランナーストラクチャーNXS STN6100MH (ノリーズ)
リール● メタニウム MGL HGレフト (シマノ)
ライン● R18フロロリミテッド14Lb (クレハ)
フック● インフィニ#4/0 (リューギ)

Taku's Hot Baits

タクミのホットベイツ

アメリカでも日本でも、
タクミのバスフィッシングを支えている数多のルアーたち。
そんな優秀なルアーたちのなかでも、
特別に信頼している11のホットベイツを選出し、
その理由を語ってもらった。
トーナメントや実釣取材で
自信を持って投入できるルアーとはいかに？

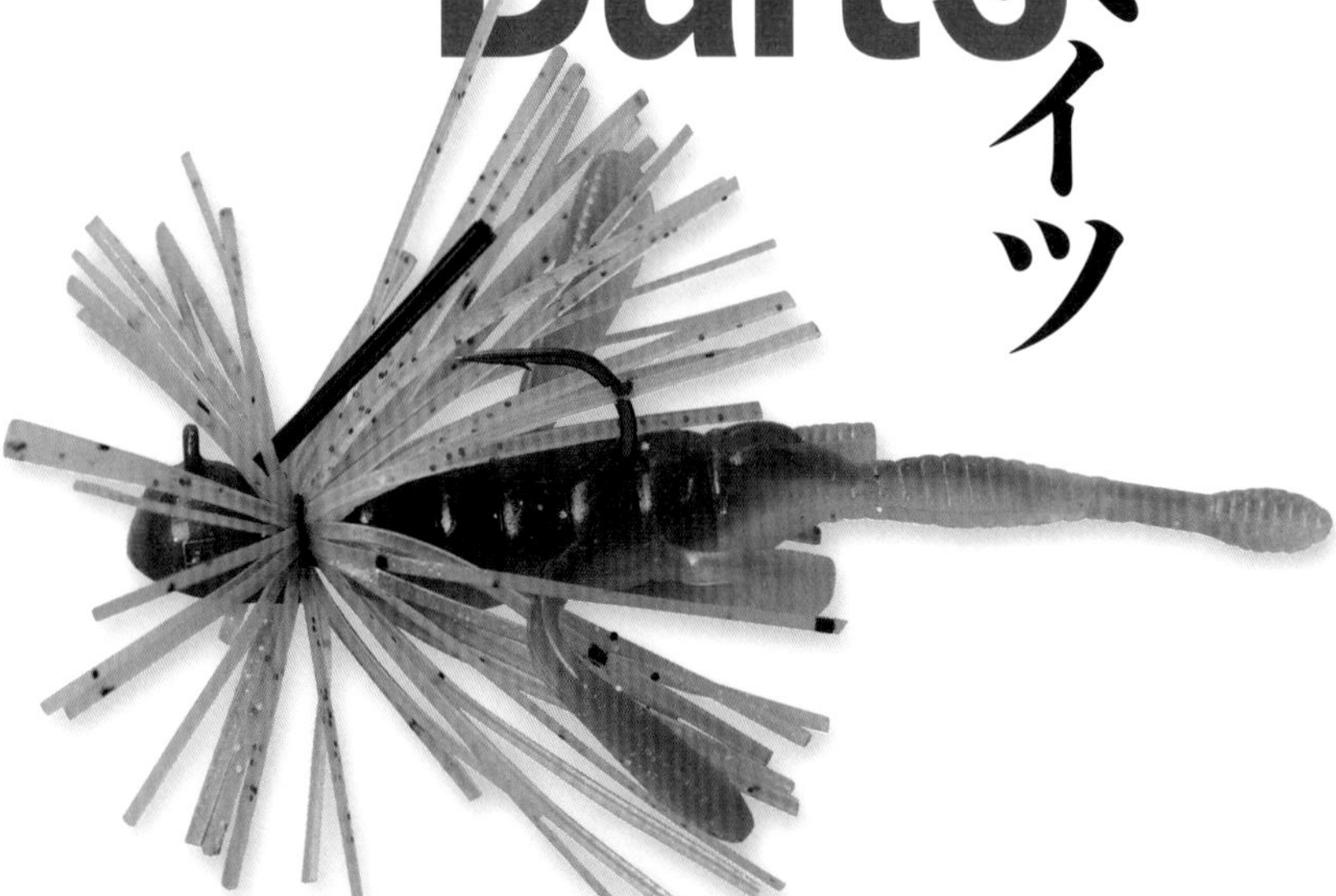

カメラバ4g＋スイッチオントレーラー（ノリーズ）

［カメラバ：ウエイト＝2g、2.5g、3.5g、4g、5g。本体価格＝650円］
［スイッチオントレーラー：全長＝64㎜。入数＝8本。本体価格＝700円］

カメラバというスモラバ、これはパワーフィネスにベストマッチする。ラバーの太さ、フックのサイズ感、上アゴに高確率で引っ掛けられるフッキング性能の高さ、ラバーの中から出ているスイッチオントレーラーのソフトワーム状の手、さらにテールがピロピロするという……素晴らしさ。僕は99%パワーフィネス専用だけど、そんなシチュエーションでのスモラバセットはこれしか使いません。このセッティングのカメラバでは、ロクマルも釣っていて、絶対的に信頼している。

亀山湖でのテストも含め使い始めてから、全国で使っているのだけど、とにかく釣れる。パワーフィネスタックルで、カバーに引っ掛けて中層でシェイク。上から順にシェイクしながら落としていくのが基本なのですが、サイズ問わず釣れてしまうし、なおかつビッグフィッシュ率も高いルアー。僕の日本での釣りにはなくてはならない存在。でも、ベジテーション天国、パンチ天国のフロリダ（B.A.S.S.エリートシリーズ第1戦のセントジョンズリバー）でパワーフィネスのカバーネコを試したところ、非常にいい釣りができた。スモラバもアメリカでもどれだけ活躍できるか、楽しみでもあります。

エスケープチビツイン（ノリーズ）

［サイズ＝75㎜。入数＝8本。本体価格＝700円］

エスケープチビツインというルアー、これは僕がヘビーキャロライナリグやヘビーダウンショットリグで、止まったときの姿勢とフォール感が最高のホッグ系がほしい……ということで作ったワーム。出来は100点満点中120点です。こんなに釣れていいのか？　とびっくりするようなないいルアーができました。

一番使うのはヘビキャロ。手がフワッと開いて、ホバリングするかのようにゆっくりフォールする。引っ張ったときに適度な抵抗感があり、水がスッと抜けると前のアーム2本が折り畳まれて……また止めると前のアームがファっと開いて優しくフォールする。使いどころが多彩な非常にバランスのとれたホッグ系に仕上がっている。

オカッパリでの対戦企画も含めて、いろいろな勝負でたくさんのバスを釣ることができて、優勝も経験しました。日本のエビのサイズにマッチしていて、使いどころを選ばずどこでもよく釣れる……のだけど、なぜかアメリカでは全然釣れません。このサイズのエビをアメリカのバスは食べていないのかもしれません。ただ、今年はスモールマウス戦があるので、そこでは活躍してくれるんじゃないかな？

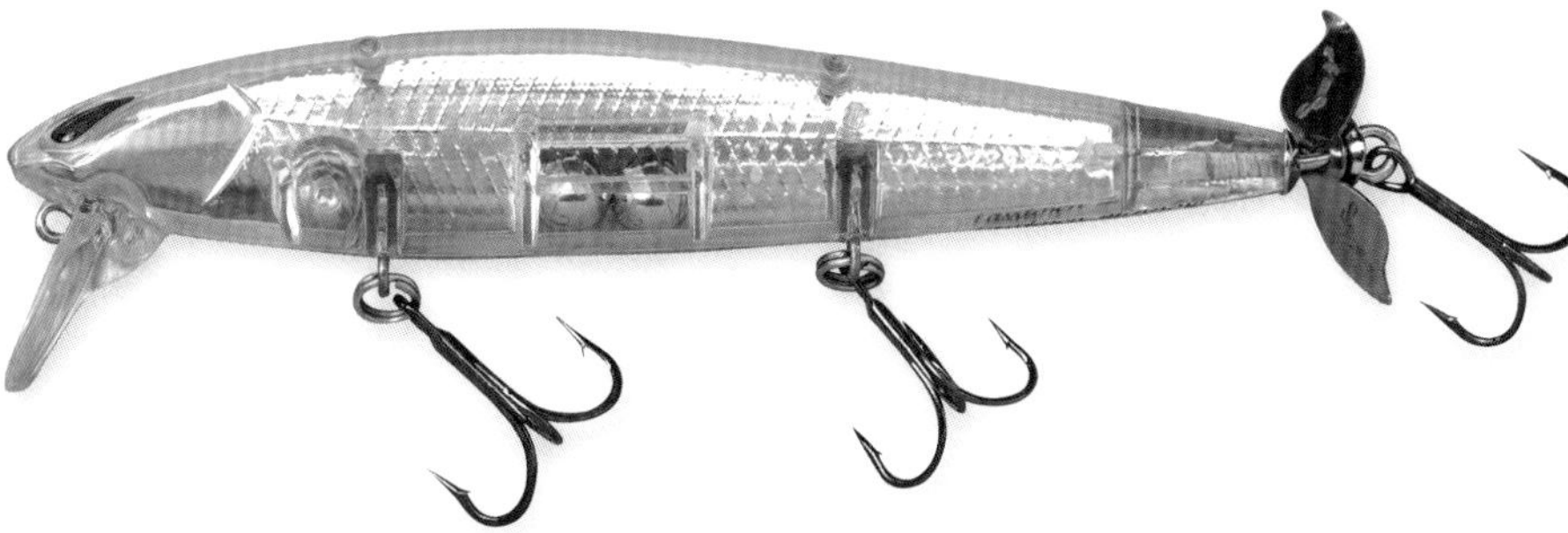

レイダウンミノーウェイクプロッププラス（ノリーズ）

［ボディ長＝112㎜。重量＝14.9g。本体価格＝1,800円］

どちらかといえばトップウォーターは……楽しい、目で見て釣りができてワクワクする、迫力のあるバイトがたまらない、というイメージを持っている人が多いと思う。しかし、このルアーは楽しさを持ち合わせてはいるけど、それが目的のルアーかというと全然違う。ワームに釣り勝てるトップウォーターとして、勝負ルアーとして使っています。時期によってはワームよりもキャッチ率が高く、ワームに反応しないバスが釣れる。だから僕は使う。

具体的には、5〜6月のポストスポーン、アフタースポーンのバスが上を見ている状況で使っている。リップとプロペラが付いているので移動距離が短く、ラインが流されてもルアーは流されにくい。小さくトゥイッチをして、お辞儀をさせて口を使わせるというイメージで、アシの際、ポケット、カバーの奥などにうまく撃ち込んで使っています。マッディシャローだけでなく、クリアウォーターでも魚が浮いてきて食うことが多々ある。どんなフィールドでも使いどころがあります。

よく使うタックルセッティングは、ハードベイトスペシャルの630LLというロッドに、16Lbの太いフロロカーボンを巻いたリールをセットするのだけど、僕の考えるキモはとにかく柔らかめのロッドに太いフロロカーボンをセットして、キャストアキュラシー性能をとにかく高める。食ったら、太いラインゆえのパワーでロッドを曲げながらグリグリグリグリと巻いて、引きずり出す。14.9gのルアーだけどワンランク柔らかいロッドを使ってあげるといいと思う。

エスケープツイン（ノリーズ）

［全長＝105㎜。入数＝5本。本体価格＝710円］

エスケープツインは、僕が田辺哲男さんの下で釣りを覚えたルアーで、日本、アメリカ問わず一番の武器になったルアー。めちゃくちゃ釣れます。ザリガニみたいな形をしているんだけど、ベイトフィッシュにも変化する、異質なベイトで、非常に多用している。2019年では一番消費したルアーかな。

僕はテキサスリグをスイミング気味にフワァーフワァーっとロッドを立てて泳がせるという使い方をよくしていたんです。それが、2019年からはチェリーリグを多用するようになりました。7～8gのシンカーをつけたチェリーリグをアメリカのグランドレイクで試したところ、ルアー回収時に水を受ける抵抗が他のリグにくらべると一番大きかった。これは相当水をつかんでいるな、と実感した。アメリカのどのフィールドでもよく釣れました。

基本的に、カバーを撃って誘うイメージを持つ人が多いと思いますが、僕はオープンウォーターに転がった枝とか、ちょっとした変化でも使う。もちろん、オープンのズル引きやスイミングだけでなく、カバー撃ちでも使います。ブッシュ、アシ、テトラ、どんな場所でも。また、ヘビキャロでも使いやすいし、ジグトレーラーでも使える。これこそ、キング・オブ・ソフトベイトと呼ぶにふさわしいルアーだと思っています。

ステルスペッパー110S（ティムコ）

［全長＝110㎜。重量＝約15g。本体価格＝1,780円］

このルアーは3～4年前から使い始めて、とにかくすごい力を持ったルアーだな、と。日本、アメリカ問わず、たくさん持っていきます。なにがすごいのかというと、限りなくゆっくりと沈む、スローシンキング。水中でこの薄いプロペラがファーっと回って魚にアピールする。産卵直後とかの、普通じゃ食わないような体力のないバスが食ってくる。レイダウンミノーウェイクプロッププラスでは食わせられない魚をこいつで食わせる、っていう流れは大きな武器になっている。H-1グランプリをはじめ、様々な場面で活躍してくれました。

日本ではこのジャンルが流行っていて、いろいろなタイプが出ているのですが、僕はこれが一番使いやすい。エサのようにフワーっと落ちるスローシンキング感とか、プロペラの滑らかさとかトータルバランスが優れている。アメリカではまだ使う人が少ないジャンルなので、今後活躍してくれるのでは……と期待しています。絶対に僕の支えになってくれると思う。

フックはピアストレブルに交換して、とにかく移動距離を抑える。テールのフックが後ろのペラに干渉するのが嫌なときは、ピアストレブルフェザーに交換する。それによって、フックに水の抵抗が加わるので、フック自体が下に倒れることなく、横を向きやすくなり、ペラへのハリ掛かりを抑えることができます。魚の形をしているけど、テナガエビがフワーっとしているようなイメージでカバーの横を通すと……ほら、食ったでしょ？

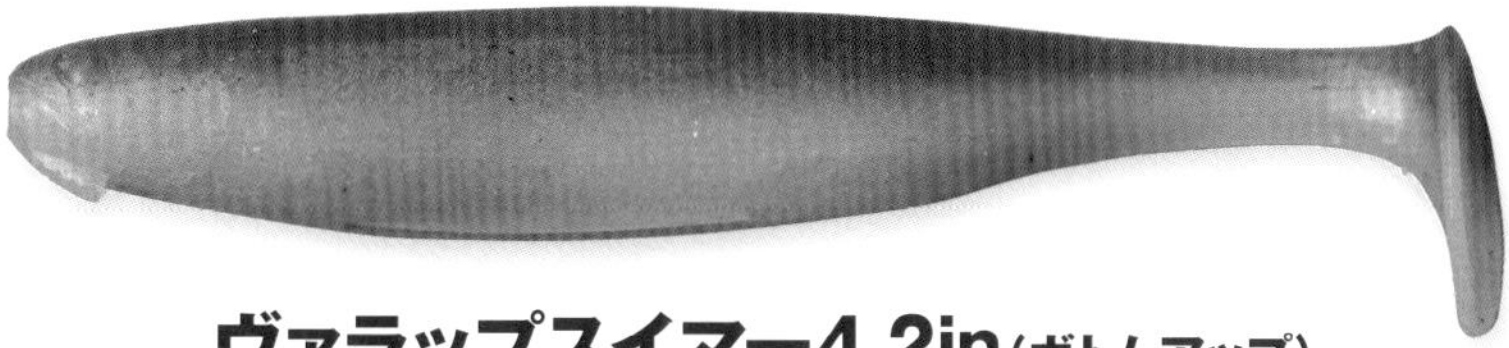

ヴァラップスイマー4.2in（ボトムアップ）

［全長＝4.2in。カラー＝13色。入数＝5本。本体価格＝790円］

出会ったのは、川村光大郎さんと一緒にロケをしたときだった。光大郎さんが使っていて、とにかく釣れた。日本で、シャッドテールワームにあんなにも反応するのを見たのは本当に久しぶりだった。バスがたくさんワラワラとバイトしてくるのを見て衝撃を受けたものです。光大郎さんはノーシンカーで巻いて、面白いようにバスが食いついてくるのを目の当たりにして、発売と同時に購入しました。

ノーシンカーはもちろん、スイムジグのトレーラーとか、バズベイトのトレーラーにもいい。様々なシチュエーションで使うことができる。しかも、アメリカでも良く釣れるんです。僕はチェリーリグにして、ロッドを立てて、そのままカーブフォールにして使っている。こんなによく釣れるシャッドテールワームに出会ったことがなかったので、4.2inと3.3inのどちらも愛用しているのだけど、個人的には「おにぎりシャッドテール」という名前にしてほしかったですが……ヴァラップスイマーというかっこいい名前になりました（笑）。

それにしても、本当にエサ。光大郎さんがいっていたのは、シルエットを本当の魚に近づけることを考えた、と。テールのブレを抑えるために、扁平なシャッドテールって多いけど、光大郎さんがいうには、バスから見たら魚というのは丸みを帯びている、と。丸みを帯びたボディでロールアクションを出す。それは非常に難しいのだけれど、それを実現したのがヴァラップスイマーだと。

Taku's Hot Baits タクミのホットベイツ

クリスタルS1/2oz（ノリーズ）

［ヘッド重量＝1/2oz。本体価格＝1,200円］

スピナーベイトがスピナーベイトである理由。アピールの強さ、使い心地のよさの両方を実現している唯一のスピナーベイト、そういって過言ではないのがクリスタルSです。日本には様々なスピナーベイトがありますが、ザ・スタンダードといえる逸品。スピナーベイトがハマる条件なら一番釣れるのがクリスタルS。逆に、スピナーベイトがハマらない状況では反応させられない、そんなスタンダードな強さを持ち合わせている。

牛久沼のように、比較的広いわりに個体数が少なくて、カバーが多いフィールドでは広範囲に魚がいるかどうか探っていかなくてはならない。そんな釣り場に風が吹いたりして、スピナーベイトが使える条件が整ったときにやっぱり最強なのはクリスタルS。逆に、そういう状況ではないときは、ディーパーレンジとかちょっと弱目のコンパクトスピナーベイトを交えていく。そうしてスピナーベイトゲームが奥深くなっていきます。

何度もいいますが、このクリスタルSゆえの強さというのは他に替えがきかない。スピナーベイトがスピナーベイトである条件をすべて持っている。アメリカのルアーに引けを取らない強さがあるので、向こうでも使用頻度が高い。トレドベンド戦では、ホワイトのクリスタルS1/2ozを1試合で3個壊しました。抜き上げた瞬間に折れたり、抜き上げたあとのキャストでワイヤーが折れたり……魚を釣り過ぎたせいで金属疲労でワイヤーが折れる、というのを経験するくらい魚を釣ったルアーです。

躱マイキー（ジャッカル）

［全長＝140㎜。重量＝31.5g。本体価格＝3,810円］

亀山湖といえば川島勉さんが躱マイキーでガンガン釣っている、というイメージで購入して、使っていました。このジョイントの動き、カバー回避能力、クランクベイトのように使う、というのは亀山湖だけではなく、牛久沼など様々なフィールドで結果が出ていました。

アメリカに持っていって試したところ……これがめちゃくちゃ釣れた。クランクベイトのイメージでジョイントのビッグベイトを泳がせていく。様々なカバーに絡めて巻いていく。時には超高速巻き、時にはカバーに絡めてゆっくり泳がせていくなど様々な使い方を試してきました。それが、とにかくよく釣れるんです。

比較的強いサイズなんですが、水を避けつつヌメヌメと泳いでくれて、リップでうまくカバーをかわしてくれる。楽しいルアー釣りから、キャッチ率の高いトーナメントウェポンとしても使えるので、僕はかなり愛用しています。フックは、フロントとリアをリューギのフェザードピアストレブルの3番、真ん中はピアストレブルの3番に交換する。フックを大きくすることでより深いレンジに入れることもできるし、デカいバスにも対応できるので、アメリカでもよく使っています。日本でも本当によく釣れるルアーだと思います。

Taku's Hot Baits

タクミのホットベイツ

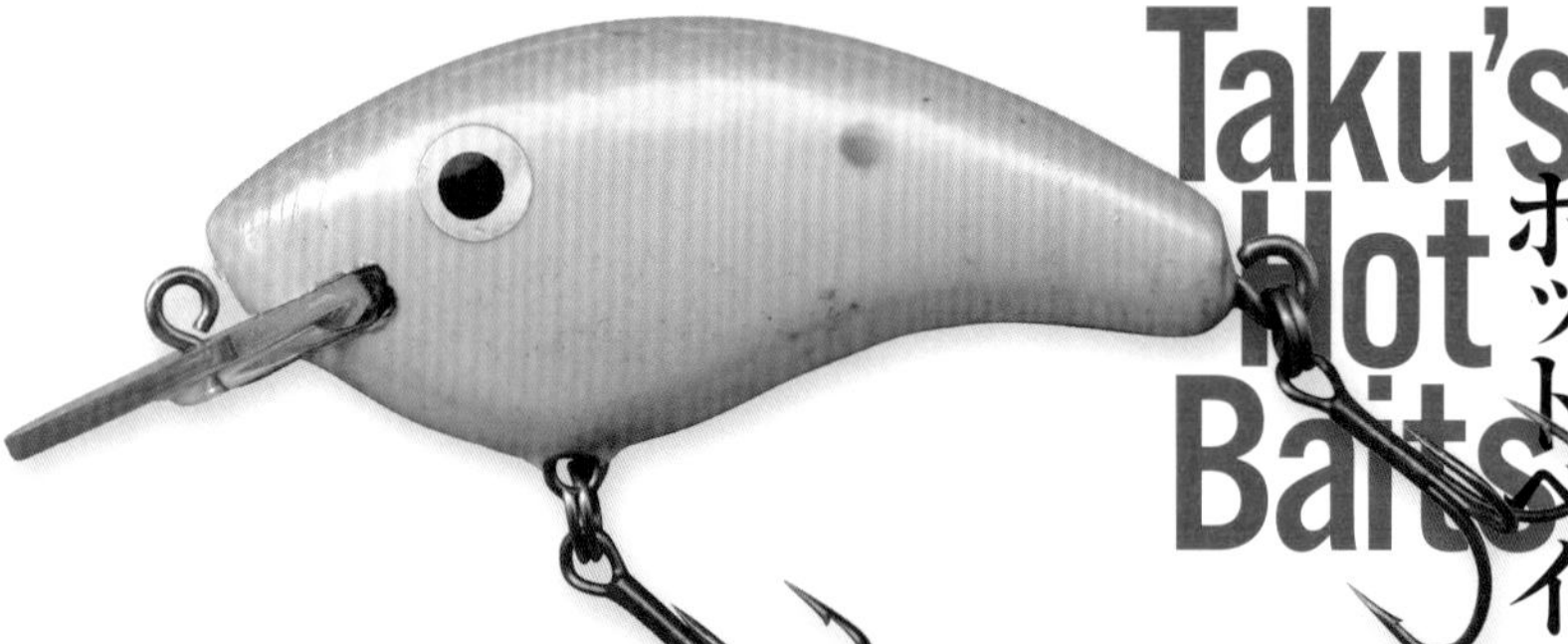

シャロースモーキンシャッド（スタンフォードルアーズ）

［ボディ長＝65㎜。重量＝約11g］

僕が愛してやまないクランクベイト。学生時代からこのスモーキンシャッドがいつもそばにありました。見た目のかわいさだけでなく、様々な結果を出してくれて、今も現役のスモーキンシャッドがボックスの中にたくさんあるのです。なぜスモーキンシャッドをそんなに好きかというと、強めなヌメヌメアクション、かつゆっくりでも泳ぎ、そしてリップラップをかわしてくれる。僕は秋口の水温が下がってきたときにトロトロ巻く……など多用していました。が、いざアメリカにいくようになって、アメリカ人に「フラットサイドはいつ使う?」と聞いたら、「春」という事実を知り、びっくり。僕には、秋口の水温が下がる時期、ラウンドクランクを嫌っているときに、そこをシャッドではなくフラットサイドでトロトロと食わしていたイメージがあったのです。それを、春に水温が上がってシャッドラップとバイブレーションの中間にフラットサイドクランクを盛り込むイメージでアメリカのプロたちが使っているのを見て……使いどころが全然違うやん！ とびっくりしました。とはいえ、季節を問わずに様々な状況下で使えるルアーです。夏でも急に水温が下がったときにはシャロースモーキンシャッドをゆっくり巻いてあげて、ノタノタ泳がせてカバーの横で食ってきたショートバイトをトレブルフックで掛ける、というイメージで使うこともできる。

このルアーはシダーウッドで作られているので、アクションもバルサほど軽い動きではない。そこも非常に特筆すべき部分かな、と思います。とくに、初期型のアクションが好きで愛用しているのですが、僕はそれを3個しか持ってない。あとは第2世代ですね。どの世代もその世代ならではのよさがあるので、今もたくさんのスモーキンシャッドを持って釣りをしています。

ウォッシャークローラー（ノリーズ×アカシブランド）

［全長＝83㎜。重量＝約30g。本体価格＝6,800円］

このウォッシャークローラーは、昔からノリーズで発売しているウッドで作られたトップウォーターのシリーズです。今は、ウォッシャークローラーフカフカとかマッスルとか、いろんな派生タイプが出ているのですが、僕のなかでは初期型のウォッシャークローラーが一番結果を出している、愛してやまないルアーです。

このルアーの強みは、素材がウッドだということ。木の強みは水の噛みがものすごくナチュラルで優しくて、羽根モノのなかでも木ゆえの水噛みのよさで誘うことができる。また、ウイングのクロールだけではなく、テールのプロペラがまた水をピッピッピっと飛ばして誘うというかなり特徴のある羽根モノなんです。

このルアーが本当にすごいと思った場面は、水温が32℃と非常に高い状況下のウィードレイク。それは琵琶湖なんですが、ウィードの上とかエビモのサイドとかを他のルアーで誘ってもバスが出ないという状況でした。そこでこのルアーを試しに投げてみたところ……何度も50アップが襲ってきてキャッチできたという衝撃の経験をしましてね。バスは30℃を超えるとなかなかルアーに反応しにくくなってくるんですが、そういう状況でも持ち上げる力、捕食だけではないスイッチの入れ方を可能とするルアーだと、そのときに実感しました。羽根モノが好きだから使うというのではなく、羽根モノじゃないと出せない、そんな釣れるシチュエーションの幅の広さこそがこのルアーの魅力なんです。

フラチャット18g＋5 8inレディーバランス（ノリーズ）

［フラチャット18g：本体価格＝1,100円］
［5.8inレディーバランス：全長＝145㎜。入数＝6本。本体価格＝700円］

こんなデカいトレーラーを……（笑）。18gのチャターベイトというのはディープで使うというイメージを持たれがちだと思いますが、僕はシャローを速く引くという狙いで18gを使います。チャター系のフラチャットにこのアンマッチなレディーバランスをトレーラーとして使うというのは、大きなボディがヘッドのガチャガチャや左右に揺れる動きを抑制して、なまめかしく動かすことができる。なので、僕はフラチャット18gにレディーバランスという、ちょっと特殊なセッティングで使っています。これは田辺さんが使っていて、「なんだろう？」と僕も試してみたらめちゃくちゃ釣れた、と。本当にどこでも釣れた。チャターなんだけども、なまめかしいエサのように、動きを変化させることができるトレーラーなんです。

本当にたくさんの魚を連れてきてくれて、ビッグフィッシュも多く釣れた。アメリカでも非常によく効きました。こういうビッグトレーラーのセッティングは魚を反応させる力が相当あるのです。日本だと、マッディシャローとか、霞水系やため池よりも、大型のベイトフィッシュがいるようなリザーバーや天然湖などで使うことが多い。ビッグトレーラーじゃなくては出せないこのアクション、釣果を読者の皆さまも体験してみてはいかがでしょうか？

タクミのライン小論

Column 03

アメリカ人もびっくり、シーガーの強さ

僕は現在シーガー（クレハ）と契約していますが、実はそれまではあまりよく知らなかった。中学生の時に、リバージが景品で当たって、「すごく強いイトだな」と思いつつも半年くらい使っただけだった。それが、メディアに出るようになってからお話をいただいて……使ってみたら、「ヤバい！ ヤバすぎるこのイト！」ということで契約に至りました。

今や、シーガーには圧倒的な信頼感を持っていて、正直、シーガー以外のイトで戦ってください、といわれても……。いくら他のメーカーさんがすごくいい契約内容でお話をくれたとしても僕はシーガーを選ぶ。

シーガーがアメリカに進出したのは数年前なのですが、僕のスポンサーロゴを見たアメリカ人によく聞かれるのが、コロンビア、シマノ、そしてシーガーなんです。コアングラーも「リーダーはシーガーを使っているよ」という人が多い。それは、シーガーが一番強いっていうことをアメリカ人のアマチュアが理解しているんです。メインラインをシーガーで揃えるとアメリカではすごく高いのですが、スピニングのリーダーなど誤魔化せない部分はちゃんとお金を使っている。もちろん、全部シーガーを使っている人もいましたが、それはごく一部。でも、トータル的な強さではシーガーがすごいっていうのを彼らはすでに理解していて、アメリカでも確固たる地位を築きつつある。イトは一番わかりやすいんです。なぜなら、質、そのものだから。

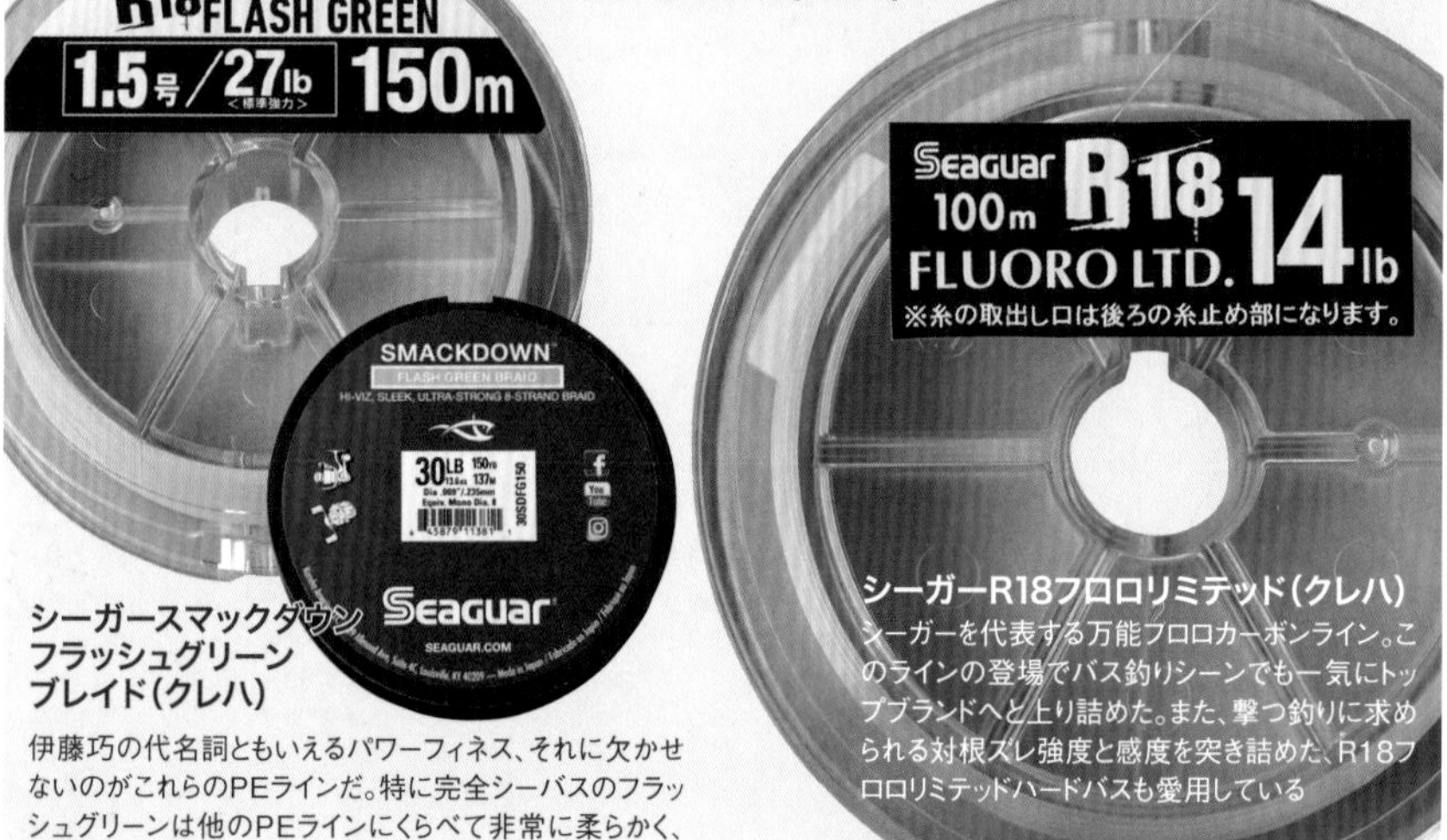

シーガーR18完全シーバス
フラッシュグリーン（クレハ）

シーガースマックダウン
フラッシュグリーン
ブレイド（クレハ）

伊藤巧の代名詞ともいえるパワーフィネス、それに欠かせないのがこれらのPEラインだ。特に完全シーバスのフラッシュグリーンは他のPEラインにくらべて非常に柔らかく、初めてパワーフィネスをやる人にも扱いやすいだろう

シーガーR18フロロリミテッド（クレハ）

シーガーを代表する万能フロロカーボンライン。このラインの登場でバス釣りシーンでも一気にトップブランドへと上り詰めた。また、撃つ釣りに求められる対根ズレ強度と感度を突き詰めた、R18フロロリミテッドハードバスも愛用している

茹るような真夏の水温が徐々に低下し、小魚もバスも広いエリアを泳ぎ回るようになる秋。悪くとれば狙いを絞りづらい季節でもあるし、考えようによっては広く探る釣りが楽しめるといえるだろう。しかし、闇雲にロングキャストを繰り返していれば釣れるのかというと、そう甘くもない。常にベイトの存在を意識しながら、それにマッチしたルアーとエリアを選択する必要がある。また、夏に蓄積されたプレッシャーのせいか、ルアーに対する判断力が非常に優れている（つまり見切られやすい）のも特徴だ。

3rd Season Autumn 秋

タクミ TAKUMI VS. 秋 Autumn

増水した霞ヶ浦にバスボートで出撃。撃つか巻くか、秋はどっちだ!?

場所●霞ヶ浦水系
日時●10月18～19日
天候●曇り時々雨

秋ど真ん中の10月中旬。天気はいかにも釣れそうな雨の後の曇り……なのだがタクミは珍しく遅れて到着した。

「すみません～。昨日の夜にウナギを食べたんですが、骨が喉に刺さって抜けなくて……結局深夜までひとりで格闘してました……」

という、これまた珍しいアクシデントからスタート。そのせいで全然寝ていないそうだが……。では、秋編の模範釣行、お願いします！

「霞ヶ浦は久しぶりです。簡単じゃないけど、おもしろい」

岸釣りのイメージはあるが、ボートで霞ヶ浦の経験はあまりなく、やや苦手意識もあるという。

さて、横利根川のマリーナから出船し、最初に入ったスポットは北利根橋を越えて、霞ヶ浦本湖に入ってすぐ、北側にあるシャローのアシから釣りを開始。

「ここは沖にテトラがあるんですよ。北利根も近く、牛堀の浚渫も沖にあって魚をストックしやすく、ただのシャローじゃない。増水したので、浅い側をやりますね」

濁っていることもあり、スピナーベイトのガーグリングからスタート。クリスタルSの1/2ozだ。利根川などの本格的な川では大雨で増水すると釣りにならないこともあるが、霞ヶ浦のような

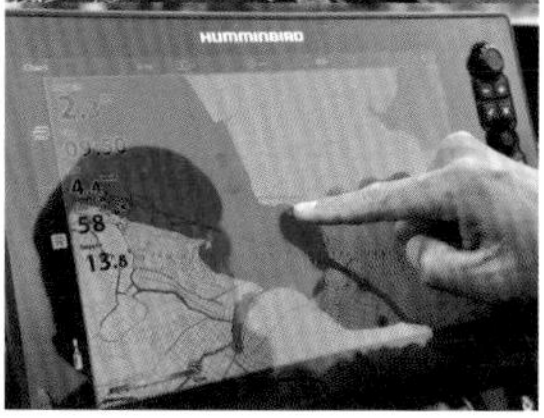

初日の午前中は、風裏のエリアである麻生周辺で、増水時のセオリー通りシャローを巻いたり撃ったり。水門周辺や石積みのインサイドなど、普段は浅すぎてバスが入れないような入り組んだ場所を狙った

マッディシャローレイクは浅場にバスが差すので、シャローゲームが楽しめるという。続いて、ボルケーノグリッパー3/8ozをクリスタルSと同じようにアシへと送り込む。ボートポジションはアシから5mくらいだ。ちなみに、この後のパターン編でも紹介している秋パターン01なので、参照にしてほしい。

30分ほどスピナーベイトとバズベイトを巻いたところで、西へと移動。麻生の石積みと呼ばれるエリア、石積みに守られたインサイドのアシを狙いにきたのだ。

「霞ヶ浦って、本当に知らないんですよ。教えてくれる人もいないし……。なので、ちょっとずつ知識をつけている段階で、こういう地形なら釣れそうだな……という感じで今はやっています」

まずはフラチャット14gにフラバグを巻き、続いてエスケープツインの5gジカリグ。

「食った！」

この日最初のアワセを入れたものの、ロッドに重みが乗ることはなかった。

「水面にポチャンと落とした瞬間に食いました。やはり魚は上を見ていますね」

10時30分、さらに立て続けにバイト！　しかし……。

「きた！　あ、バレた！　なんでだ!?　2回ともワームを持っていかれました。エスケープツインの5gジカリグ。今のも落としてすぐに食いましたね。アクションさせようと思ったら、すぐにラインが横走りして。魚のスピードは速く、居食いはしていない。おそらく、水位が低いとジャカゴに付いていて、今は水位が上がったから浅いカバーに付いているんです」

続いて、和田岬へ移動し、秋パターン02であるマッツラバ7g＋ヴァラップスイマー4.2inをリグる。さらに、ガンタージグライト9g＋ワイルドダディ（ポーク）もセットし、それぞれスイミングで使用している。ロッドはロードランナーストラクチャーの6100MHだ。

「本当に出ないな……外にはいないんでしょうね。撃つとバイトが出る」

さらに、バズベイトも試すがこちらもバイトには繋がらなかった。

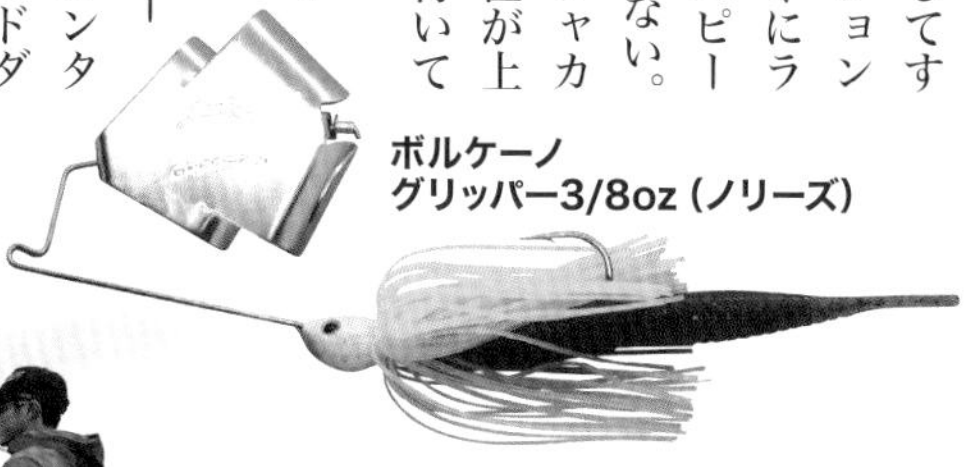

ボルケーノ
グリッパー3/8oz（ノリーズ）

スピードで釣りきるバズベイティング

増水でバスが差しているであろう、どシャローエリアには強めのバズベイト。しかも、賢い秋バスには見切られないよう速巻きが巧流。トレーラーは4inのパワーバランスをセット。立ち枯れたハスなんていかにも秋のビッグバスが荒々しくバイトしてきそうじゃないか。「囲いの外は水が悪いのに、中は水がいいです」

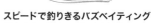

この日、徹底してマークしていたのがジャカゴのインサイドカバー。「今日みたいな水位の高い秋の日は確実にシャローの方が価値がある。沖の沈みモノを釣るというのはあまり考えない方がいい状況です。もちろん、沖にいるヤツもいるんですが、シャローに差しているヤツの方が当たりやすい」

バスのみならず、タクミまでもがミスをしてしまう

11時40分。和田岬の湾の内側、水深60㎝、風が当たってザブザブ気味のシャローへ。ディーパーレンジ1/2ozをセット。なぜ、ウィンディサイドなのにあえて弱めのルアーチョイスなのだろうか？

「さっきクリスタルSの1/2ozを使っていて、ちょっと強すぎるな、と。ここは水深もないし、魚を深いところから呼ぶ必要もないので、波動の弱いものを選びました」

大胆な読みからのどシャロー攻めだったが、ここでも巻きには反応がなかった。

12時8分、うねる湖面を暴れるスキーターで南岸へと渡った。目的地は古渡。枯れたハスの中、バズベイトを高速で巻く。

「小野川の下流にあたる場所です。ここはあまりやったことがないし、釣ったこともないエリアなんですが、台風の大雨の影響で水温が下がり、川のバスが河口付近まで落ちてきていると思うんです。まんま、秋のセオリーです」

水門付近のアシでワンバイトあったが、今度はバラシ。どうしたのだろうか？

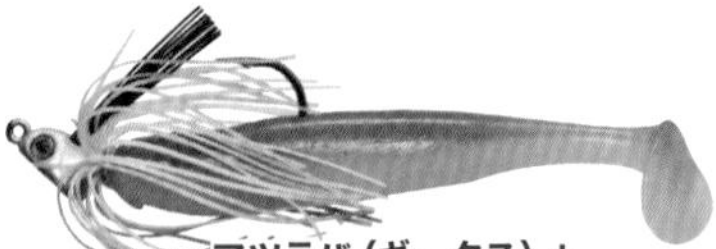

マツラバ（ギークス）＋ヴァラップスイマー4.2in（ボトムアップ）

冠水したブッシュやアシをエスケープツインのジカリグなどで撃っていく。ただ、ちょっとその周辺までもが気になるときはスイミングジグ、いわゆるジグストが便利だ。この日も時折織り交ぜたが……結果には繋がらず

「こういうミスが続くのは僕のせいというよりもバスのテンションが低いから。噛む力が弱いからすっぽ抜けちゃう。ワームだけ取られるのはその傾向の表れです」

なお、打開策としては、フッキングのいいワームを使うこと、だそうだ。パーツの少ないヤマセンコーなどは最高。

さて、ここも風が強くなってきた。少し奥まったエリアの、ジャカゴのインサイドのアシをフリップで狙う。すると……。

「あー、切っちゃった！　切っちゃったよ。今のは僕が悪い。まだ身体が日本に合ってないんだ。14Lbのアワセじゃなくて、20Lbのアワセになってる。ホント、ダメですね」

まだアメリカモードから切り替わっていなかったようで……。珍しいことに、この日はノーフィッシュで終わった。

豪雨で取材中止の危機。そして、シャローに待っていたのは……？

10時に急遽スタート。この日は早上がり予定なので、とにかく時間がない！　水門が開くのを待ちながら、リグる

あくる日の10月19日。タクミと記者はホテルの部屋で朝食を食べていた。夜明け前から続く雨があまりに激しく、異例の待機である。……あれ、タクミさん、雨ちょっと弱くなってきましたね？……というわけで、9時半ごろホテルを出発することができた。

10時ちょうど、横利根川の水門を出発。

「流れてないので、今日は午前中勝負だな。流れが出始める午後になったら釣れないと思います。今、霞のバスは流れをすごく嫌ってる。あれ……水門開いてるな」

とはいえ、まだ流れがないので、今のうちならまだ釣れる可能性があるという。利根川育ちのタクミは、流れと増減水のオーソリティなのだ。

「たぶん、今だったらここが流れを避けられるエリアだと思うんです」

そう言いながら魚探のGPSマップを指差したのは外浪逆浦の流れが当たらないサイドだった。まずは、常陸利根川を下り……ちょっと怪しい場所でエレキを下ろした。南岸の岬状に多少張り出したところなのだが、沖に向かって杭が何本か立っている。

「ここ、水中に張り出していますね。そこに流れが当たって、水のヨレる下流側をやってみます。可能性があると思う」

そう言いながら、エスケープツインの5gジカリグでアシを撃っていく。しばらくして、水門からのインレットに差し掛かった。

「こういうインレットをパッと見たときに、ベイトがピチピチしてなかったらもうダメです。……あ、ほらこれソウギョです」

アシ際の浅いところに青白い巨体が見える。これがとある判断材料になるらしい。

「ソウギョがここにいるってことは、急な水位上昇と水温低下が今まさに起きているということです。台風前は25℃あった水温が、今は20℃まで下がっています。急に5℃落ちるというのはバスにはよくない。ソウギョみたいにウロコが細かくて数が多い魚は水温低下に強いんですよ。水位が上がってアシとかを食いに差してきていて、めちゃテンションが高いです」

シャローはソウギョたちのフィーディングパーティ場になっていた。果たして、バスはどこへ行ったのだろうか？

上／冷たく濁った増水。岸近くにいたバスはカバーに張り付いている、と仮定し、アシの前だけでなく裏までタイトに撃っていった　下／豪雨によるさらなる増水。バスは流れを嫌っている。広い霞ヶ浦水系で、「流れが避けられる場所」として、タクミが選んだのは、外浪逆浦だった

値千金の寄り道。ふと気になった場所にビッグバスが！

「基本はね、濁るとハードベイトが効くんですけど、水温が一気に5℃も落ちたらカバーに張り付いた魚を釣っていくしかない」

そう言いながら、岸際のカバーを丁寧に撃っていくタクミ。昨日は主力だった巻きモノも今日は封印気味である。岬状に張り出したアシ、その流れの裏側へエスケープツインの5gジカリグを投入していると……ようやくフッキングが決まった。

「デカい、デカいですよ！」

10時40分、宣言通り午前中に結果を出して見せたタクミ。笑顔が弾けた。

「47㎝くらいかな。本当はシャローでスピナーベイトとかチャター系とかで釣りたいところなんですけど、水温が下がりすぎてそうもいかず、かといって濁っているのでルアーパワーも下げたくない。なので、強めのエスケープツインを選びました」

テキサスでもチェリーでもなくジカリグだった理由は？

「チェリーもありですよ。ルアーをカバーの際に投げてから横方向に引くよりも、アシ際のえぐれの下にじっとしているバスを釣る、そんなイメージでジカリグを使っています。今のも、落とした状態ではバイトはわからなくて、ソリッドティップを使って聞いていたら……これバイトかな？ という違和感があって、聞き続けていたら、チュンって動いたので合わせました」

昨日から食い込みが悪かったので、ソリッドティップというのが今日はよかったのだろうか。

「バスに違和感がバレると吐かれちゃうんですが、今のは完全にソリッドティップで騙しつつ、魚かどうか確認してから、合わせました」

サイズも上々ではあったが、逆にこのサイズじゃないと今は食えないのだという。釣れたバスは体色の赤味が強く、水温低下の影響は大きそうだ。

「たぶん、相当食らってますね。これからどんどん流れが強くな

タクミの流麗なフリッピング

イマドキの若者は知らないかもしれないオールドスクールなアプローチ方法だが、タクミはしっかり受け継いでいる。近距離を静かに流しながらソフトかつ正確にルアーをピンスポットへ着水させていく。手返しも極めてよく、今でも実戦的なメソッドだ

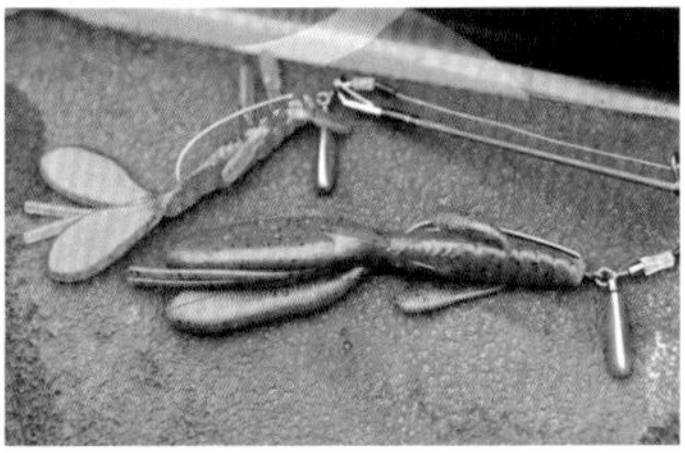

大雨による濁り&増水で苦しめられたこの秋編実釣で、最も多投したと思われる、エスケープツインの5gジカリグ。「このぶっとい2本のパドルで、ボリュームがあり、圧倒的にアピール力が高いんです」

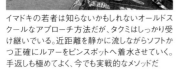

って水位が下がってくるので、そうなるともうバスは岸に付けなくなって、さらに釣るのは難しくなってきます。今だからまだ釣れた感じですね。ちょっと寄り道しておいてよかったな」

それでは、貴重な魚をキャッチした寄り道スポットの解説を詳しくしてもらおう。

「ここは岸が張り出していて、それがキモでした。ちょっと流れが避けられる場所で、かつ下流側は流れが巻いて弱くなっている。そんな流れのヨレを撃っていきました」

これからの展開は、流れが増して水位が落ちていくと予想されましたが、どう釣っていくのだろうか？

「ごく浅いところはどうしてもキツくなります。よさそうなのは、ちょい沖の杭とかではなく、たぶん水深のある岸際。あと、最初からやるつもりだった外浪逆浦ですね」

その後、バスを釣った張り出しの上流サイドを念のため撃つ。

「ここは完全にフィーディング場ですよ。たぶん食わないと思いますが、そんなバスがいないかと一応チェックしています」

案の定、そんなバスはいないようだった。

アメリカ帰りということもあり、B.A.S.S.流の（？）ハンドランディング（ウソです、以前からよくやってました）。久しぶりに触れた日本のバス！ ということで、喜びもひとしおだった

巻くべきアシと撃つべきアシの違いとは？

常陸利根川南岸のカバーを再び撃っていく。この時はアシの出っ張りの部分だけを転々としていた。

「ちなみに、こういうカバー撃ちは、延々と撃っていく釣りじゃないです。バスはどこにいるのだろうか？　と1投1投考えて撃つ釣りなんです。今はこういう状況だからカバーのここにいる、という予想をしながら撃っていく。だから、ここは撃たない、という判断も普通にあっていいんです。延々と撃つというのが一番ダメですね」

11時17分、最初に目指したはずの外浪逆浦にやってきた……のだが、流れを避けられる本命エリアには先行者のボートが浮いていた。なので、その対岸のアシへ。風が当たっている場所なので、ここはスピナーベイトをアシへと撃ち込んでいった。クリスタルSシャローロール。

「ウィンディサイドなんで、やる気がみなぎってるバスがいないかなー、と。かなり強いルアーです。ここは石が結構入っていて、避難場所ではなくフィーディング場なんです。今は、濁ってしまって活性が低いじゃないですか。こんなときは控えめのルアーじゃあ食わなくて、こういうブンブンブンという一瞬のアピールで食わせるのがいいと思うんです。スピードはゆっくり。ブレードの回転をしっかり感じ取るくらいです」

続いて外浪逆浦の南側へ移動。岬状に張り出したアシ、こちらもスピナーベイトを巻き始めた。

「地形的に、ここにバスがいたらスピナベを食いそう。アシ際

ヒットした現場。アシから杭の沖まで水中が岬状に張り出していて、流れがヨレているのがおわかりだろうか？　このすぐ下流側のアシで虎の子の1尾が食ってくれた

がえぐれてない」

　どうしてアシ際がえぐれてないとわかるのだろうか?

「アシの生え方です。パラパラっと生えてるじゃないですか。アシは密集して生えているとえぐれていることが多い。えぐれていると避難系の魚もいるんですが、ここはフィーディングの魚がいそうだな……と。川に生えているアシは結構えぐれていることが多くて、ジカリグなどが有効です」

　という、写真とは関係のないハウツーで締めるのは恐縮なのだが……つまり、この1尾以降、バスのストライクはなかった。

実釣2時間半。映画1本分の時間でビッグフィッシュ1本!

12時30分ごろにはさらに川の反転流が強くなり、ボートがどんどん上流へと流されていくようになった。
「もうダメだな。こうなったら川じゃなくて、広いところじゃないとバイトは取れないでしょう。今なら麻生か古渡に行けばまだ可能性はあるけど……終わりにしましょう」
　ということで、秋編は早上がり。むしろ、一瞬のチャンスにビッグフィッシュを出したのはさすがの集中力といえよう。

ヒットルアーはエスケープツイン(ライトグリーンパンプキン/ブルーフレーク)のジカリグ。バスは口の中や体色に赤みが差していて……水温低下に耐えていたようだ

秋
Autumn Pattern
01

水温25℃を下回ってからのバズベイティング

夏の高水温が少しずつ和らいできた秋前半のパターン

時期 9月〜10月下旬　**釣り場のタイプ** マッディシャロー、リバー、リザーバー

秋になってバスが上も下も横にも泳げるようになったときのパターン。夏のプレッシャーが蓄積してきて、バスの頭がよくなってきた状態で機能する釣りです。そんなバスをバズベイトのスピードトリックで騙してしまう。秋といえば、バスの適水温になっていき、浅いところも深いところもどこでもいけるような水温になり、バスが散ってしまう状態。そういうときは広く探らなきゃいけないので、横方向のルアーがよくなってきます。さらに、この時期のバスはプレッシャーが蓄積されていて頭がいい。なので、見切らせないバズベイトが効果的なんです。

他の条件としては、普通の状況でいいです。雨が降って低気圧……じゃなくてもいいし、晴れててもいい。とにかく水温が25℃を下回ってから、浅いところを狙います。風は、白波が立つような状況だと厳しいけど、さざ波程度ならまったく問題ありません。

秋の長門川、フローティングマットの際で、ボルケーノグリッパーにバイト！　シャローカバーもスピードで攻略する

シャローカバーの際も引きますが、このタイミングはカバーについてないこともあるので気をつけてください。あくまでも、頭がよくなって、ワームじゃ食わないような状態のバスを横のスピードで引っ張って食わせる。バズベイトというか、まっすぐ速く引ける表層ルアーというイメージだから、ジャンボグラブのノーシンカーでのグラビンバズもアリだと思います。

巻くスピードは、夏はカバーに張り付いたバスを引っ張り出す感じでペタペタ……と遅かったりするんですが、秋になったら見切らせないために速くなる。見せないバズベイトで追わせて食わせるイメージですね。

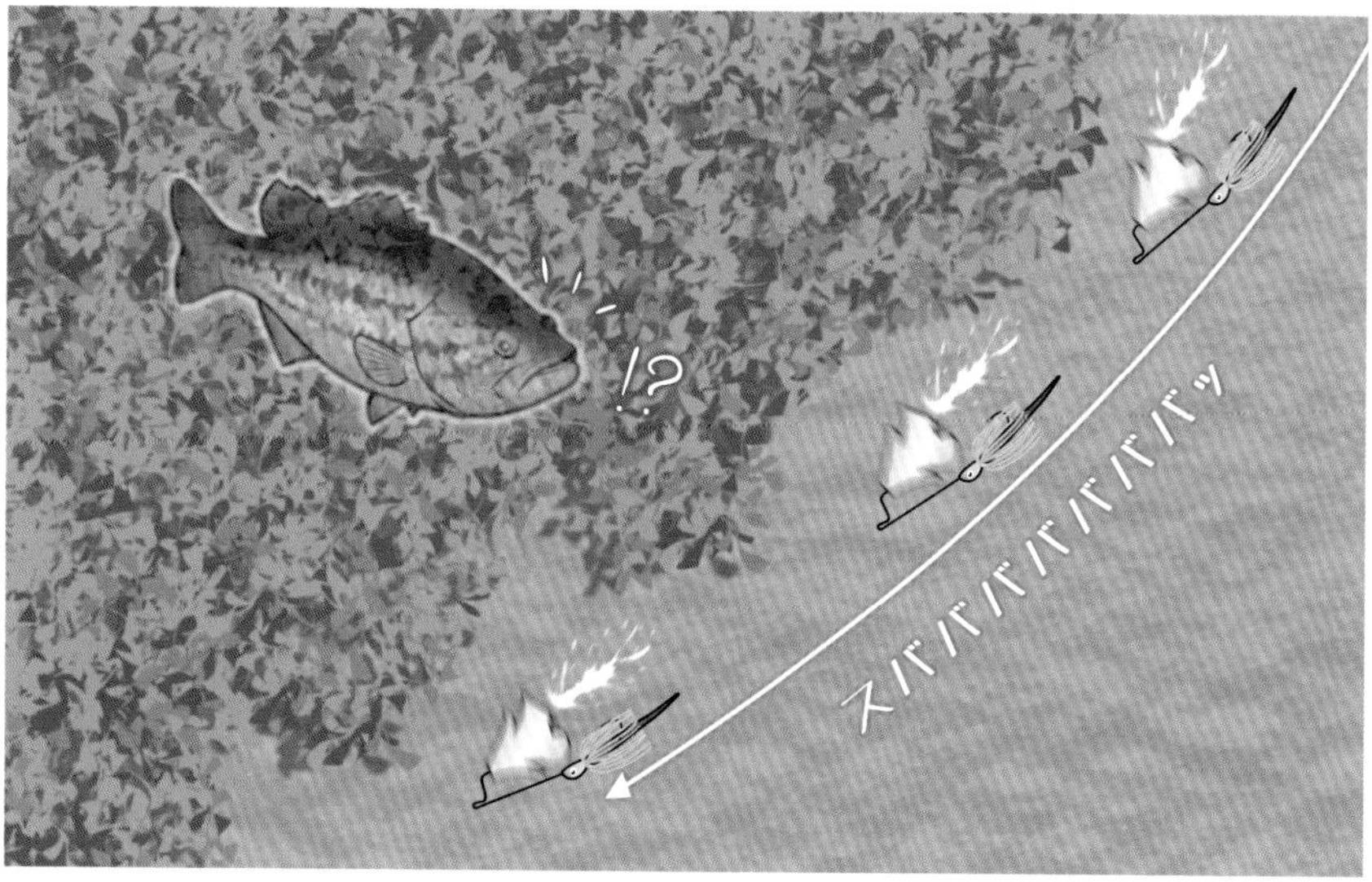

頭のよくなった秋バスにルアーを見せるな

秋はカバー、オープンウォーター問わず、シャローエリアをスピーディに巻く。バスにルアーをしっかりと見せないことを意識しよう。風が強目に吹いてきたらスピナーベイトに替えて同じエリアを巻く

Lures & Tackles

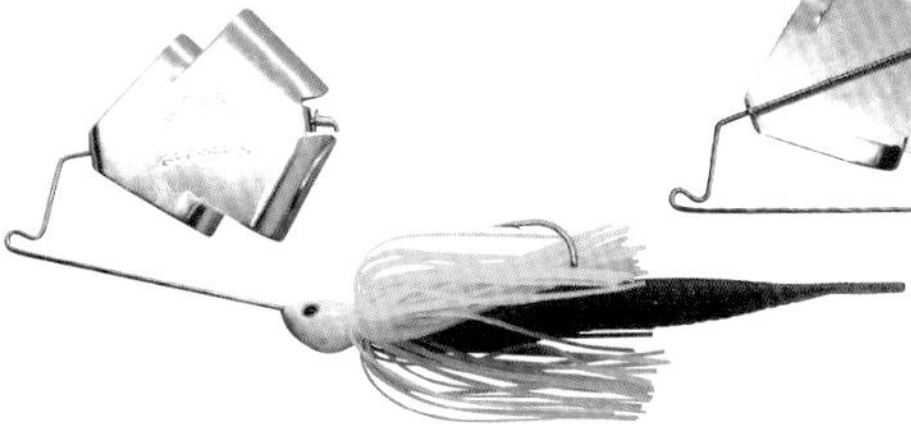

ボルケーノグリッパー3/8oz+ 4inパワーバランス（ノリーズ）

釣り場の規模が少し小さいときは全体的なシルエットを抑えたこちらのセッティング。飛距離を出すためにもトレーラーは使う

ロッド● ロードランナーヴォイス ハードベイトスペシャルHB680M（ノリーズ）
リール● メタニウム MG DC（シマノ）
ライン● R18フロロリミテッド16Lb（クレハ）

ボルケーノグリッパー1/2oz+ 5.8inレディーバランス（ノリーズ）

タクミの基本となるバズベイト。水を噛む力が強いので、少々の風などには動じないアピール力がある。ビッグトレーラーでアピール力もプラス。日米問わず、バスベイトのスタンダード

ロッド● ロードランナーヴォイス LTT680MH（ノリーズ）
リール● メタニウム Mg DC（シマノ）
ライン● R18フロロリミテッド20Lb（クレハ）

ワッパープロッパー110（リバー2シー）

片羽根のプロペラがついたボディ後部がそのまま回るというニュータイプノイジー。かなり速く巻いても破綻することなく、ポコポコポコポコという音を発しながらまっすぐに突き進む。バズベイトよりも引っ張るパワーが強い

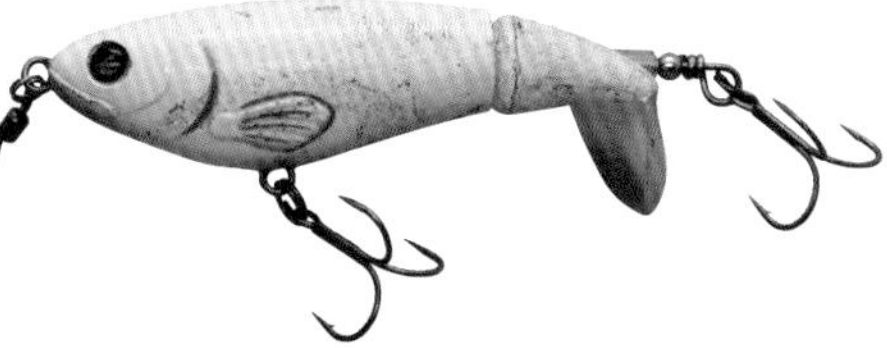

ロッド● ロードランナーヴォイス ハードベイトスペシャルHB680M（ノリーズ）
リール● メタニウム Mg DC（シマノ）
ライン● R18フロロリミテッド16Lb（クレハ）

秋
Autumn Pattern
02

夏に撃っていたシャローを秋は巻け

夏バスと秋バスでは同じカバーに付いていてもポジションが違うのだ

時期	8月下旬～10月	釣り場のタイプ	マッディシャロー、リバー

これも秋の前半のパターンです。マッディシャローやリバーに共通しているのですが、夏にカバー撃ちしていたようなところをぜひ巻きモノでやってみてほしい。

なぜかというと、例えば夏に撃っていたようなカバーのえぐれ。カバーがあって、シェードがあると……夏バスのポジションは濃いシェードの奥の方で沖を向いている。それが秋になると、シェードの薄くなる沖側にいることが多い。なので、夏はカバーの奥の奥までジグかワームを撃って入れたほうがいいのだけど、秋は同じ場所を巻け……というか巻いたほうが食う。もちろん、撃っても食うときはあるのですが、それはバスが岸側を向いているとき。それであればバックスライドを夏のように撃っても食う可能性はあります。しかし沖を向いていたら残念ながら巻きモノじゃないと食わなくなってしまう。秋のポジションにいて、岸側を向いているバスは巻きモノも撃ちモノもどちらでも食う。なので、必然的に、横に引っ張る巻きモノ系の方が釣果につながる可能性が高くなってきます。

使うルアーは、まずひとつ目はスピナーベイト。透明度を意識しながら使うのだけど、基本はクリスタルS 3/8oz。あとは状況に合ったタイプを使い分ける。そして、スキッピングでカバーの奥まで入れてから横方向に引きたいのなら、スイミングジグ。ワームを横に泳がせたいならエスケープツインのチェリーリグをひょいひょいと泳がせます。これはいい意味で適当にやるのがいい。

夏にバックスライドを撃っていたようなカバーを秋は巻きモノでアプローチする。バスのポジションが一段外側に移動した、とイメージするとわかりやすい

秋は巻きモノが効く理由のひとつ

夏場はオーバーハングの奥のえぐれなどにいたバスも、秋になるとオーバーハングの先端やシェードギリギリに浮いていることが多くなる。これをワーム系のフォールで撃つのは効率が悪いし、頭の向きによっては食わせづらい。巻きモノで横方向にバーっと誘ってしまうのが有効になってくる

Lures & Tackles

クリスタルS ディーパーレンジ1/2oz（ノリーズ）

水が比較的澄んでいたり、風がほとんど吹いていないようであれば、強さを落としてディーパーレンジ1/2ozをチョイス

ロッド● ロードランナーヴォイス ハードベイトスペシャルHB630L（ノリーズ）
リール● カルカッタコンクエストDC100（シマノ）
ライン● R18フロロリミテッド16Lb（クレハ）

エスケープツイン（ノリーズ）7gチェリーリグ

着水したら横にヒョイヒョイと泳がせて、ボトムに着ける。それからポンポンポンとアピール。いい意味でテキトーなアクションが効く

ロッド● ロードランナーストラクチャーNXS STN6100MH（ノリーズ）
リール● メタニウムMGL HGレフト（シマノ）
ライン● R18フロロリミテッドハードバス16Lb（クレハ）
フック● インフィニ#3/0（リューギ）

クリスタルS3/8oz（ノリーズ）

濁っていたり、風が強かったりしたら基本のコレ。オーバーハングやレイダウンなどカバーに対しても引っかかりにくく、荒れた状況で頼りになる

ロッド● ロードランナーヴォイス ハードベイトスペシャルHB630L（ノリーズ）
リール● カルカッタコンクエストDC100（シマノ）
ライン● R18フロロリミテッド16Lb（クレハ）

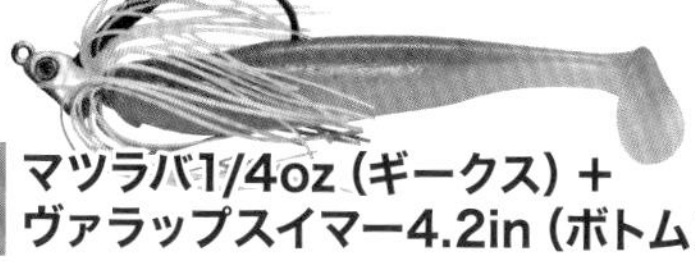

マツラバ1/4oz（ギークス）＋ヴァラップスイマー4.2in（ボトムアップ）

スキッピングで奥まで入れてから引きたいならスイムジグ。ヴァラップスイマーは表面がツルッとしたモッチリボディなのでスキッピングさせやすい

ロッド● ロードランナーヴォイスLTT680MH（ノリーズ）
リール● メタニウムMGL HGレフト（シマノ）
ライン● R18フロロリミテッドハードバス16Lb（クレハ）

秋
Autumn Pattern
03

最上流からちょい深フラットでのハードベイティング

リザーバーが夏から秋に変わったら、バスが見えていたエリアから一段落ちたところを……

時期 9月〜10月　釣り場のタイプ リザーバー

夏はリザーバーの最上流にいたバスが秋になると、雨の冷え込みをきっかけに一段下のエリアへと落ちてくる。上流から下りていくとちょっと広がって水深が深くなる場所。冷たい雨の水の影響が少ない本湖の水が絡んでいる場所。そういうところにベイトやバスが溜まってくる。それを釣っていくパターンです。

　バスが落ちたな、という判断基準は、最上流部に1回上がってみて、ベイトやバスの姿がいないな……っていうのが目視で確認できたら、これは落ちてるな、と。そして、上流から下りて行って最初の深みにベイトが溜まっていたら、もうそういう状態だと判断できる。亀山湖でいうなら、ズバリ、長崎みたいなエリアになります。

　釣り方はいろいろあります。ベイトフィッシュはたくさんいるけど多少濁っているようなら、スピナーベイト。これが基本です。シャローの枝とかをスピナーベイト、あるいはクランクベイトでボトムの枝に当てつつ横に引く。

　それで釣れないなら、ヘビーキャロライナリグでバスが落ちているようなボトムの枝にしっかりコンタクトさせて釣っていく。その場合のルアーは水がきれいでバスがワームを見ちゃうような場合は水押し弱めなレディフィッシュ。濁りが強い時は、ホッグ系で水を押したほうがいい。ホッグ系はワカサギにもなるしエビにもなるんです。

　亀山だとワカサギが結構いるので、もしベイトが上ずっているようなら表層でレインボーシャッドのピクピクとかもアリです。

秋の雨で濁ったリザーバーにて。解説通りのエリアにて、水押しの強いスピナーベイトでキャッチしてみせた

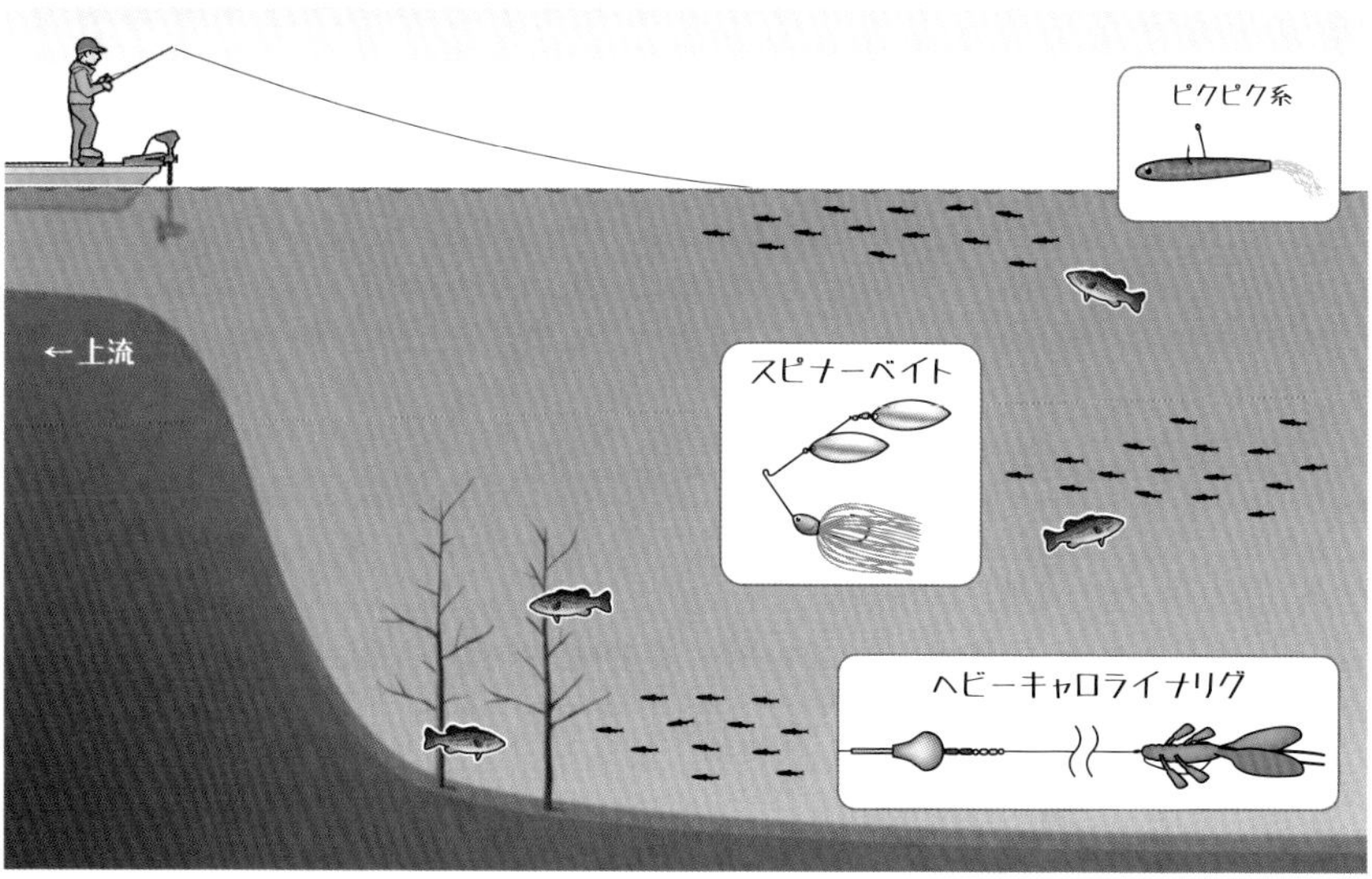

上流一段下エリアをオールレンジ攻略する

上流から一段落ちた場所といっても、バスはボトムにだけいるわけではない。表層、中層、ボトムと、ベイトフィッシュのいるレンジを意識して釣り分ける。ルアーはレンジ合わせをしやすいスピナーベイトが基本だが、表層、ボトムはピクピク系、ヘビキャロなどで対応しよう

Lures & Tackles

エスケープチビツイン (ノリーズ) 21gヘビーキャロライナリグ

ベイトがワカサギ系であってもヘビキャロではホッグ系を使うことが多い。比較的濁りが強くてもパーツでしっかり水が押せるし、スーっとレンジキープしたまま横移動の動きが出る。クリアなときは3-1/2inレディーフィッシュを使う

ロッド● ロードランナーストラクチャーNXS STN700H (ノリーズ)
リール● メタニウム MGL HGレフト (シマノ)
ライン● R18フロロリミテッドハードバス14Lb+グランドマックス2号 (クレハ)
フック● ダブルエッジ#1/0 (リューギ)

クリスタルS ディーパーレンジ 3/8~1/2oz (ノリーズ)

プレッシャーが高かったり、ササニゴリ程度だったりするリザーバーでは、水押し弱めのディーパーレンジを選択。水深に合わせてウエイトを変えていく

ロッド● ロードランナーヴォイス ハードベイトスペシャルHB640ML (ノリーズ)
リール● カルカッタコンクエストDC100 (シマノ)
ライン● R18フロロリミテッド12Lb (クレハ)

レインボーシャッド (イマカツ) ノーシンカーワッキー

あちこちでボイルが起きていて、バスが表層のベイトばかり見ているようならば、レインボーシャッドの表層ピクピク

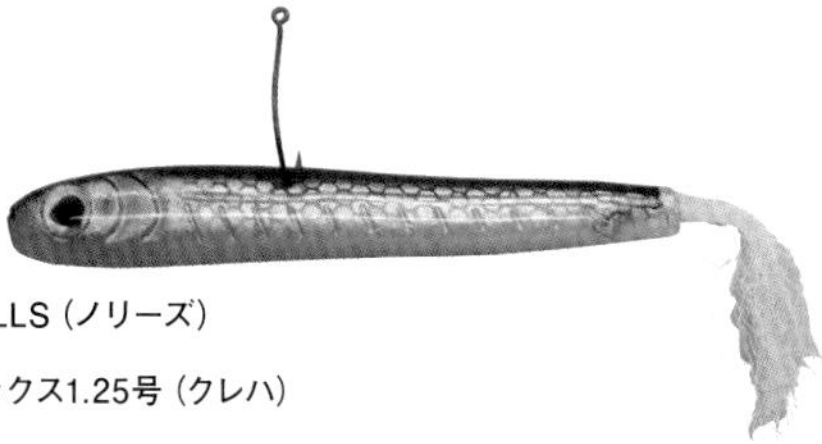

ロッド● ロードランナーストラクチャーNXS STN640LLS (ノリーズ)
リール● ヴァンキッシュ2500SHG (シマノ)
ライン● PEX4ルアーエディション0.3号+グランドマックス1.25号 (クレハ)
フック● フォグショット#3 (リューギ)

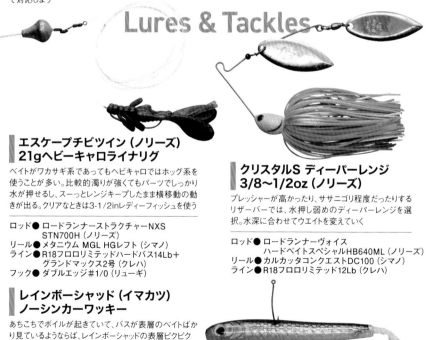

秋

Autumn Pattern 04

秋のリバー、ディープ隣接テトラのシャロー＆ディープ

テトラは秋からのバスのマンション。狙いどころひとつで釣果も変わる

時期　8月下旬～11月　釣り場のタイプ　リバー

テトラというのは、比較的流れの当たるアウトサイドベンドに入っていて、深みに隣接していることが多いです。そういう場所は秋から冬にかけてベイトもバスも溜まりやすい。

テトラのキモは、ブレイクの下までテトラが入ったところが非常に有望。そのなかでも釣っていくべきなのは、ブレイクまでテトラが入っている場所の、両端。始まりと終わりというのがキモになります。なぜかというと、秋というのはまだ冷え切ってもいないので、バスは深いところにはいるけれどもエサを食べるのは浅いところ。テトラの始まりと終わりというのは泥で埋まって浅くなっているところが多いので、バスのフィーディング場になりやすい。そういうところを狙っていきます。

釣り方は、テトラの始まりと終わりでフラフラしているバスが相手になるので、まずは巻きモノ。テトラの上に浮いちゃってるバスを釣っていくならクランクベイト。ショットオーバー2、3でテトラがちょうど切れる角をバーっと引いてくる。ブレイクではなく、見えてるテトラが見えなくなるくらいのところですね。

逆に、そういう場所での巻きモノで食わない場合は、エスケープツインのテキサスなどで、テトラの穴に落としてそこから持ち上げて上っ面を沿わせながら落としたりするズル引き。穴の中に入れてジクジクやるのでなく、引っ張って落としての繰り返しで魚に見つけさせて追わせて食わせるイメージです。速いテンポでリグを操作します。結果的にテトラの穴の中で食ったとしても、上っ面に浮いているバスを穴の中まで追いかけさせて食わせる。

バスが追いかける元気がないくらい水温が低下してしまったら、今度はハードベイトにポーズを入れてあげる。ということは、タダマキ１１２とかクランクベイトに近いサスペンドジャークベイトの出番になります。

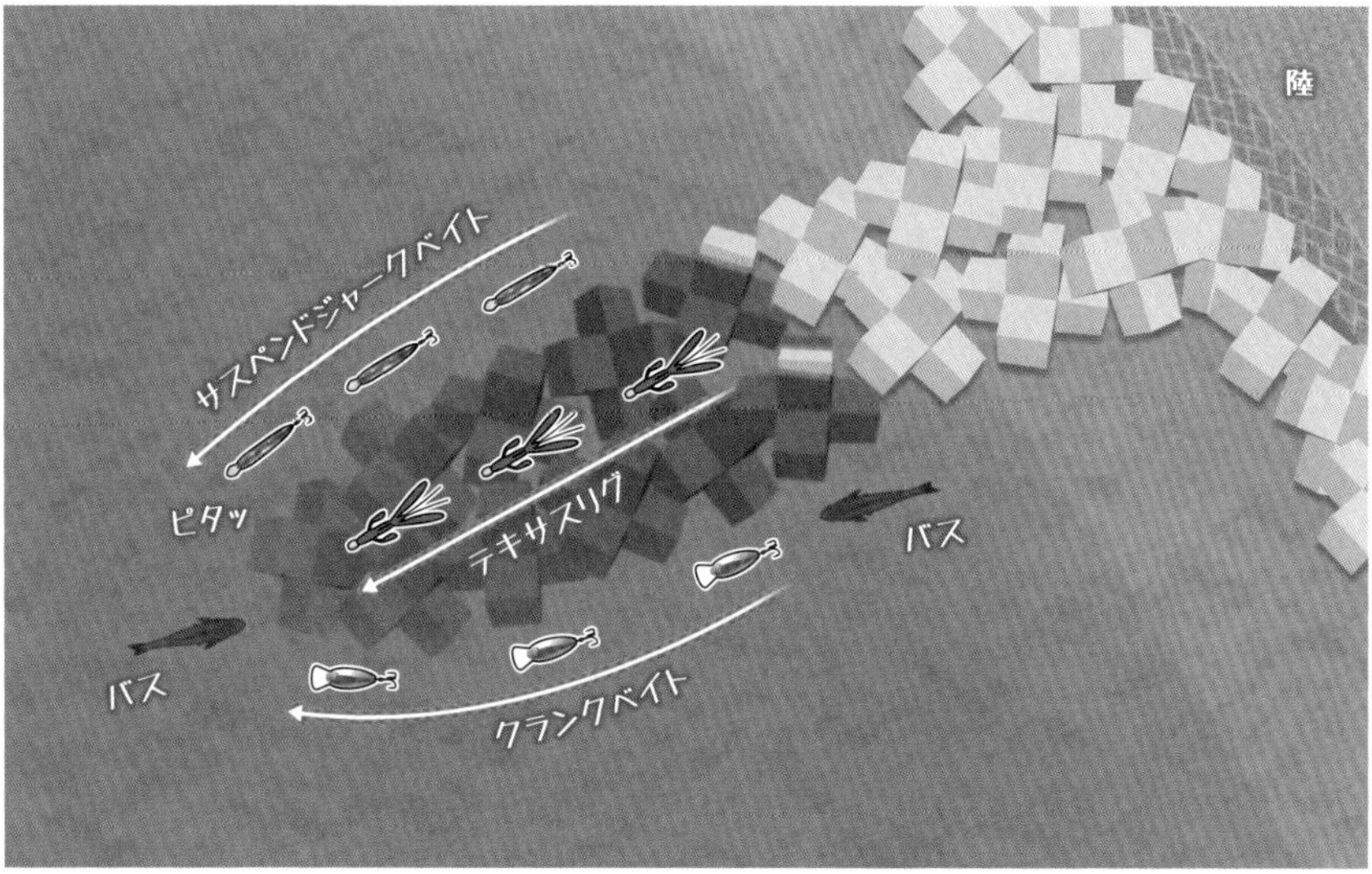

秋のテトラ攻略3パターン

狙いは、ブレイクまで伸びたテトラの上流側、下流側の始まりと終わり。そこを水深にあったクランクベイトを巻く。それで食わなければ、テトラの上っ面を軽めのテキサスリグで丁寧にズル引き。さらに水温が低下したら、サスペンドジャークベイトのポーズで食わせよう

Lures & Tackles

ショットオーバー2(左)、3(右)(ノリーズ)

テトラの沖側の切れ目のラインを狙ってミッドクランクを巻く。水深に合わせて、オーバー2、オーバー3などを選ぶ。ワーミングクランクの異名の通り、タイトに巻いても引っかかりづらい

ロッド● ロードランナーヴォイス
ハードベイトスペシャルHB680L(ノリーズ)
リール● カルカッタコンクエスト100DC(シマノ)
ライン● R18フロロリミテッド14Lb(クレハ)

タダマキ112(ノリーズ)

クランクベイト的なアピール力があるサスペンドジャークベイト。ただ巻きでもジャーク&ポーズでもいいが、いずれにしても止めて食わせの間を作れるというのが強みである

ロッド● ロードランナーヴォイス
ハードベイトスペシャルHB640ML(ノリーズ)
リール● バンタムMGL ライト(シマノ)
ライン● R18フロロリミテッド12Lb(クレハ)

エスケープツイン(ノリーズ)7gテキサスリグ

テトラ帯を引っ張って落としてを速いテンポで繰り返すテキサス。フックは細軸のダブルエッジ3/0などを使用し、テトラの穴の中で食ってもラインブレイクしないようにスイープに合わせる。ドラグを緩めにすることでバスを無用に暴れさせないようにする……という柔の考え方

ロッド● ロードランナーストラクチャーNXS
STN6100MH(ノリーズ)
リール● メタニウムMGL HGレフト(シマノ)
ライン● R18フロロリミテッドハードバス14Lb(クレハ)
フック● ダブルエッジ#3/0(リューギ)

散ったバスを テキトーに釣る ヘビキャロ チビツイン

広範囲に散ったバスを、いい意味で雑に釣るのが秋のワーミングなのだ

時期	8月下旬～10月下旬	釣り場のタイプ	マッディシャロー、リバー

秋になって水温が下がると、水中の溶存酸素量が増える。すると、深いところにも酸素がいきわたるので、ベイトフィッシュが散ってバスも散る。シャローをフラフラしていたバスもどんどん沖に出ていくようになります。

狙いは、簡単にいえば沖のゴリゴリ。そういうところにバスもベイトもいるようになります。もちろんシャローにもいるし、ちょっと深いところにもいるので、広範囲にいい意味で雑に釣るのがよかったりする。それが、ヘビーキャロライナリグで広く探るパターンです。とにかく広く、とにかくゴリゴリを感じ取りながらルアーをアクションさせてください。

秋はもうめんどうくさいんです。どこでもいられるならどこもやらないといけない。ただ、どこを重点的に探るかというと、例えば４ｍのエリアの４ｍをずっと引くんじゃなくて、２ｍから４ｍに落ちるブレイクをやったほうが、どちらの水深にいる魚もいける。オカッパリなら４ｍまで遠投してから岸際までガリガリ引いてきます。

動かし方は、横にスー、スー、スー、と。ラインを張りながら、ロッドは縦さばきで引いてくる。ここは超釣れそうだな……っていう場所をシンカーで感じたら、ロッドを止めてから、ピョンピョンとシンカーを弾き飛ばしてあげると、ワームがあとから釣れそうなスポットにヒューっと入っていきます。

メインとなるワームはエスケープチビツイン。エビにも小魚にもなるっていうのがキモです。本当はバスがいる場所をライトリグでこちょこちょ誘ったほうが確実に釣れるんですが、1.8gのダウンショットで４ｍをズルズル引いてくるのは無理があります。でも、21gのヘビキャロなら小さいワームを3秒で４ｍまで沈ませられるんですよ。そのままシャローまで、サーチと食わせを両立できるというのがチビツインのヘビキャロなんです。

ロングリーダーで仕掛けるヘビキャロ

単なるズル引きでも釣れるが、要所で仕掛けていけるのもヘビキャロの釣りだ。シンカーにいかにもバスが付きそうなゴリゴリを感じたら、ロッドでシンカーをスッと飛ばして……ノーシンカー状態になったチビツインを送り込んでいこう

Lures & Tackles

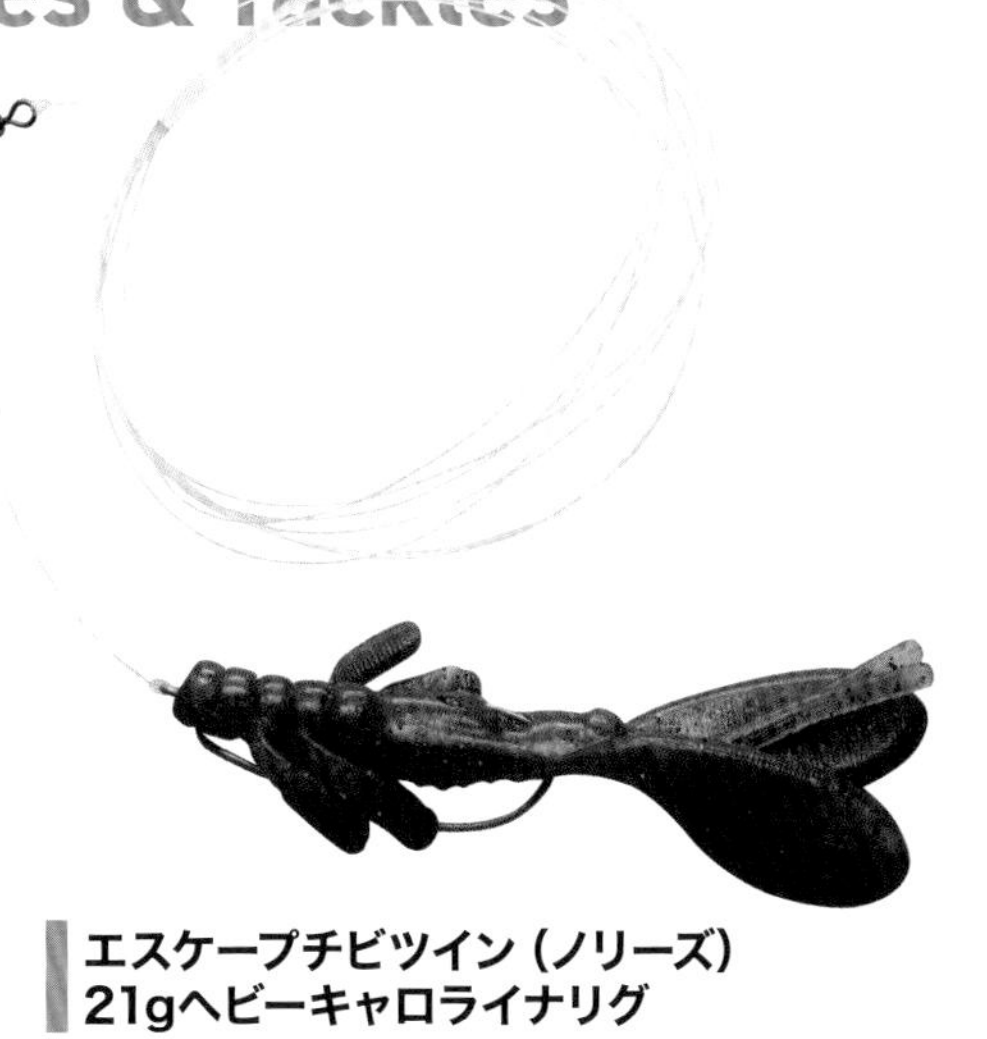

ツボチューブTG（仮）（リューギ）

開発中のヘビキャロ用シンカー。ハクション大魔王が出てくるツボのような形をした不思議系。さらにチューブが球根の芽のように長く伸びているのも特徴だ。重心が低く、ボトムで立つようになる。仮にスタックしても、チューブの長さも手伝って、上から引っ張るような形になるので容易に外せるのだ。製品版はタングステン製になる予定

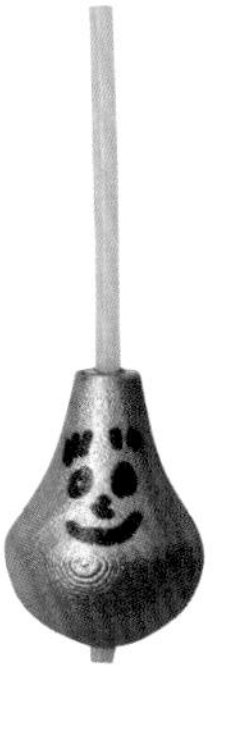

エスケープチビツイン（ノリーズ）21gヘビーキャロライナリグ

基本はこのセット。もともとヘビキャロで使うことを念頭に置いて開発されたのがチビツイン。スーっとロッドで引いてから止めると、手足をパッと広げて空中でホバリングするような動きをする。広く早く探りながらも、食わせの能力にすぐれるという、秋にぴったりなセッティングだ

ロッド● ロードランナーストラクチャーNXS STN700H（ノリーズ）
リール● メタニウム MGL HGレフト（シマノ）
ライン● R18フロロリミテッドハードバス14Lb
＋グランドマックス2号（クレハ）
フック● ダブルエッジ#1/0（リューギ）

秋
Autumn Pattern
06

秋が深まり、バスが賢くなったらシャッドの出番

**湖の水温が下がり、透明度が上がり、
ベイトのレンジも下がり……
強いルアーを食わなくなったら？**

時期	9月〜11月	釣り場のタイプ	マッディシャロー、リバー、リザーバー

秋が深まるに従って、水の透明度はどんどん上がってくる。すると、ベイトのレンジが下がってきて、シャローのバスがどんどん減ってきます。透明度が上がるとバスの目もよくなってきて、強すぎるルアーを食わなくなる。そういうときに出番なのがクランクベイトよりもエサに近いシャッド系プラグです。ワーム系だと効率が下がって、時間がかかるので、シャッドで広く探った方がいい。シャロー、中層、ボトムと縦のレンジも広く探れるので効果的なんです。

なお、そこにワカサギなどが絡めば最高。やはりベイトが重要になってきます。霞ヶ浦水系だとワカサギが入ってくる朝夕はとくにシャッドゲームが有効になったりする。

使い方は、基本的にディープと隣接した場所、テトラのエッジなど、とにかく固くて小魚がヒョーイと泳いでくるような場所をシャッドで引いてあげるというイメージで使うといいかな。エビを食べてるバスよりも魚を食べているバスを釣るようなイメージでただ巻き。ボトムに当たったら、トントーン！とロッドを上げて、そこでリアクション的にルアーを跳ね上げさせて釣っていくイメージです。

しかしながら、根掛かりも少なくない釣りなので、僕はラインのポンド数をスピニングなら5Lbくらいに上げてやる。ベイトフィネスだったら8〜10Lbを使います。ただ、根掛かりでロストしたくないからベイトフィネス、という考えではなく、水深がちょっと浅くてボトムノックしすぎてるな……っていう状況で、ラインのポンド数が太くなればルアーの潜行レンジが浅くなるので、太いラインで軽いルアーを使えるベイトフィネス、ということ。

なので、基本はスピニングの方がジャークや跳ね上げなどをさせやすいので、深く潜らせたいときや、ワームのように操作したいときなど、僕はスピニングを使うのが好き。

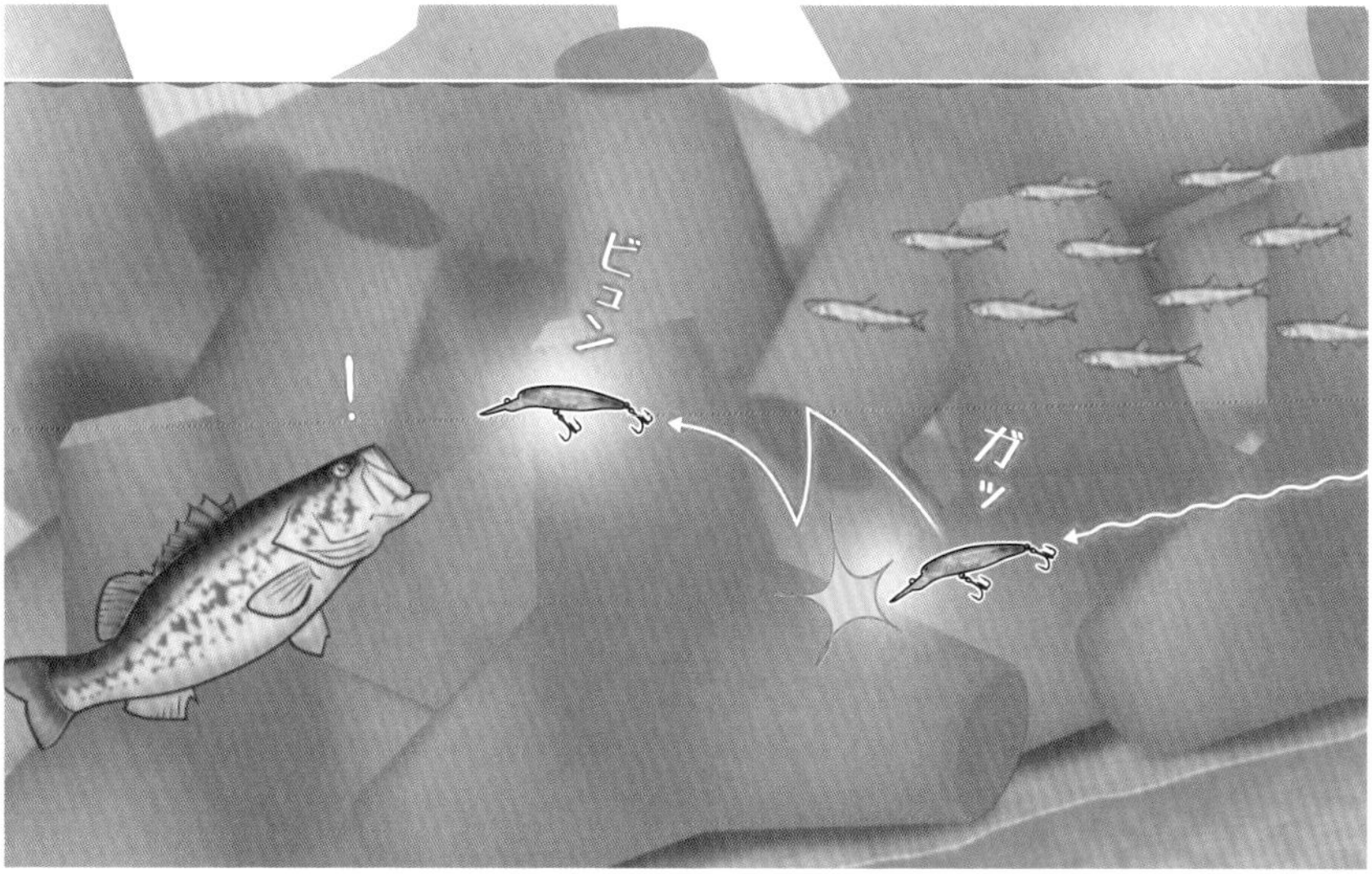

ハードボトムでただ巻き&リアクション

テトラのエッジなど、ハードボトムでディープが隣接したような場所、ベイトが回遊してくる場所を狙う。基本はただ巻きだが、ボトムにリップが当たったら、ロッドアクションでトントーン！ と、リアクションを仕掛けたりもする

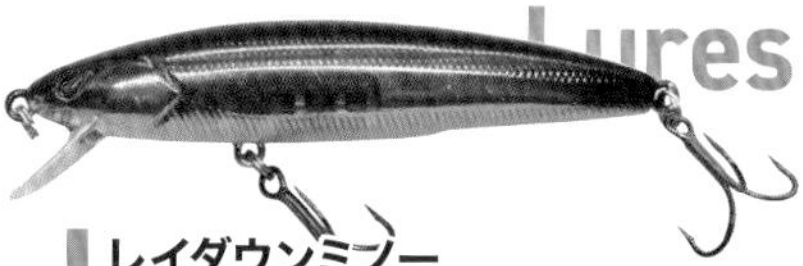

レイダウンミノー ジャストワカサギ（ノリーズ）

シャローならばズバリ、ジャスワカ。浮力は高めで、潜行深度は8Lbでおよそ80㎝。浅いレンジをクリクリと巻き、時折ポーズを入れて食い上げを誘う

※タックルはレイダウンミノーディープジャストワカサギと同じ

レイダウンミノーディープ ジャストワカサギ（ノリーズ）

シャローからミドルレンジの基本となるシャッドがコレ。5Lbラインで1.8mほど潜る。テトラなどにコンタクトさせるとタイトにトレースしながらヒラを打ち、ポーズを入れた瞬間にフラフラとボディを揺らす

スピニングタックル
ロッド● ロードランナーヴォイス ハードベイトスペシャルHB660MLS-SGt（ノリーズ）
リール● ステラ2500S（シマノ）
ライン● R18フロロリミテッド5Lb（クレハ）

ベイトタックル
ロッド● ロードランナーヴォイス ハードベイトスペシャルHB511LL（ノリーズ）
リール●カルカッタコンクエストBFS HGライト（シマノ）
ライン● R18フロロリミテッド8～10Lb（クレハ）

ディプシードゥ3（スミス）

シャッドとクランクベイトの中間のようなルアー。ミドルからディープレンジを使う。同一ボディで、3つの潜行深度のタイプがある、元祖システムディープクランクベイトだ

ロッド● ロードランナーヴォイス ハードベイトスペシャルHB630LL（ノリーズ）
リール● カルカッタコンクエストBFS HG（シマノ）
ライン● R18フロロリミテッド10Lb（クレハ）

パワーダンク57SP（O.S.P）

ショートキャストでも3mくらいまで急潜行させられるので、水路などのショートピッチの釣りや、ディープがらみで使用する。シルエットはシャッド系だが、水を押すので、比較的強め。マッディレイクで使用

ロッド● ロードランナーヴォイス ハードベイトスペシャルHB630LL（ノリーズ）
リール● カルカッタコンクエストBFS HG（シマノ）
ライン● R18フロロリミテッド10Lb（クレハ）

秋
Autumn Pattern 07

いち早くディープに落ちたバスを釣るパターンその1

まだ水温の高い秋。
インザベイトとクランクベイトをドラッギングでディープを釣るという奥の手

時期	10月～12月初旬	釣り場のタイプ	リザーバー

秋になって水温が20℃、あるいはそれ以下になるとバスはいろんなレンジにいます。そんななか、いち早くディープに落ちる個体を釣っていくパターンです。まだ水温は高く、やる気のある状態でディープに落ちていった、まだ強いルアーを追えるバスを狙う釣り方です。

使うルアーはというと、まずはインザベイトバス18g。これを横方向に効率よく誘いたいので、キャスティングしてからドラッギング。もしくは、ラインをたくさん出してからゆっくり巻き上げて、ボトムを這うようなイメージで引いてくる。重要なのは、なだらかに深くなる場所でのベイトフィッシュのいるレンジ。インザベイトは引くと浮いてくるので、ボトム付近を引きたい時はこまめにラインを出してあげます。また、浮きすぎたときに調整してあげる必要があるので、浮いたらリールのクラッチを切って落とす。また引いて、クラッチを切って落とす。PEラインを水になじませながら、こまめに調整するためにベイトタックルを使います。インザベイトでは5～10mを引くのだけど、それよりも浅ければシャッドとかクランクベイトとかでもいい。

もしくは、ショットオーバー3のドラッギング。なんでオーバー3かというと、オーバー5だとより深いところに入れられるのだけど、波動が強くなりすぎる。オーバー3くらいの強さのクランクベイトをドラッギングすることでよりディープに送り込んでいくのが効果的かな、と思っています。ルアーサイズはベイトサイズに合わせるのもいい。ワカサギ系ならオーバー3、ハスならオーバー5など……。PEラインを使えば最大9.8mまで到達します。やり方は、後ろに思い切り遠投して、そこからラインを20mくらい出してから引っ張る。ラインの放出量は状況に応じて使い分けます。5mより浅ければドラッギングの必要はなく、普通に巻いていきます。

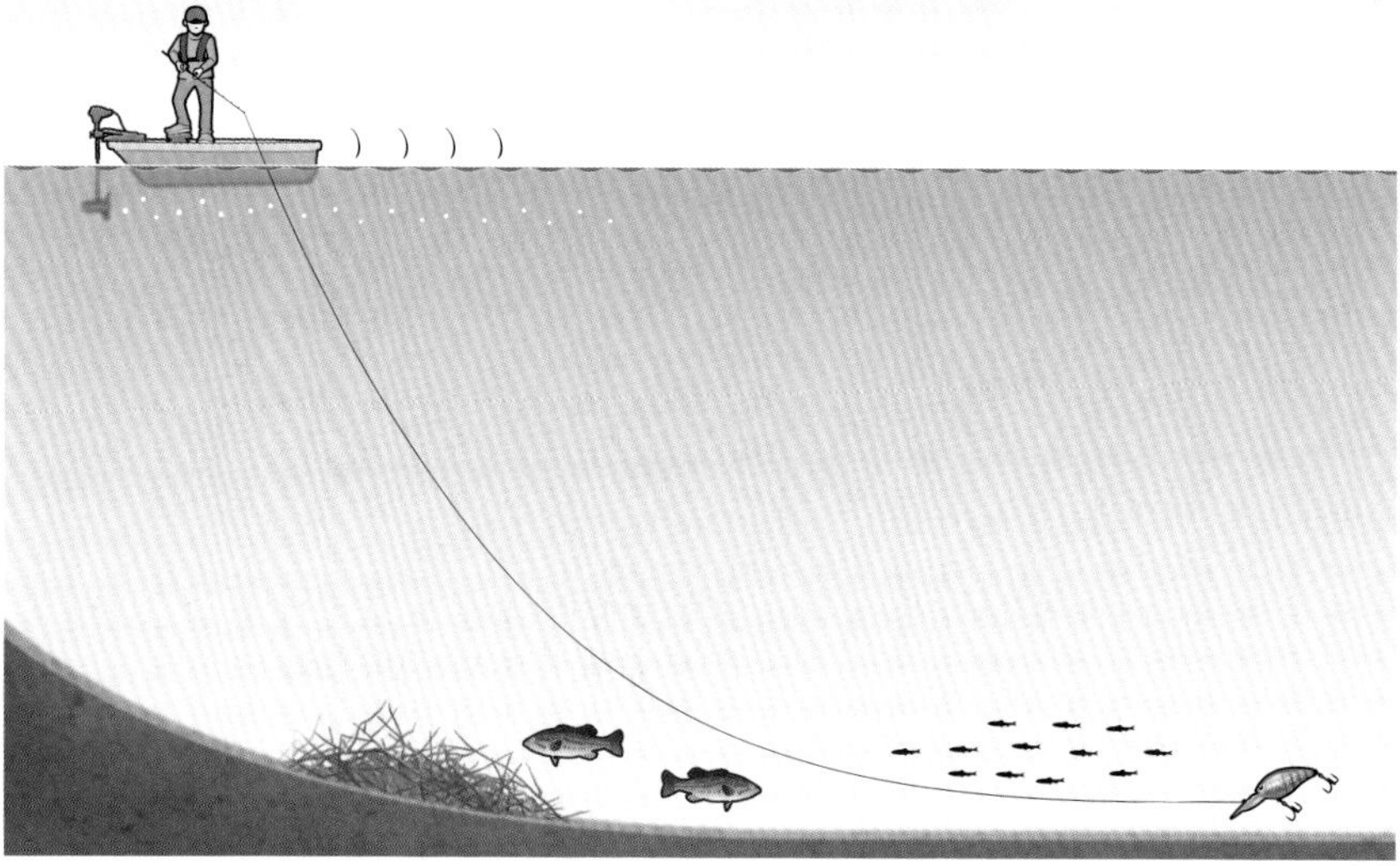

ドラッギングで限界を突破する

インザベイトやクランクベイトなど、あえて強いルアーを深く潜らせるためのドラッギング。ベイトがいるであろう5～10mまで浮力のあるクランクを到達させる必要があるため、スピニングタックルや細いPEラインなど、タックル依存度の高い釣り方だ

Lures & Tackles

インザベイトバス18g（ノリーズ）

5mよりも深い場所をドラッギングさせるならインザベイト。お尻にブレードがついた、横に引けるメタル系ルアー。ヘッドで浮き上がりを抑えつつ、ブンブン回るブレードが水押しとフラッシングでアピールする

ロッド● ロードランナーヴォイスLTT650M（ノリーズ）
リール● メタニウム MGL レフト（シマノ）
ライン● R18完全シーバスフラッシュグリーン0.6号
＋グランドマックス2号（クレハ）

ショットオーバー3（ノリーズ）

比較的オーソドックスなミッドクランクなのだが、こちらもドラッギングで10m近くまで到達させる。そのため、使用するタックルはやや特殊だ

ロッド● ロードランナーヴォイスジャングル680JMHS（ノリーズ）
リール● ヴァンキッシュ2500SHG（シマノ）
ライン● R18完全シーバスフラッシュグリーン0.6号
＋グランドマックス2号（クレハ）

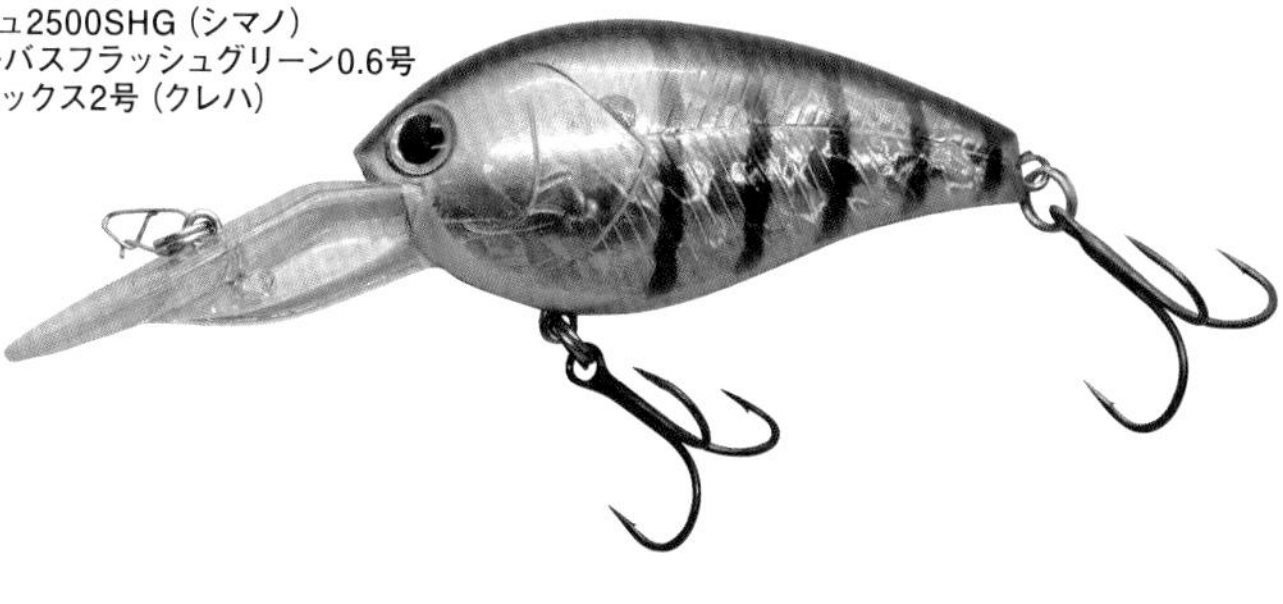

秋
Autumn Pattern
08

いち早くディープに落ちたバスを釣るパターンその2

ヘビーダウンショットとメタルジグでディープのピンスポットを爆撃する

時期	10月〜12月	釣り場のタイプ	リザーバー

秋のパターン07はいち早く深場へと落ちたバスを横の動きで広く探っていく釣り方でしたが、今度は同じ魚をディープのピンで狙う釣り方。

クランクベイトのドラッギングなどで横方向に探っていくにはあまりにもボトムに点在するモノが小さすぎる場合、ボートで真上にいって落としてやる。僕がよく使うのは……まず、立ち木など根掛かりやすい場所ならヘビーダウンショットリグ。シンカーは5〜7gで、リーダーはちょっと短めの15㎝くらい。スルスルとボトムまで落としたら、ピョンピョンと、メタルジグのようにロッドをあおってバーチカルに誘います。

あとは、冬編でももちろん出てくるのですが……メタルワサビーの8gと18gもこの季節から投入していきます。この使い分けは、根掛かりがとにかく多いところは18g、根掛かりが少なくて食わせに徹したいところでは8g。これは、重いジグのほうが根掛かったときに外しやすいため。ただ、強さ的には8gのほうがフィネスなので、どうしても1尾が欲しい場面や、ベイトサイズが小さい場合ではこちらが有効になってきます。それと、使い方で気をつけてほしいことがあります。メタルワサビーはバックスライド気味に沈んでいくので、ディープのピンを狙う場合、着底場所がズレてしまいがち。できれば真っ直ぐに落としたい。それにはちょっとしたコツがありまして……まずボートで撃ちたい場所の真上までいきます。そこから魚探を見つつ真下にピューっと沈めていくのですが、そのときにベイトリールのクラッチを切ってサミングをして抵抗をつけながら落としていく。すると、メタルジグのスライドを抑えて狙ったピンに着底させることができます。落とすときのアクションは気にしなくてもいいです。まずは底まで到達させて、ボトムに着いてからブルっと上げてフリーフォール。その繰り返しですね。

ベイトの集まる小さなピンスポットを探そう

狙うのは、水深5〜9m。岬の先端、フラットエリアの沖にある、石やスタンプなど、なんらかの沈みモノ。そこにベイトがたまっているとベスト。この釣りの場合、ピンは小さいほうが狙いやすい。いち早くディープのピンに動いたバスほど食わせやすいのだ

Lures & Tackles

2.9inレッグワーム(ゲーリーヤマモト) 5〜7gヘビーダウンショットリグ

ディープのピンスポットが密集したオダのような状態であれば、根掛かり回避性能の高いヘビーダウンショットを投入。2.9inレッグワームは小さいながらもフォール時のアピールは強い。キモはワームの上にキャロダンスイベルのライトをつけるのがイトヨレ解消のコツ

ロッド● ロードランナーストラクチャーNXS STN660M-St(ノリーズ)
リール● アルデバランBFS XGレフト(シマノ)
ライン● R18フロロリミテッドハードバス7Lb(クレハ)
フック● ダブルエッジ#1(リューギ)

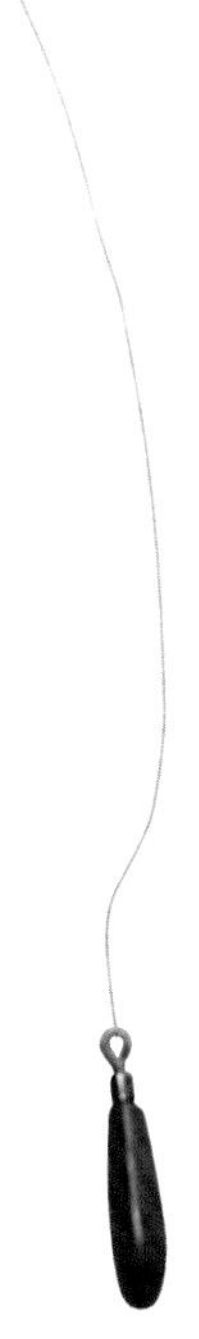

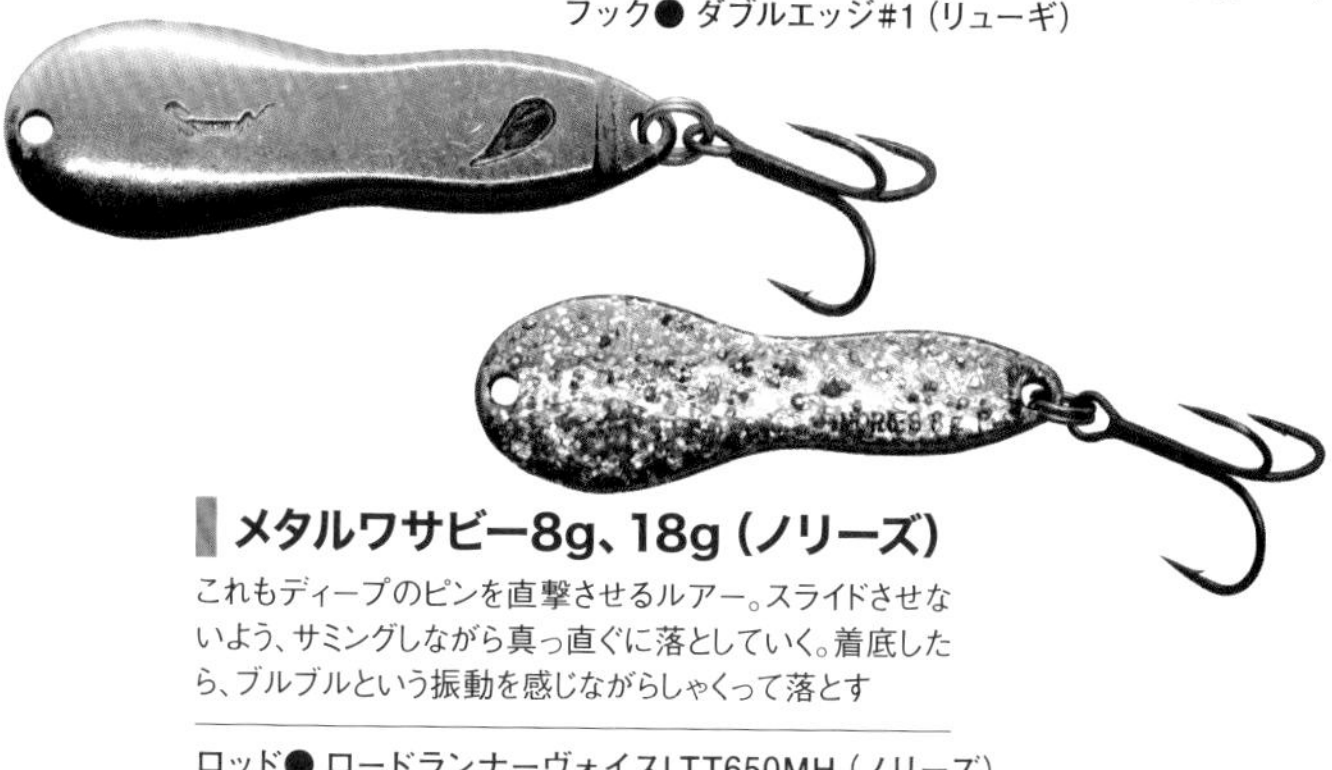

メタルワサビー8g、18g(ノリーズ)

これもディープのピンを直撃させるルアー。スライドさせないよう、サミングしながら真っ直ぐに落としていく。着底したら、ブルブルという振動を感じながらしゃくって落とす

ロッド● ロードランナーヴォイスLTT650MH(ノリーズ)
リール● バンタムMGL ライト(シマノ)
ライン● R18フロロリミテッド12Lb(クレハ)

秋
Autumn Pattern
09

秋のテトラ、テキサスじゃ食わないバスを釣る方法

ヘビーなネコリグでテトラの穴という穴を撃つ！

時期 9月〜11月　釣り場のタイプ リバー、マッディシャロー

秋のテトラはバスを多くストックしているのですが、朝マヅメタマヅメは外をフラフラしていることが多いです。日中になって太陽が出てくると、テトラのシェードや中に入ってじっとしつつエサを待っている。そんなバスを釣っていくパターンです。

利根川や霞ヶ浦水系で、テトラのシェードに入ってるバスは、「まあ目の前をエビでも通れば食うか」みたいなノリなので、エスケープツインのテキサスリグみたいな普通の釣りをやる人も多く、なかなか食わないという状況がよくある。そういうバスをどう釣るかというと、まずひとつはサンカクティーサン。オフセットフックのネコリグで使うようなルアーなのですが、これに5gのネイルシンカーを入れてテトラの中に撃ち込んで誘ってあげる。ネコリグなので、水押しが強く、食わせる力もありつつアピール力もある。テキサスと違ってちょっと浮かせた状態でもフワフワと誘えるので、僕はよく使いますね。ネコリグをテトラの穴撃ちで使うのは、まだやっている人も少ないので、かなりよく釣れます。

それでも食わないバスがいるときは、エスケープチビツインの5gか7gのフリーリグでその穴を撃ってみる。リグを落としてからノーアクションでワームをフワ〜っと落としていって食わせる。この場合、基本的にフリーフォールさせるだけ。いずれも、釣れる条件としては、バスがエビを食っているんだけども、やる気がなくシェードに入っていることです。

11月上旬、利根川のテトラ帯にて。このときはテキサスリグのズル引きがイマイチ釣れなかったのだが、サンカクティーサンのネコリグやチビツインのフリーリグに活路を見出していた

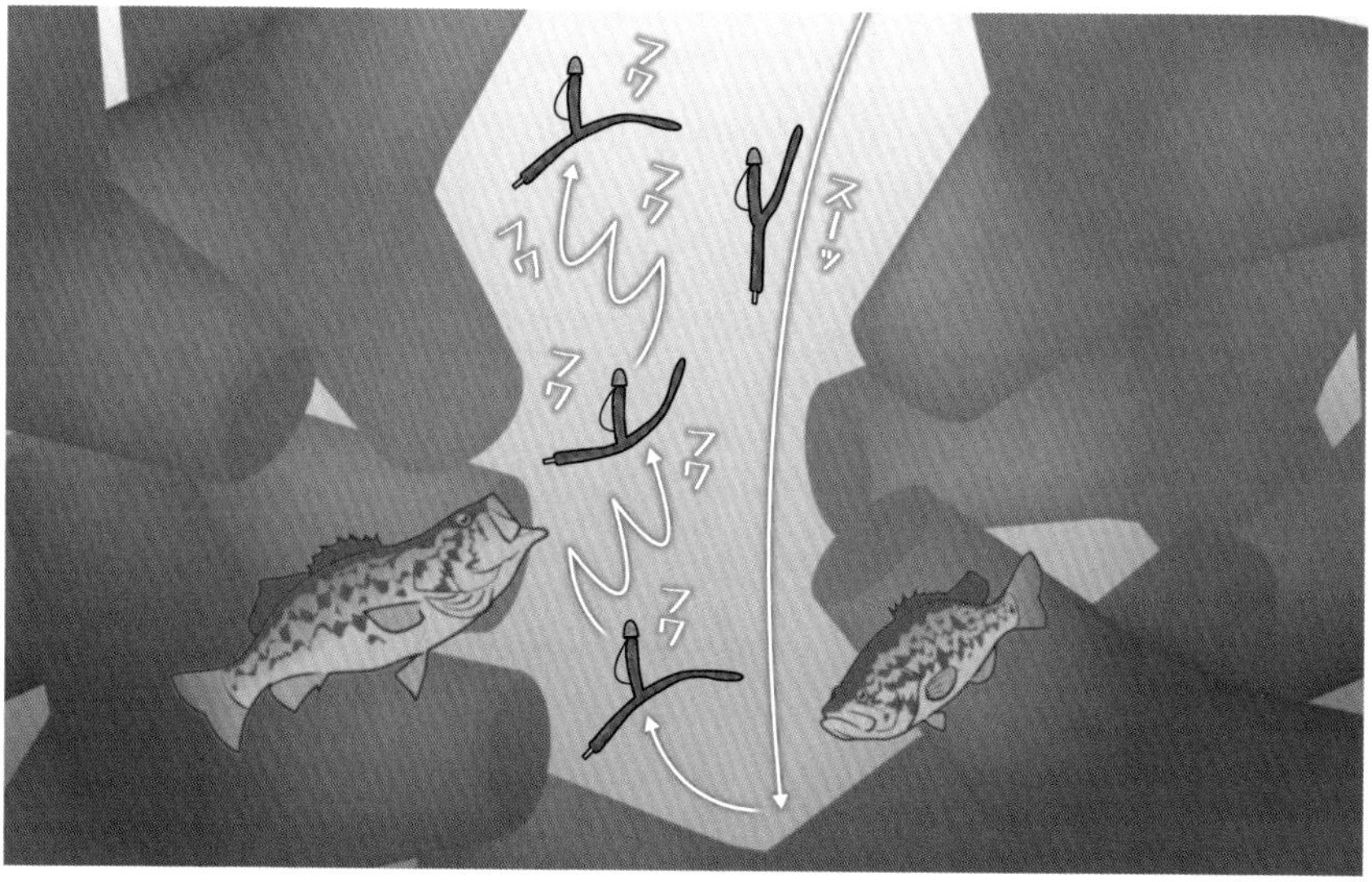

テキサスに飽きたバスをネコリグで獲る

秋バスを多くストックするテトラ帯、みんながテキサスの穴撃ちをしていて……でも釣れていない。そんな状況ならば、裏をかいてサンカクティーサンの5gネコリグで穴を探ってみよう。穴の中に入れやすいのに、中層でもフワフワアピールできるという特異性があるリグだ

Lures & Tackles

5inサンカクティーサン (ノリーズ) 5gネコリグ

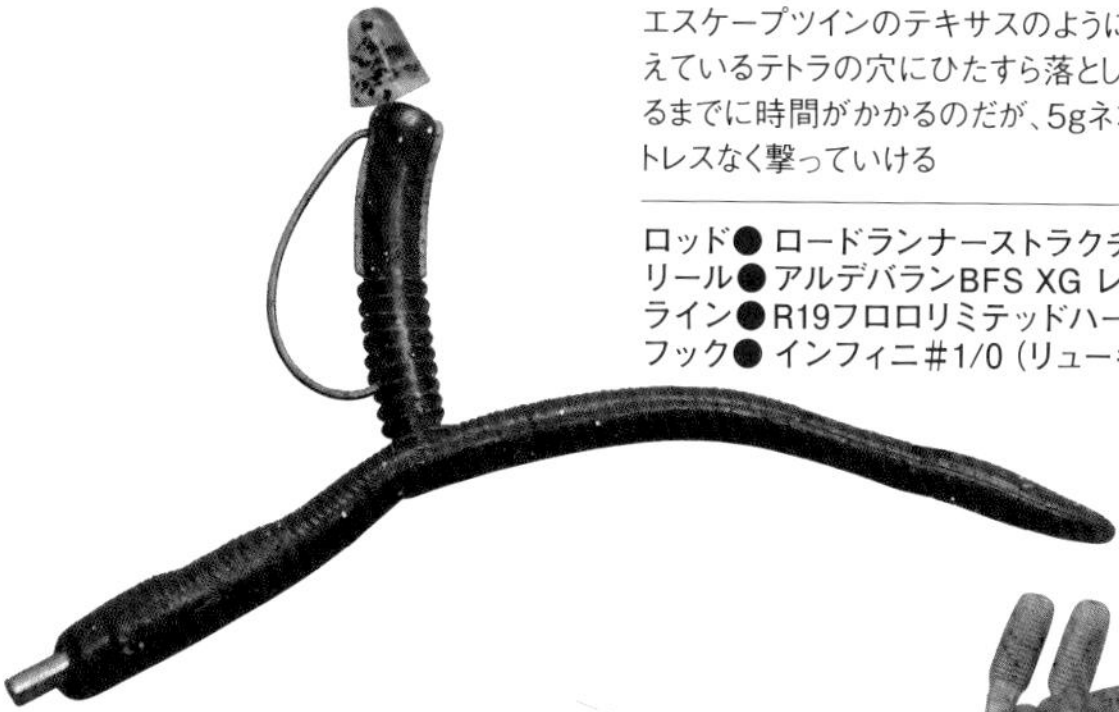

エスケープツインのテキサスのようにテトラの面をズルズルやるのではなく、見えているテトラの穴にひたすら落としていく。普通のウエイトのネコリグだと落ちるまでに時間がかかるのだが、5gネコであればフォールスピードも速いので、ストレスなく撃っていける

ロッド● ロードランナーストラクチャーNXS STN670MH-St (ノリーズ)
リール● アルデバランBFS XG レフト (シマノ)
ライン● R19フロロリミテッドハードバス12Lb (クレハ)
フック● インフィニ#1/0 (リューギ)

エスケープチビツイン (ノリーズ) 5gフリーリグ

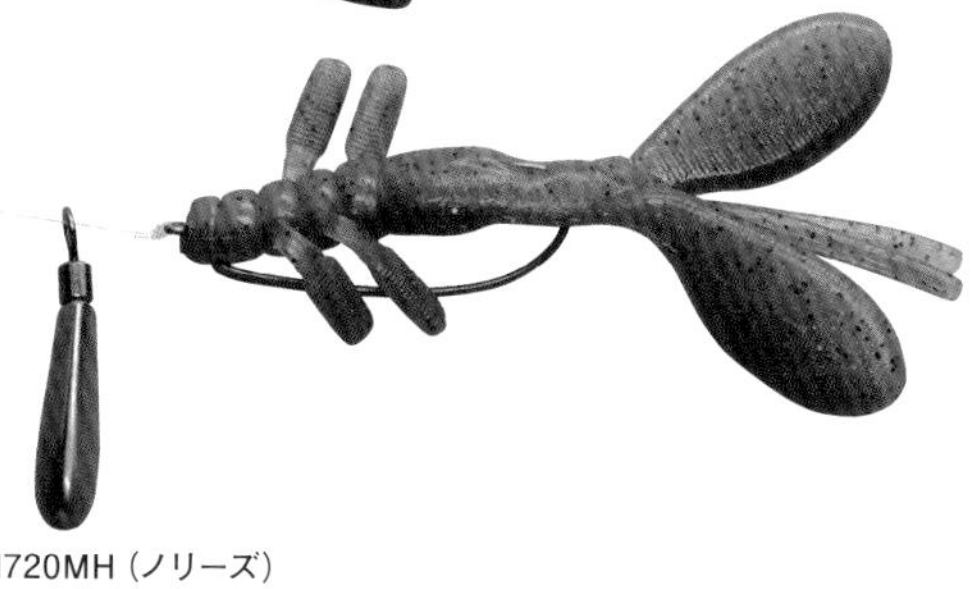

サンカクティーサンでも食わないなら、こちらの出番。見えているテトラの穴に落として、フリーフォールからのステイで食わせる。ズル引きやシェイクは不要

ロッド● ロードランナーストラクチャーNXS STN720MH (ノリーズ)
リール● アルデバランBFS XGレフト (シマノ)
ライン● R18フロロリミテッドハードバス14Lb (クレハ)
フック● ダブルエッジ#1/0 (リューギ)

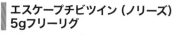

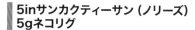

秋
Autumn Pattern 10

ラウンドか、フラットサイドか、それが問題だ

沖へと張り出した石積みをクランクベイトの使い分けで攻略する

時期 9月～11月　**釣り場のタイプ** リバー

これは遠賀川や利根川でよくやる釣りです。この時期は魚がどこにでもいられるがゆえに、沖に張り出した石積みなどにベイトフィッシュがたくさん絡んでいることが多く、バスはそこにエサを食べにきます。長良川でも釣ったことがあるのですが、そういう沖へと続く地形変化に対して魚のいる場所を探りながら釣っていくパターンになります。

使うルアーはクランクベイトがメイン。どんなクランクベイティングかというと、まずは透明度と水面の荒れ方によってルアーを使い分ける。

もし、比較的透明度が低くて、水温もまだ15℃を下回っていなくて、20℃くらいだったら、ラウンドクランク。ショットオメガビッグ62などでグリグリ巻いていきます。霞水系などの石系ハードボトムの張り出しなどを広範囲に探るには最適。

もうひとつは、水温が15℃以下くらいまで下がって透明度が高くなってくると、僕はフラットサイドクランクをよく使う。シャロースモーキンシャッドをゆっくりテロテロ巻いてナチュラルに誘います。フラットサイド系クランクベイトの位置付けはというと、通常のラウンドクランクベイトと、タダマキなどクランキングミノーやシャッドとの中間といった感じですね。そのイメージで使い分けてあげてください。透明度が高くなってきて、ラウンドクランクは厳しいな、でもシャッドだと弱いな……というときが出番です。

それでもダメなとき、最後はエスケープツインテキサスリグの遠投メソッド。岸釣りなら沖の石積みに向かって投げて、コロコロ転がしつつ、ちょっとボトムから浮かせ気味にスイミングさせます。ロッドワークは、グイーっとティップを上に上げて止める……イトフケを巻き取って、またグイーっとティップを上に上げて止める、その繰り返し。カーブフォール気味のスイミングで誘ってみてください。

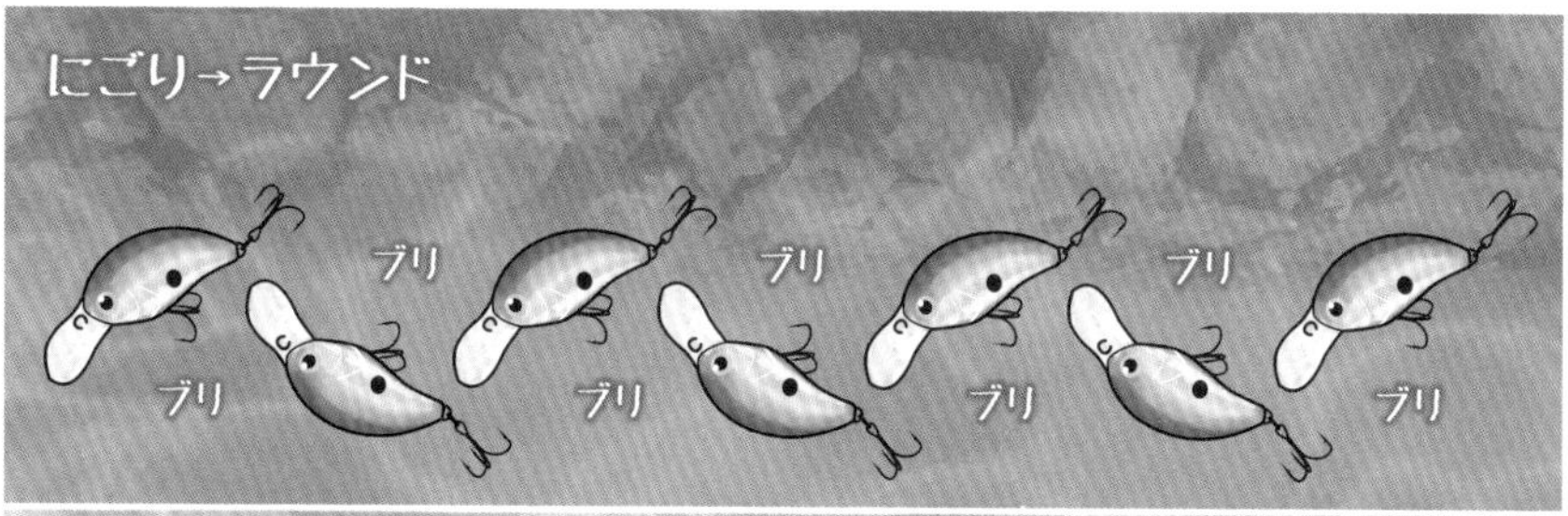

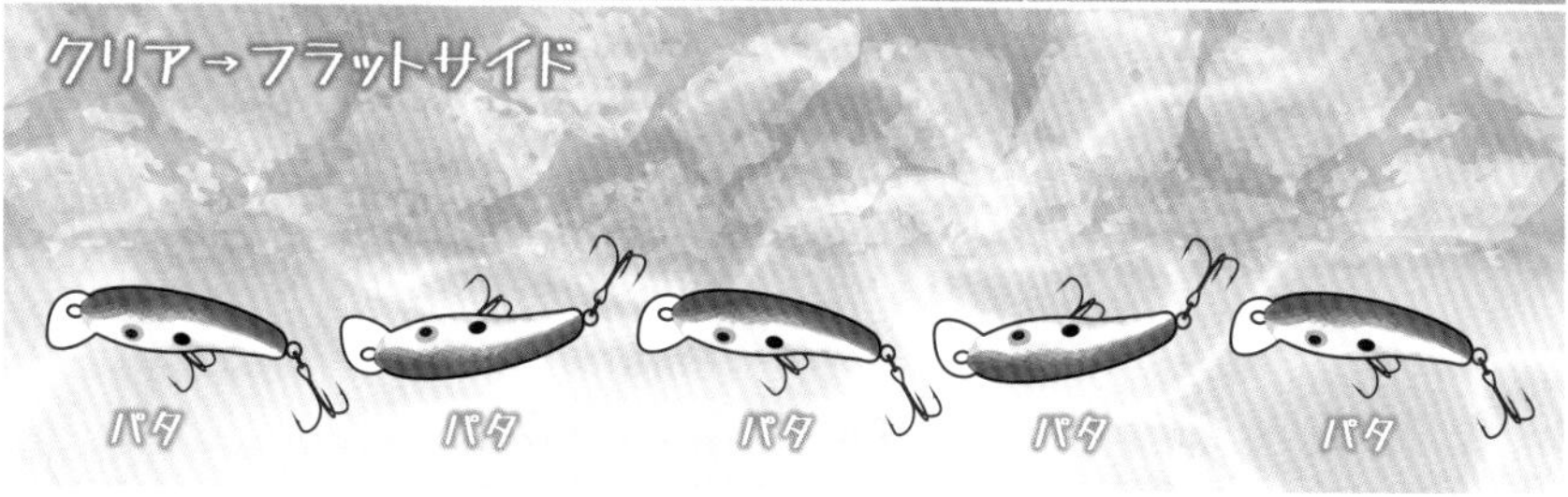

クリアかな？と思ったらフラットサイド

水温が下がり、透明度が上がってきたら、ラウンドクランクにくらべてタイトアクションなフラットサイドクランクが有効になる。沖に向かって張り出した石積みのどの水深にいるのか探り当てよう。それで釣れなきゃエスケープツインのスイミングでフォローしてみたい

Lures & Tack

シャロースモーキンシャッド（スタンフォードルアーズ）

ラウンドクランクとシャッドラップのようなシャッド系の中間とされているフラットサイドクランク。シダーウッドで作られているので、キビキビしたバルサ製にくらべるとノタノタしたアクションになる

ロッド● ロードランナーヴォイス ハードベイトスペシャルHB680L（ノリーズ）
リール● カルカッタコンクエスト100DC（シマノ）
ライン● R18フロロリミテッド14Lb（クレハ）

ショットオメガビッグ62（ノリーズ）

水温が15℃以上で、透明度も高くなく、水面がやや荒れ気味だったら水押しの強いラウンドクランクでOK。ショットオメガビッグ62はロングリップのシャロークランクという個性派で、根掛かり回避性能にも優れる

ロッド● ロードランナーヴォイス ハードベイトスペシャルHB680L（ノリーズ）
リール● カルカッタコンクエスト100DC（シマノ）
ライン● R18フロロリミテッド14Lb（クレハ）

利根川名物の水中堤防。岸から沖へと石積みが沈められている。連続した杭があるものや、川幅の半分まで延びているものもある

エスケープツイン（ノリーズ）7gテキサスリグ

このパターンでは、テキサスリグのスイミングという奥の手的な使い方をする。ミドスト的な動かし方ではなく、ボトム付近での連続カーブフォールというのに近い。アメリカでは、7gのチェリーリグでどの釣り場でもよく釣れた

ロッド● ロードランナーストラクチャーNXS STN6100MH（ノリーズ）
リール● メタニウム MGL HGレフト（シマノ）
ライン● R18フロロリミテッドハードバス16Lb（クレハ）
フック● ダブルエッジ＃3/0（リューギ）

Power Finesse Introduction

ライバルたちをなぎ倒したタクミの奥義

パワーフィネス序説

恐るべきテクニック、その有効性をいち早く見抜いた

もともと僕のホームは、バスボートなら利根川水系、レンタルボートなら亀山湖、牛久沼だったんですが、影響が大きかったのは利根川でも牛久沼でもなく亀山湖だった。今、アメリカで戦う技を身につけたという意味で、亀山は僕のなかですごく重要なフィールド。そのなかで学んだ技術というのがパワーフィネスです。

亀山湖は流行となるルアー、テクニックがたくさん生まれたフィールドなんです。いち早くテクニックを世に発信する、日本でも数カ所しかないポテンシャルを以って、アングラー、テクニックを世に送り出した。そのひとつがパワーフィネス。僕は亀山に通っていたこともあって、パワーフィネスの使い手と呼ばれるプロのローカルアングラーからいち早く学ぶことができたんです。それを試合や取材にすぐに取り入れてきました。

じゃあ、パワーフィネスってなんなの？　というと、小さなルアーをエクストラヘビークラスのスピニングロッドで、1.2号～2号のPEラインを使い、誰もが入れられないようなカバー奥の小さな隙間に撃ち込む釣りです。ベイトフィネスでは到底入れられないカバーの奥に撃ち込んで、バスを掛けて、エキストラヘビークラスのロッドで引きずり出す。それが基本的な方法です。従来のカバー撃ちよりもっと深い奥を撃つ。ベイトタックルでは手前の木とかにぶつかって奥に入れるのが難しかったのを、スピニングの「バックラッシュしない」という特徴と、軽いルアーをヘビーアクションのロッドで投げられるという特性を生かして釣っていく。それでいて、フッキング率が高く、バラしづらいスモールラバージグ、カメラバ４～５gを使い、トレーラーも限りなく小さい。ショートバイトでもフッキングできるスイッチオントレーラーのような小さなワームをつけて誘う。なので、小さなカバーの隙間にスイスイと入って簡単に奥まで攻められる。これがカバーネコだとどうしてもワーム自体が大きくなるので最奥を攻めるのが難しい。本当のパワーフィネスというのはスモールラバージグがメイン、たまにネコリグを使うかな、という感じです。

カバーの奥に入れたら、そこからカバーの下の空間を釣っていく。水深にもよりますが、基本的にはすぐにボトムを取らず、カバーの中に入れたらその直下からシェイクを始めてゆっくり沈めていって、ボトムに着くまで誘ってあげる。ボトムに１回着けてからシェイク……ではないです。ルアーが上にある状態でバスに上を向かせて口を使わせる。下を向かせちゃうと、PEライン直結なので、フロロより見えちゃう。上を向かせて食わせるというのを重視しているため、上から徐々に下へと下げていく。下げるスピードはそのときの活性、水深、状況によって変える。タフであ

カバーの隙間にカメラバが入ったら、左手でラインを持ちながら右手でロッドをシェイク。手に持ったラインを少しずつ送り込んで、ジグのレンジを下げていく。ラインのたるみがなくなったら再びベイルを起こしてラインを出し、また左手で送り込んでいく

Power Finesse Introduction

ライバ ぎ倒したタクミの奥義

ればゆっくりゆっくりレンジを刻みながら誘ってあげる。活性が高ければ、チョンチョン誘いながらどんどん落としていく。水深が深い、例えば15mある岩盤に絡んだブッシュだったら、水面から5mまでをやるか、カバー直下に浮いているであろうバスだけを釣っていく。今までの経験でいうと、水深5mにある立木などを攻めたときに5mのボトムでパクっと食ったことはほとんどないです。ボトムで越冬していたようなバスが釣れたことはあるけど、そういうバスはあまりデカくはない。カバーを撃って中層でトンっと食うのがデカい。それがパワーフィネスの本来の食わせ方です。

タクミのパワーフィネスタックル

僕の基本タックルは、ロードランナーヴォイスジャングルの680JMHS。これはスピニングのミディアムヘビーだけでなく、バットパワーが強いロッドです。さらにヘビーカバーなら700JHSを使う。これにとにかく軽い、ハイギアを使う。なぜかというと、手首のスナップだけでキャストするため。ラインは完全シーバス1.5号、もしくはスマックダウンフラッシュグリーンブレイド（いずれもクレハ）の30Lbを直結。でも、2本釣ったロクマルはどちらも直結ではなく、完全シーバス2号にグランドマックス3号のリーダーを付けていました。池原ダム、相模湖というクリアレイクで、ラインを見切られるのが嫌なのでリーダーを使いましたが、基本的にはほぼリーダーなしでやっています。

タクミのパワーフィネスタックル。ロッドは並みのジグロッドよりもヘビーなくらいだ。PEラインは基本直結、リールのドラグはフルロックで思い切り合わせる

リザーバーの崩落にてキャッチ。パワーのあるタックルとはいえ、ベイトにくらべると巻くパワーは弱いので、ボートごと突っ込んで強引にランディングすることも多い

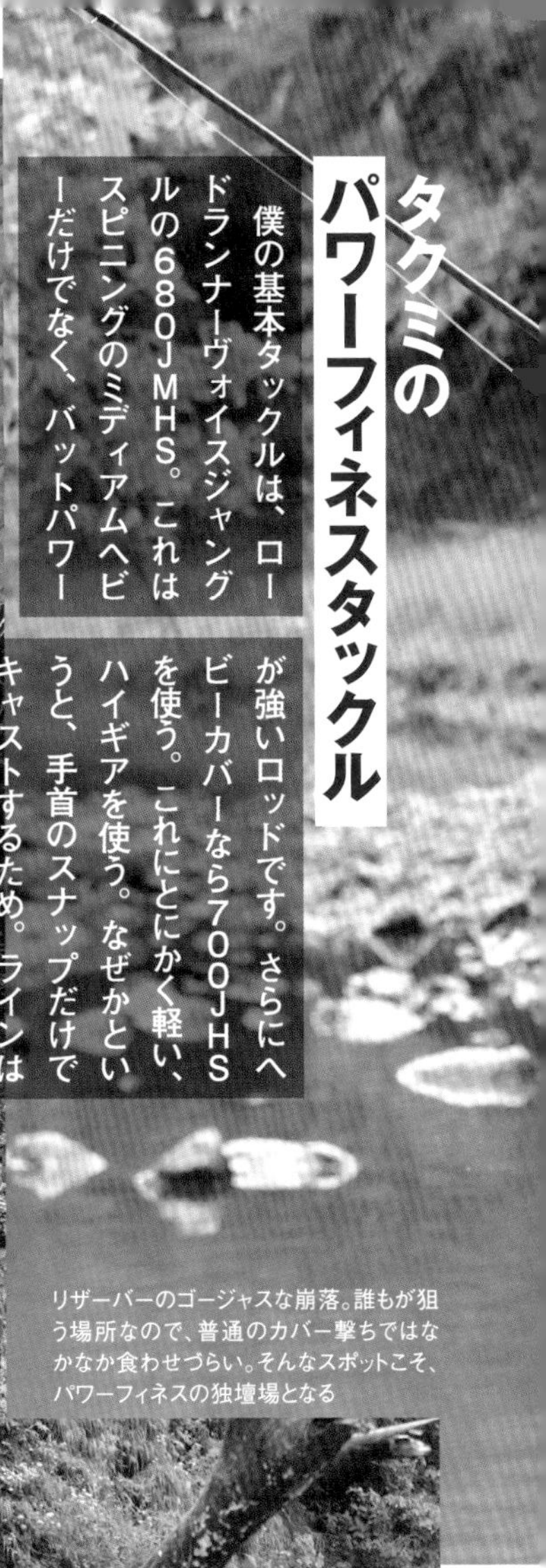

リザーバーのゴージャスな崩落。誰もが狙う場所なので、普通のカバー撃ちではなかなか食わせづらい。そんなスポットこそ、パワーフィネスの独壇場となる

タクミのクルマ小論

Column
04

ボクだけの、極上釣りグルマ

巧

僕はフレックスさんのランドクルーザーに乗る前はアメ車を乗り継いでいました。もともと人とちょっと違うのが好きでアメ車に乗っていたのですが、フレックスさんからお話しをいただいてランドクルーザーに乗り換えました。フレックスさんにお願いしたのは「自分だけの1台」ということ。それが、アメ車を彷彿とさせるランドクルーザー106というモデルになったんです。

一番目を引くのはフロントのランクル60マスク。ランクル60風ではなく、ランクル60のマスクがついています。でも、中身はランドクルーザー100なんです。どうしてそんなことができるのかというと、ランドクルーザー106というのは、運転席から前のボディがすべてワンオフの金型で作られています。前のボンネット、サイドはランクル100のようであり、60のようでもあり、でも全然違うワンオフのボディで形成されているんです。だから60のフェイスがそこに内蔵できる。

そして、非常に便利なのが、リアハッチを開けると釣り人のためのLEDライトが付いていて、暗い時間帯でも釣りの準備ができるような仕様になっています。しかも、ロッドラックが3段に分かれていて、搭載できるロッドの本数が非常に多い。僕はレンタルボート、バスボート、オカッパリと様々なシーンで連日ロケをすることが多いので、たくさんのタックルを積めるのはありがたい。それでいて、バスボートを引っ張れるトルクとアメ車に負けない納得のフェイス。もうこのクルマは僕にとってマストタックルになっています。

全国どこまでも一緒に走る、ランドクルーザー106。フレックスのリノベーションカーであるリノカシリーズだ

右／ロッドラックは3段構成で、プロでも十二分のタックルが搭載できる。中段にはすぐに使うタックルを乗せることが多い　左／リアハッチの便利なLEDライト。しかも、虫が寄りづらい設計なので、夏場でも蚊などに悩まされることもない

4th Season Winter 冬

昔はオフシーズンといわれていた季節だが、温暖化のせいもあってか、ここ十数年はそれほど絶望的な季節でもなくなったように思う。釣り場によっては明らかに湖上の人が増えた。とはいえ、１年で最もバスを釣るのが難しい季節ではあるので、貴重な１尾のために、心していこう。初冬の12月はまだ水温が高く、秋の延長という面もあるが、1〜2月の厳冬期になると、水温の安定したディープに落ちた活性の低いバスが多くなる。とはいえ、水温の少しだけ上がったシャローでビッグバスが口を使うことも決して珍しくはないのだ。

タクミ TAKUMI VS. 冬 Winter

場所●三島湖（千葉県）
日時●1月22日
天候●晴れ

エリートプロがレンタルボートを準備中。かなりの暖冬だった2020年1月。房総半島の低い山間部とはいえ、朝はさすがに寒かった。静かな湖面から湯気が立っている

出船前のタックルセッティング。真冬のリザーバーということもあってか、メタル系ルアーを多くセットした。ノリーズにはメタルワサビー、ジャカブレード、インザベイト、ダイラッカなどメタル系は豊富だ

タクミのレンタルボートセッティング

前の方から……。遊心のバウデッキに魚探をセット。ミドルデッキはコロンビアのひまわりパターン風にラッピング。ルアーなどのバッカンが2つ。その後ろにはエヴォルテックのリチウムイオンバッテリーが2発。物入れとして、ライブウェルを利用していた。トランサムにはボートを安定させるためにラダーをセット

魚探はハミンバードのヘリックス12in。フィート表示なので、わかりやすいようにメートル換算表の紙を画面下に張っている。FRP製のデッキにはモノ入れも搭載。用意したロッドは7本。ベイトは主にメタル系用、ベイトフィネス用。スピニングはダウンショット用、パワーフィネス用など

真冬のリザーバー。エリートプロによる、小さなレンタルボートゲーム

2019年に参戦していたB.A.S.S.セントラルオープン第4戦を終え、エリートシリーズへのクォリファイを決めたタクミ。年が明け、エリートプロとしての1年が始まった。そしてこの日は日本での初取材となった。場所は千葉県・三島湖。暖冬とはいえ、この日はまずまず寒く、朝の気温は0℃。

「朝からあまりマイナスの話はしたくないんだけど、季節的には1月下旬から2月上旬って日本では一番厳しい季節です。ただ、厳しいといっても釣れないわけじゃなくて時合のタイミングが短いだけ。ちゃんと時合を捉えれば魚は釣れるんで、それを踏まえて釣っていこうと思っています」

ボートにてタックルをセッティングしながら。では、冬のリザーバーの基本的な考え方とはいかなるものか?

「冬の釣り方ということで、朝はディープ、日が上がってからはシャローというイメージで釣っていこうかな、と思っています。その方がしっかりと時合が捉えられるかな、と。まず、朝イチはチャンスです。日が出てきてバスがフッとやる気になるようなタイミング。ディープエリアを釣ってみようかと思っています。久しぶりだからどういう釣りになるかイメージがわかないですけどね。プライベートなら一日中シャローをやっちゃいたいくらいです」

シャローというのはデッキに用意されたパワーフィネスなのだろうか?

「うん、パワーフィネスでカバーを撃っていこうと思っているんですが、釣れるかどうかはわかりません。場所はノリで探していこうかな、と。最初はちょっと下流に行って、ちょこちょこやって、様子を見ながら上流に上がっていくようなプランです」

7時ごろに、ボート屋さんをスタート。ともゑボートは4軒あるレンタルボート店のなかでも最下流に位置しているが、解説通り、本湖のさらなる下流域へ向かった。ボートには2~3日前に開催されていた釣りフェスティバルin横浜で発表されたばかりの新しいメタニウムが並んでいる。アメリカ用に20台オーダーしたとのこと。さて、ポイントに到着したようだ。

この日の朝は冬らしい寒さだった。ボートには霜が降り、桟橋は少し凍っていた。とはいえ、例年に比べれば暖かい朝だ

三島湖の本湖下流域。沖でボートを止めて、まずは水中岬から釣りを始めた。オールドスクールな冬の定番、メタルジグを落としていく

落としてダメなら、引いてみよ ディープフラットのインザベイト！

「久しぶりに房総リザーバーにきたな。やっぱりいいですね。水温は7℃。あんまり高くないです」

　ともゑボートから下流に下って、カーブしたところのインサイド、シャロー側から落ちていくブレイクにメタルジグを落としていく。メタルワサビー18gだ。

「6～9mに落ちるブレイクです。岸が岩盤から土に変わって、浅い瀬になってくるんですが、それが水中に延びて落ちていくブレイクをやっています」

　ところで、どうしてメタルバイブではなくメタルジグなのだろうか？

「メタルバイブだと引っかかってポイントを潰しちゃうことがあるんで……回収機を出すのも面倒臭いじゃないですか。ハリが2個あるから。根掛かってからピョイピョイピョイってやってると取れなくなっちゃうんですが、ジギングスプーンならヒョイヒョイヒョイってサオをシェイクしてあげればほぼ外れます」

　しかし、バスからの反応はない。

「ここはピンポイントで岩があります。サイドイメージで通過したときに岬みたいになっていました。周りは10mだけど、ここだけ7.5mに盛り上がってる」

　という場所に対して、パドチューをダウンショットリグで落としていく。ワームは巧漬けボックスでしっかり熟成されたモノだ。ウエイトは2.7g。冬はバスの噛む力が弱くなるので、中空ボディのチューブだとフッキングがよくなるのだという。

「濁っていたらレッグワームを使う。アクションが強いので、ディープの水が濁っていても反応しますから。パドチューは水を抜くアクションなので、ある程度透明度が高い方がいいです」

　普段は2.5Lbのラインを使うそうだが、今日はアメリカから帰ってきたばかりで、身体がまだアメリカモード。アワセで切ってしまうことを考慮して3Lbを巻いている。しかし……。

「全然釣れないですね。フラットないかな……フラット。インザベイトでドラッギングしたいです」

　今までブレイクや水中のオダなどを狙っていたのだが、なぜフラットなのだろうか？

「今までは支流からの水が巻く場所や、岬に絡んだ反転流を意識してメタルジグをやっていましたが、インザベイト（テイル

7時12分。明るくなってきたが、あたりには深い霧が立ち込めている。ディープのブレイクを狙ってメタルジグをしゃくり中

インザベイトのディープドラッギング中にヒット。少し前にもアタリがあったが、おそらく違う魚だという。ゆっくりジリジリとリールを巻き上げる

スピンジグ）でやるには水中に倒木などが多すぎるんです。ハードボトムの絡んだ8～9mくらいでバスがフィーディングに入りそうな場所を探しながらやっていきますね」

水深9mにスタンプが絡んだ場所からドラッギング開始。魚探に映るベイトの群れにレンジを合わせて引いている。

8時半ごろになると、太陽が山陰からやっと出てきたが、風も強く吹き始めた。大きな支流と本湖の合流地点に房総ロッヂの桟橋がある。いかにもビッグバスが潜んでいそうなエリアで、

上／しっかり掛かっていることを一瞬で確認し、豪快に抜き上げた！　ネットを除けば、これが一番リスクが少ない　左／ややスキニーではあるが、横の動きに反応した、貴重な真冬フィッシュ。タクミにとっても2020年に初めて釣ったジャパニーズバスだったようだ。おめでとう！

メタルワサビーを1投。

「両方の流れがぶつかるところなんで、結構魚が溜まっています」

再び、インザベイトのドラッギングを始めると、すぐにアタリがあった。そしてその直後……。

「……これ魚ですよね……バスだ、間違いない！」

すかさずアワセを入れると……今度はロッドがしっかりと曲がった！

2つのウエイトのメタルジグを使い分ける

メタルジグをボトム付近でしゃくる。ロッドを30度ほど下げた状態から、水平よりやや上までしゃくり、またボトムへと落としていく。その繰り返しだ

「今、釣れる前に違う角度でドラッギングしていたときにトゥントゥンってバイトがあった。6mから8mに落ちる岬の上、たぶん7mで食ってきました。そのあと、ダウンヒルでそこを通したら乗りました」

さすがエリートプロ。しつこさが自分の武器、というだけあって、魚がいるスポットを把握したらどうにかして釣ってしまうのだ。

「これがフラットのドラッギングです。ここは明らかにいいポイントなので、ひたすら流して、ひたすら刈りとる。下にあまり岩や枝が沈んでいないので、ここならばインザベイトを流すことができます。……さて、絞りとってやるか……」

と、トドメとばかりにメタルワサビー8gを投入した。ところで、タクミはメタルワサビーの8gと18gの2種類しか使わない。軽い、重いが極端だが……理由は？

パワーフィネスはピッチングやフリッピングでカバーに入れていく。規模の大きなマット系カバーよりも、小さな密集したカバーの方がパワーフィネスの弱さが生きる

「8gはボトムへの接地音がやさしい。だからどちらかというと絞りとる系の釣り。ダウンショットよりは強いんだけど、18gに比べれば断然フィネスです。ただ、根掛かりがやや外しにくいのでそこまで厳しい立木などは撃たない。対して、18gは朝みたいに活性の高いときにやります。根掛かりが簡単に外せるので、ややこしいところも撃つし、広範囲に広く探ります。また、ディープをサーチするのはインザベイトが一番早いです。例えば、フラットがいいのか、岬がいいのか、と。ただ、根掛かるとめんどくさい」

大きな支流と本湖が合流するところのブレイク、5mから9mまで落ちていく。そこをフィネスなジグでやさしく誘っている。そして、18gのパワー系メタルジグで沈んだ木に当ててほぐしながら落としていく。

「冬はこういうゲームが一番楽しいな。これで食わなきゃダウ

ンショットです。でも、取材だからやるけど、あまり好きじゃない。プライベートならサオ2本ですよ。どっちもパワーフィネス。釣れても1本か2本だけど、いいバスが釣れるんです」

10時ごろ、豊英筋（本流）を上がっていった。最初のコーナーに大規模な崩落跡があり、そこへカメラバを落とし込んでいく。パワーフィネスだ。

「今だとたぶん4～5mの間で食うと思うな。そんなに深くまで落としてもあまり意味がない」

カメラバを数投したのち、サンカクティーサンのネコリグをリグる。ウエイトは関東のネコリグとしては異例の5gだ。

「冬の崩落のサンカクティーサンパターン。水中の見えない崩落にバーチカルに入れて、シェイク。食わなければ、ボトムに着けてからドラッギングで中層を漂わせます」

中層を泳がせつつ、沈んだ枝に引っかかったらそれを乗り越えてまた泳がせる。タックルはベイトフィネスだ。しかし、アタリはなく、さらに上流へとボートを進めた。クジラ島を経由し、夫婦橋まで釣りあがったが……。

「ここに来ると水温が6.8℃まで下がりました。もはやこれまで、ですね」

サンカクティーサンのネコリグ。5gネイルシンカー、ダブルエッジ1/0、グラブガード、コンボストッパーLなどが構成要素。ディープカバーへ落としていった

タクミのフェイバリットメタル

インザベイトバス（ノリーズ）

インターセクションエリアを中心に、ディープフラットのボトム付近をドラッギングで狙った。ウエイトは一番重い18gだ。根掛かりはやや面倒だが、フラットをサーチしていくにはこれが一番早い

メタルワサビー（ノリーズ）

メタルバイブよりも根掛かりに強い。というか、これ自体が根がかり外し機のように機能するので根掛かってしまっても容易に外すことができる。8gはライトカバーへ、18gはややこしい枝の中に投入する

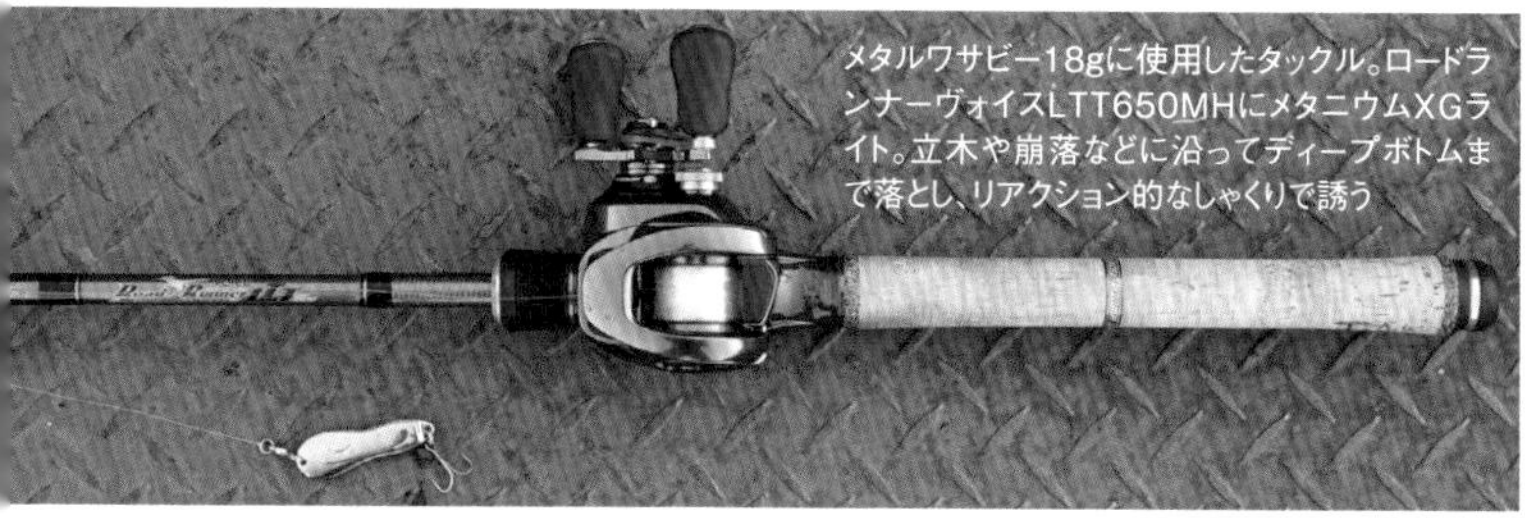

メタルワサビー18gに使用したタックル。ロードランナーヴォイスLTT650MHにメタニウムXGライト。立木や崩落などに沿ってディープボトムまで落とし、リアクション的なしゃくりで誘う

ここでもパワーフィネスを投げているが、これくらいの大規模な崩落跡になると、カメラバのアピール力では魚を引っ張るのは難しいそうだ。「名前はパワーフィネスですが、パワーがないので規模が大きいカバーは難しいです」

パワーフィネスで攻めるのに向いている、立木に絡んだ小さなゴミだまり。岸にぺったりついている小規模ゴミだまりなどもよく効く。シェイクしながら、ゆっくりと段階的に落としていく。狙いすまして獲るメソッドなのだ

ダウンショットもパワーフィネスも効かない……そんな日は？

「風もあるし、魚が浮いてない。シャローはやめたほうがいいかもな」

　12時03分、要所だけメタルジグ、メタルバイブなどを撃ちながら豊英筋を下ってきた。アタリはない。そのままさらに下り、（10分ほど船上で仮眠をとってから）本湖下流域右岸にあるワンドに入った。

「よし、ここなら風が入りづらいからパワーフィネスをやってみます。もうしばらく太陽が当たっただろうからサスペンドしてもいいころだと思います」

　入り組んだワンドの奥は陽だまりになっていて、おそらく三島湖のなかでもかなり水温が高いエリアだ。そして、崩落した木に浮きゴミが絡んだ、典型的な房総リザーバーのカバーが豊富にある。立木にタイトに落としていくが……魚信はない。では、とベイトフィネスにチェンジ。

「沖まで木が入っているので、パワーフィネスだとやりきれないんですよ。しかし、今日は難しい。ひさしぶりだな、こんなに難しいのは。今日は反射で食わせないと釣れないと思います」

　釣れないワンドを飛び出し、本湖下流部の岩盤へと移動。見えない崩落はメタルワサビーの独壇場、ということで18gを崩落に落としていく。しゃくり方は、ロッドティップはそこまで大きく上下していないが、バシっという勢いがある。すると、この日3回目のバイトがでた！

「魚かな？……よし、バスだ！」

パワーフィネスの距離感。ウッドカバーだけでなく、三島湖はヘラブナ釣りでボートを係留するためのロープが入っているので、巻かれずに一気に引き出すロッドのパワーも必要

入り組んだワンドの最奥では、なんと何匹ものカメが甲羅干しをしていた。やはりここが一番水温が高いようだが……房総のカメは冬眠を忘れたのだろうか？

真冬のボート釣りは足元から冷えてくる。タクミの下半身はシューズもパンツもコロンビアでがっちりガード

ラインを左手で少しずつ送り出しながら、カメラバのレンジをゆっくりと下げていく。このままディープまで落としていくこともあるが、この日は4～5mくらいまで

途中まで魚か枝かもわからないようなファイトだったが、2尾目はハンドランディング。

「ボトムまでフォールさせて、強めのしゃくりを2〜3回入れたら食っていて、その動作がフッキングになっていました。ちょうど9mくらいで食ったようです。岩盤の下、9mのフラットで食っていました」

ワームでも食わない、軽いメタルでもダメ……結局、ヘビージグのリアクションでしか反応が得られなかった。

「おそらく今日は、ドロップショットとかでは1匹も釣れていないと思う。明らかに反射で食わせるしかなかったです」

正直、キツい日だったそうだが、そこはタクミ、着地はしっかりと決めてくれた。

18gのヘビメタリアクション!

水温8℃、9mの攻防。ちょっと硬直気味のバスを反射で食わせてみせた。真冬の釣りの模範演技といえよう

冬
Winter Pattern
01

冬の雨の日はディープメタル

シャローの水温を下げる冬の雨だが、ディープは活性が上がる

時期　12月〜1月中旬　釣り場のタイプ　リザーバー

冬になるとベイトフィッシュはディープへと落ちる。リザーバーだと例えばワカサギが9〜12mくらいのディープレンジに落ちていくと、バスもそれについていく。そんなバスを釣る、雨の日のパターンです。雨とディープというとピンとこないかもしれないですが、ディープだろうがシャローだろうが、やっぱり雨は魚の活性を上げる。とはいえシャローだと水温が下がってしまうのだけど、ディープは活性の高いまま釣りができる。

そんな状況では、メタル系が有効になります。メタルというと活性が低いときにバスの口元でブンと動かして反射で食うんですよ、という話がありますが、僕の解釈は真逆。晴れてタフだからメタルというんじゃなくて、雨が降って活性の上がったバスがメタルを食ってきているんだと思う。ハードベイトを食う状態になっているディープの魚を釣るためのルアーなのかな、と。

使うルアーは、9〜12mのオダやスタンプをバーチカルに狙う場合は、メタルワサビー18gと8gを使い分ける。ベイトのサイズなどで、アピールを強くしたいときほど大きいサイズを使うのだけど、根掛かりしやすければしやすいほど重いサイズを使う。なぜかというと、根掛かっても外しやすいから。なので、障害物がキツい、もしくはバスのやる気があるようなときは重い方。ベイトが小さい、根掛かりにくい場所に落として食わせるなら8gを使う。

また、ディープフラットを効率的に探るときはインザベイトバスの12gか18gもよく使う。これはボートの後方に投げてからゆっくりとドラッギング。あとは、メタル系では一番根掛かりを外しづらい部類になるんですが、メタルバイブレーションも使います。

真冬の実釣編、三島湖の本湖ディープにて、メタルワサビー18gが決まった！　ベイトタックルでサミングしながら直下にアプローチすべし

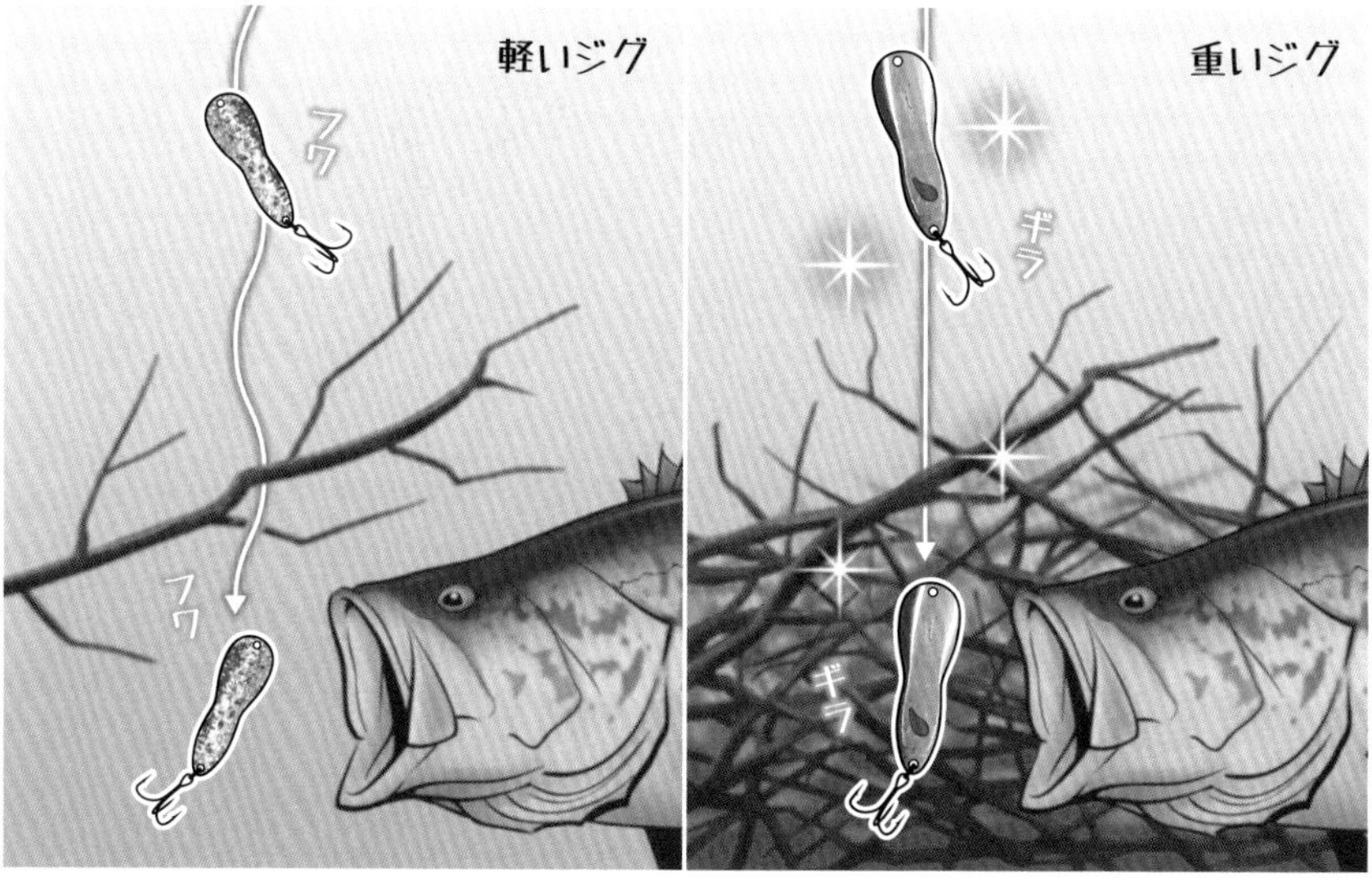

軽いジグ、重いジグを極端に使い分ける

根掛かりやすいディープカバーを攻めるならあえて重いジグを使う。引っかかりにくいところは軽いジグ、と他のルアーとは逆の選択をするのがキモ。テールスピンジグ系はフラットエリアで、巻きよりもドラッギングを多用する

Lures & Tackles

メタルワサビー18g（ノリーズ）

立ち木やスタンプなど、引っかかりやすいディープカバーを直撃するときはこっち。引っかかってもジグ自体が根掛かり外し機のように機能するのであっさり外れることが多い

ロッド● ロードランナーヴォイスLTT650MH（ノリーズ）
リール● アンタレス ライト（シマノ）
ライン● R18フロロリミテッド12Lb（クレハ）

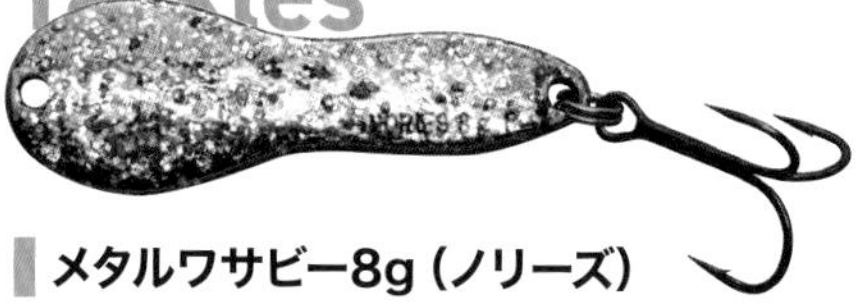

メタルワサビー8g（ノリーズ）

根掛かりにくいスポットやベイトが小さいときに使う、食わせのメタルジグ。ボトムまで落としてから、ティップをはね上げて落とすアクションの繰り返し

ロッド● ロードランナーヴォイス
ハードベイトスペシャルHB660MLS-SGt（ノリーズ）
リール● ヴァンキッシュ2500SHG（シマノ）
ライン● R18完全シーバス0.6号＋グランドマックス2号（クレハ）

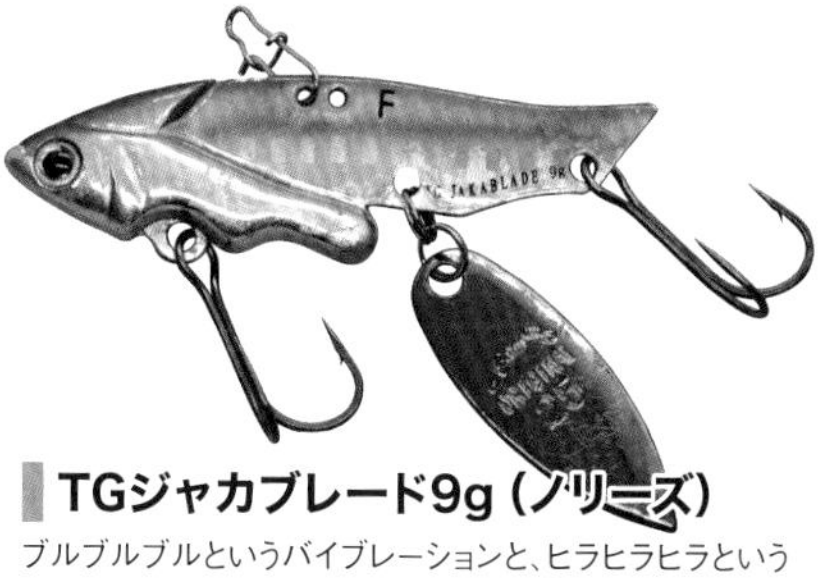

TGジャカブレード9g（ノリーズ）

ブルブルブルというバイブレーションと、ヒラヒラヒラというフォールアクションのコントラストで口を使わせる。あまり根掛かりやすい場所では使わない

ロッド● ロードランナーストラクチャーNXS
STN670MH-St（ノリーズ）
リール● アルデバランMGL 31HGレフト（シマノ）
ライン● R18フロロリミテッドハードバス7Lb（クレハ）

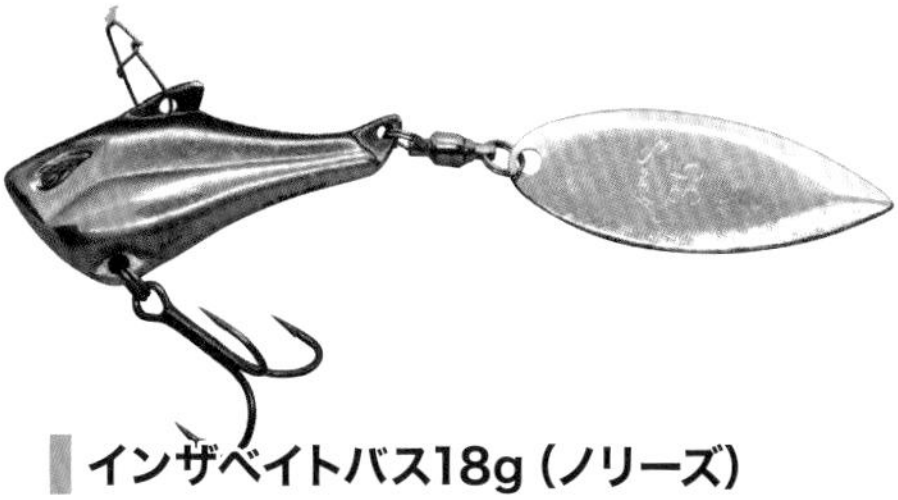

インザベイトバス18g（ノリーズ）

ドラッギングでディープフラットを攻略。中層ではなく、ディープにコツコツ当てつつ、障害物に接触したときにプルッとイレギュラーな動きをしたときに口を使わせる

ロッド● ロードランナーヴォイスLTT650M（ノリーズ）
リール● SLX MGL71（シマノ）
ライン● R18完全シーバス1号＋グランドマックス3号（クレハ）

冬
Winter Pattern 02

冬でもシャローカバーを撃て!

本格的な冬になってもシャローに残る、あるいは上がってくる猛者をパワーフィネスで狙う

時期 12月〜1月中旬　**釣り場のタイプ** リザーバー、マッディシャロー

冬場でもシャローに残る魚、あるいは、ディープが隣接したシャローカバーに1日のうちに数時間立ち寄る…そんな魚を狙う釣りです。冬っていうと、皆さんはディープのイメージを持つ人が多いと思うんですが、実はシャローに残るバスとディープに落ちるバスという2パターンに分かれます。それはもうバスの性格だったり体力の問題もあるとは思いますが、とくにシャローに残る魚は大きい個体が多い。冬でも越冬しない魚を相手にするので、出ればデカい、という展開になります。釣れないことも少なくないですが、しっかりアプローチすればデカい魚が釣れる、すごく夢のあるゲームです。

ひたすらカバーを撃てばいいかっていうとそうではなく……基本は、ディープ隣接のシャロー。そして、魚が上がってくるような道筋があるようなところ。シャローフラットのどん詰まりにあるカバー、岩盤近くで冷えたときにすぐに下りられるような場所、10mから5mに水深が上がるようなところにあるカバーなどをバスは通り道にします。

時期は、水温が12℃を下回って、6℃くらいまで。そのくらいの水温は冬本番なので、しっかりと中層で誘ってあげる。カバーの隙間から落としたら、カバーに引っかけたまま上からゆっくりシェイクで誘いながら、少しずつ落としていく。水深1〜2mならボトムまでじっくり。仮に10mなら深くても5mくらいまでが多いかな。決してボトムをとって誘うような釣りではないので、そこは間違えないようにしてください。

リザーバーのワンド奥にある小規模な崩落をパワーフィネスのシェイク落としで狙う。規模が大きいゴージャスなカバーは、アピール力の弱いパワーフィネスではあまり向いていないという

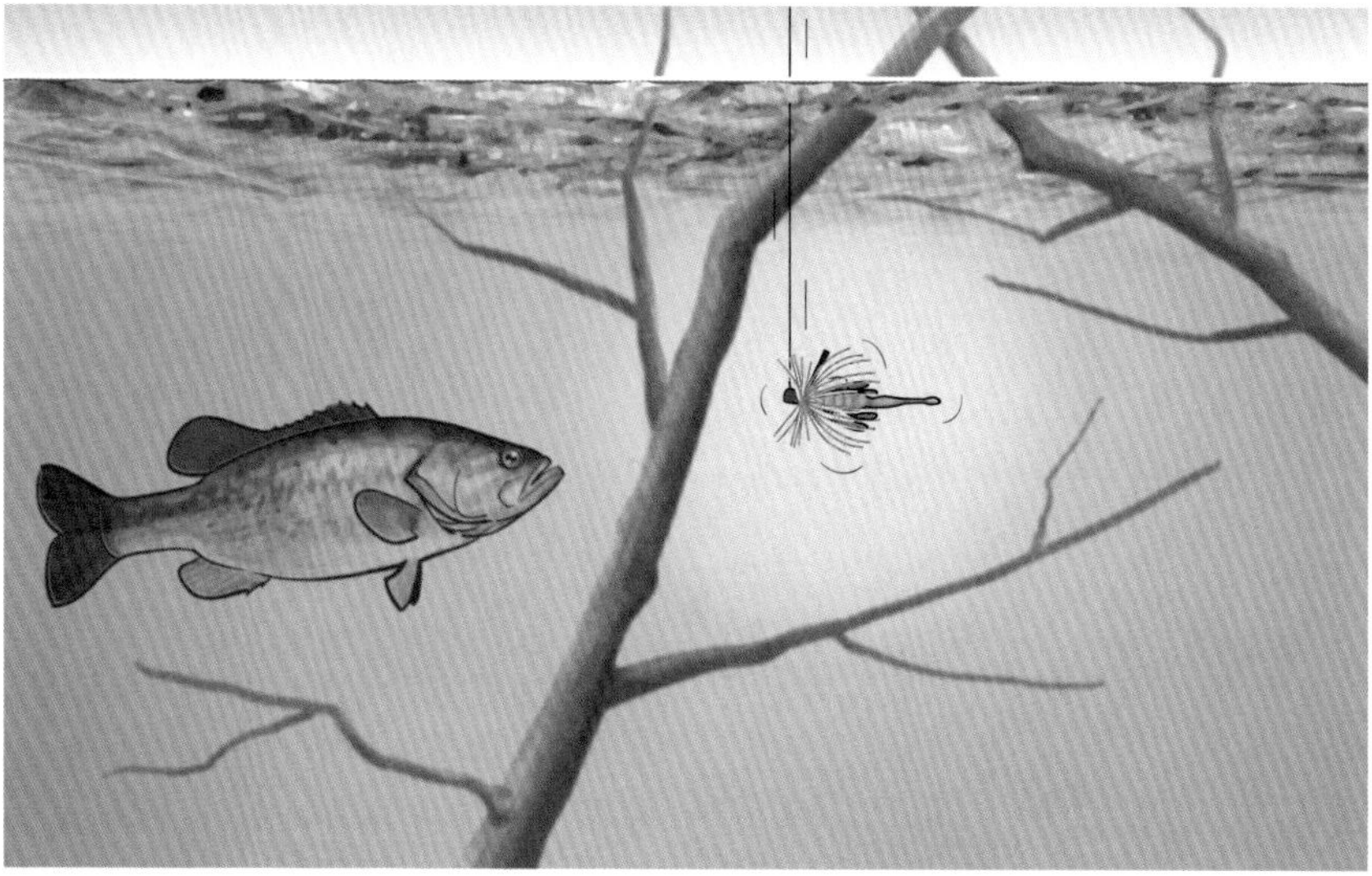

冬のパワーフィネスはバスとの根比べ

水深が深くても、バスの通り道になる場所に浮きゴミやレイダウンがあれば狙っていこう。また、シャローカバーを撃つ釣りといっても、ボトムを取る必要はない。あくまで、中層に浮いたビッグフィッシュを狙う釣りなので、スモラバやカバーネコでじっくりと時間をかけたシェイクで誘う

Lures & Tackles

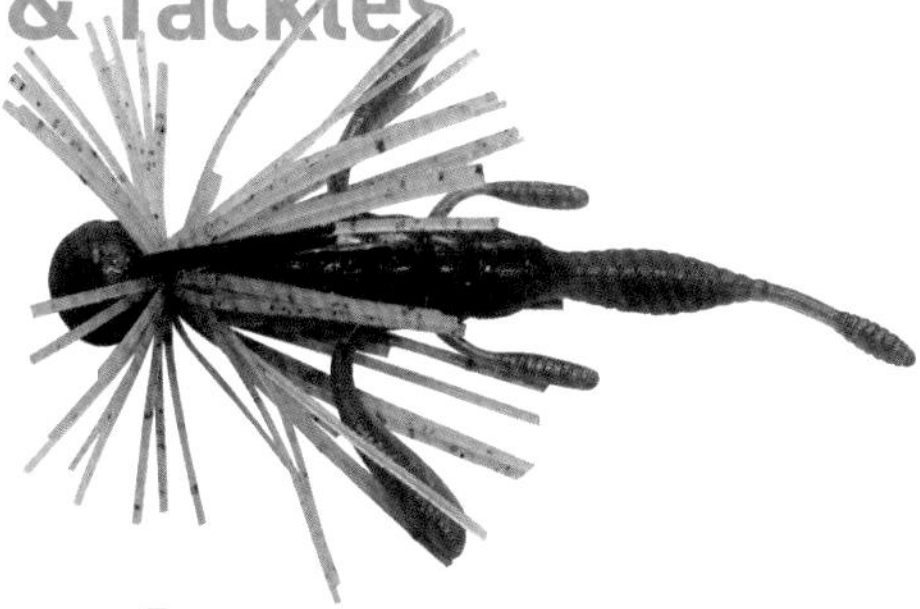

サンカクコティーサン（ノリーズ）3.5gネコリグ

濃いカバーに撃ち込むので、グラブガードの上にコンボストッパーというウキ止めゴムをつける。貫通力が高く、大きめのフックが使える。スモラバとは異なる波動で、誘いたいときに使用する

マディウォーター用タックル
ロッド● ロードランナー
ヴォイスジャングル700JHS（ノリーズ）
リール● ヴァンキッシュ2500SHG（シマノ）
ライン● スマックダウン
フラッシュグリーンブレイド30Lb（クレハ）
フック● インフィニ#2（リューギ）

クリアリザーバー用タックル
ロッド● ロードランナー
ヴォイスジャングル680JMHS（ノリーズ）
リール● ヴァンキッシュ2500SHG（シマノ）
ライン● R18完全シーバス1.2号
＋グランドマックス3号（クレハ）
フック● インフィニ#2（リューギ）

カメラバ4〜5g＋スイッチオントレーラー（ノリーズ）

パワーフィネスに特化したスモラバ。コンパクトながら強いフックとブラシガードがついている。トレーラーもほぼ専用に開発されたものなので使用感は抜群

マディウォーター用タックル
ロッド● ロードランナー
ヴォイスジャングル700JHS（ノリーズ）
リール● ヴァンキッシュ2500SHG（シマノ）
ライン● スマックダウン
フラッシュグリーンブレイド30Lb（クレハ）

クリアリザーバー用タックル
ロッド● ロードランナー
ヴォイスジャングル680JMHS（ノリーズ）
リール● ヴァンキッシュ2500SHG（シマノ）
ライン● R18完全シーバス1.2号
＋グランドマックス3号（クレハ）

冬
Winter Pattern 03

シャローのベイト食いバスをシャッドで獲る

浅場を回遊するベイトフィッシュの群れ。それをチェイスするバスを狙うには？

時期	12月～2月上旬	釣り場のタイプ	マッディシャロー、リバー、リザーバー

冬になると、エビ、ザリガニ、ゴリ系ベイトフィッシュは、越冬のためテトラの穴や岩の隙間に入ってあまり動かなくなってしまいます。そうなるとバスも食えないので、シャローに残った細長い系のベイトフィッシュを追うようになる。ベイトは、ワカサギとかモツゴとか小さい雑魚と呼ばれる魚たち。冬は透明度も高く、ルアーの動きが強いとビビってしまうような状況下でも口を使わせられるシャッドが有効になる時期です。

狙う場所は、例えばディープや橋脚に近いシャローフラット、アシやガマが生えているシャローフラットなど。バスがフッと逃げられるようなカバーが近くにある浅場や、石積みなどをくるくると巻いてくるイメージです。

シャッドは、基本的に冬に水温が下がって透明度が高い状況で有効なファストムービングルアーなのですが、クリアウォーターだけでなく、例えば霞ヶ浦水系の野田奈川みたいな全体がマッディシャローの水域でも有効です。

使うべきは、1日のうちに何度か。太陽が出るタイミング、ちょっと暖かいな……と思うような時間帯。もしくは、夕マヅメなど、フッとバスが差してきてフィーディングに上がるタイミングに、横方向に誘うシャッドで効率的に探ることで、捉えるような釣りです。では、スピナーベイトやクランクベイトはどうなんだ？　といわれると、それらは暖かい日だったり、強風で荒れた場合など、シャッドではパワーが弱い場合に使うようなルアーですね。

動かし方は、基本はただ巻き。あまり止めないで、くるくるくる……とゆっくり目に巻いていきます。タックルは、グラスティップのロッドを使って、冬の弱いバイトでも捉えられるようなセッティングにしてあげます。

これはホンモロコ。琵琶湖原産だが、現在は各地で見られる

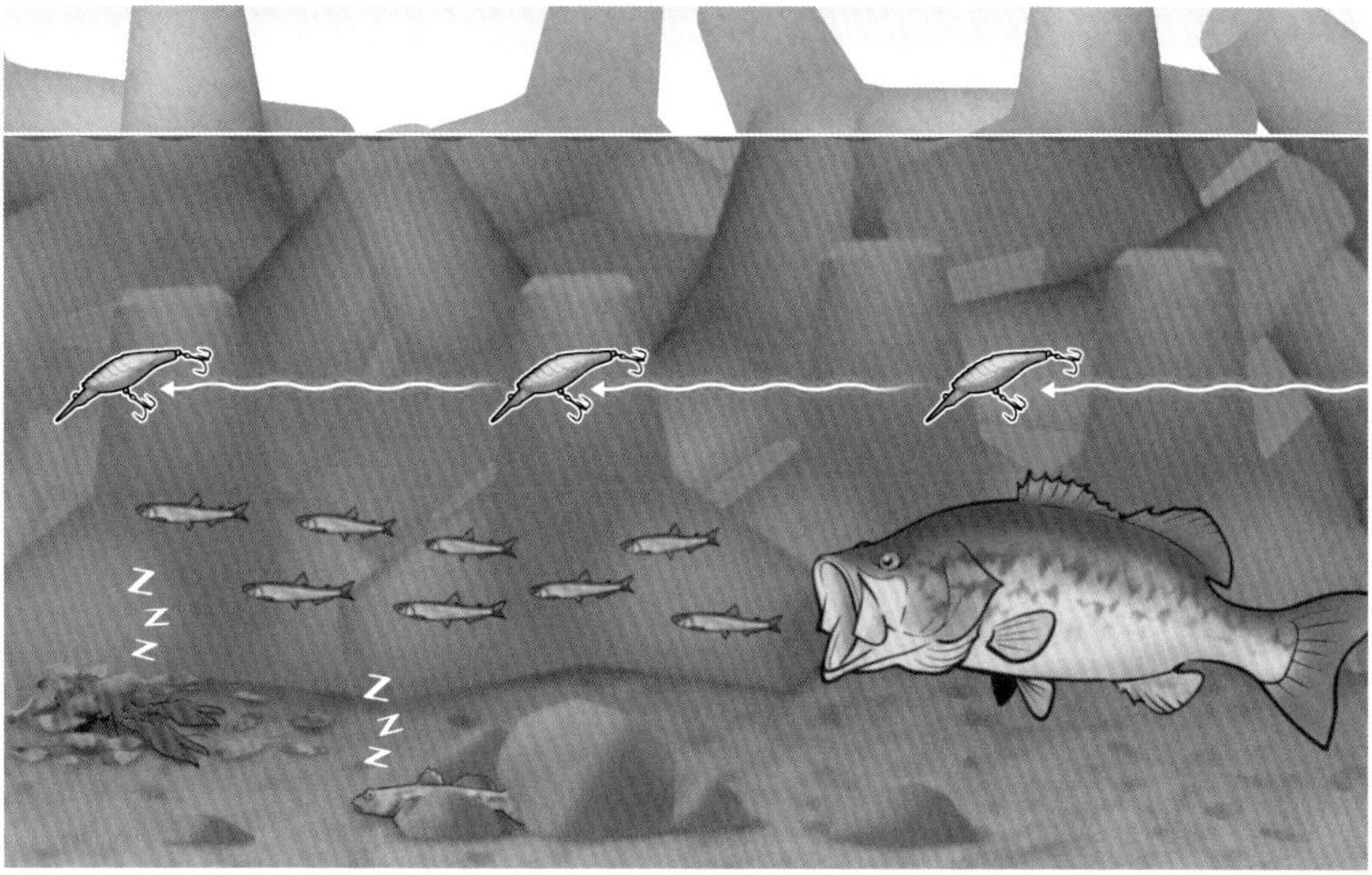

テトラへ追い込ませるシャッディング

バスにとって比較的捕まえやすいエビゴリ系ベイトはテトラなどに潜って越冬状態。そうなると小魚系ベイトフィッシュをバスはシャローのフィーディングスポットへと追い込んで捕食しようとする。そういう場所でシャッドを引いてみよう。ただ巻きでいい

Lures & Tackles

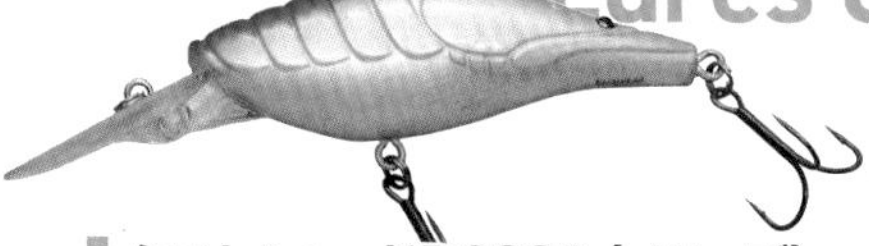

クワセシャッドD62SP（ノリーズ）

レイダウンミノーディープ・ジャストワカサギよりももっとパワーが欲しいときはコレ。マッディウォーターでも弱すぎない水押しのアピールを持ち、テトラや石積み周りでも引っかかりにくい

ロッド● ロードランナーヴォイス
ハードベイトスペシャル HB630LL（ノリーズ）
リール● カルカッタコンクエストBFS HG（シマノ）
ライン● R18フロロリミテッド10Lb（クレハ）

レイダウンミノーディープ ジャストワカサギ（ノリーズ）

伊藤巧が使用するシャッド系のスタンダード。ゆっくりのただ巻きでもしっかりと泳ぎ、ハードボトムにタッチすると素早く左右にダートする。クリアレイク、マディどちらでも対応

ロッド● ロードランナーヴォイスハードベイトスペシャル
HB660MLS-SGt（ノリーズ）
リール● ヴァンキッシュ2500S（シマノ）
ライン● R18フロロリミテッド5Lb（クレハ）

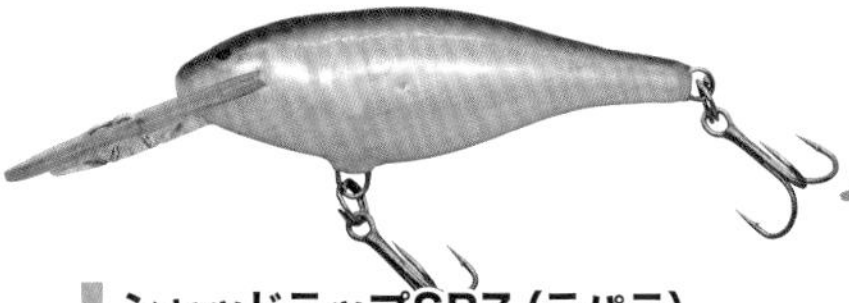

シャッドラップSR7（ラパラ）

浮力のあるウッド系アクションが欲しいときはシャッドラップ。飛距離は出しにくいが、それでもよく釣れる。アクションはナチュラルで、流れのなかでも破綻しないで泳いでくれる

ロッド● ロードランナーヴォイス
ハードベイトスペシャル HB630LL（ノリーズ）
リール● カルカッタコンクエストBFS HG（シマノ）
ライン● R18フロロリミテッド10Lb（クレハ）

パワーダンク57SP（O.S.P）

やや深めの水深をトレースしたいときはパワーダンク。コンパクトながら、4mほどまで潜行するので、ディープクランク的に使用できる。ベイトタックルで飛距離も出るので、太めのラインでハードボトムを攻めやすい

ロッド● ロードランナーヴォイス
ハードベイトスペシャル HB630LL（ノリーズ）
リール● カルカッタコンクエストBFS HG（シマノ）
ライン● R18フロロリミテッド10Lb（クレハ）

冬
Winter Pattern
04

エビ食いバスを攻略するテトラ撃ち

冬にテトラなどで越冬しているエビを
専門に食っているバスを狙い撃ちするパターン

時期	11月下旬～2月下旬	釣り場のタイプ	マッディシャロー、リバー

これはマッディシャローで僕が得意とする釣りなんですけど、前のパターンでも解説したように、冬はエビ・ゴリ系はテトラに潜ったりして越冬しちゃう。それをしつこく狙っているバスを釣るパターンになります。

やり方は、ズバリ、テトラの穴ひとつひとつに撃ち込んでいく。ダウンショットリグのベイトフィネスセッティングとかで、テトラに落ちるエビのようにペタって落として、フワフワっと動かして食わせる。ベイトフィッシュではなく、まさにエビを食っているようなバスを釣るのでサイズは大きくはないですが、冬でも安定的に釣れます。

基本の動かし方は2パターン。テトラの穴に入れてから、ピョンピョンと跳ねさせて食べさせてあげるのと、チョコチョコチョコチョコとシェイクし続ける。そのどちらが釣れる状況なのか見極めることが重要。

あとは、水深が深いとか、ちゃんと隙間があるとか、条件が揃った穴を釣りながらチェックすることが大切。穴をひとつひとつを抜かりなく丁寧に撃っていかないとダメです。そのときに釣れる穴は、共通点があることが多いので、釣っていけばいくほどそれが見えてくる釣りなんです。

最後に、キモは穴に入れたらボトムまでしっかりとルアーを落としてあげること。途中でルアーが止まって「落ちないなー」とピックアップするのではなく、リグを左右にずらしたりしてボトムまでズルズルと落としていく。隙間をしっかり攻めきることが大切なので、意識して釣ってみてください。

テトラは、比較的水深があり、流れの当たるエリアに入っていることが多い。冬場はその中がエビ・ゴリ系の越冬場になる。護岸沿いに入っていることも多く、岸釣りからのアプローチが有利だ

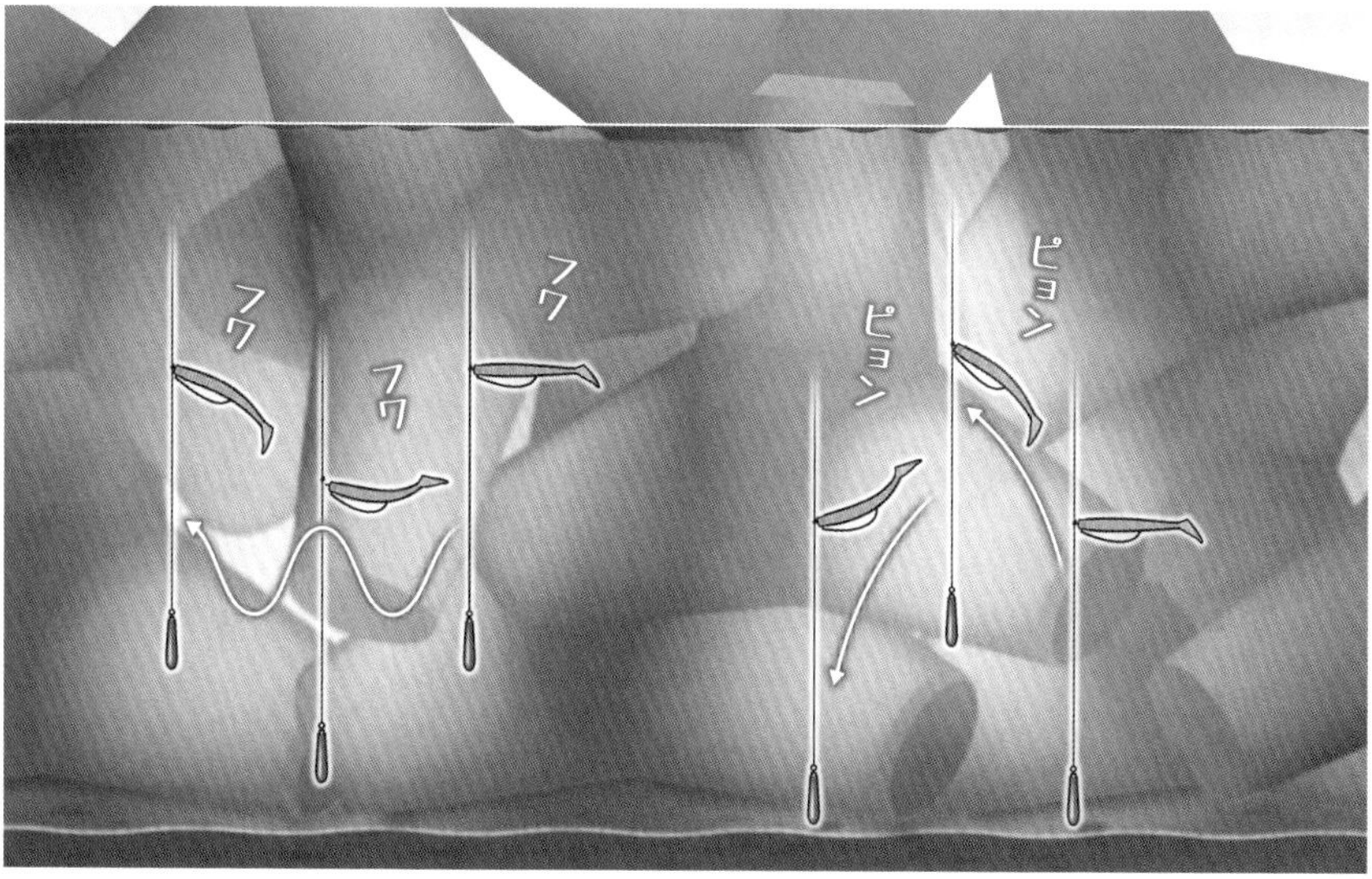

ピョンピョンor チョコチョコアクション

動かし方は主に2通り。リアクション的にピョンピョンと跳ねあげるパターンと、チョコチョコとじっくりとシェイクさせて誘う食わせのパターン。今はどちらが釣れるのか？　と、両方試しながら釣っていく。丁寧にやればやるほど釣果につながるパターンだ

Lures & Tackles

2.9inレッグワーム (ゲーリーヤマモト)
3.5〜5gダウンショット

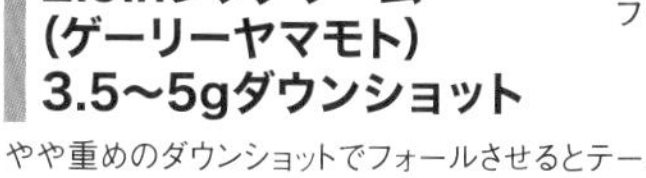

2.5inレッグワーム (ゲーリーヤマモト)
5gダウンショット

3inリングマックスバス (ノリーズ)
5gダウンショット

リブが粗目なリングワームボディに厚さと硬さが絶妙なテールを持っている。ヘビーダウンショットでのフォール時にはテールがピロピロとアピールし、シンカーが着底するとテールは動かずにスライドフォールする

ロッド● ロードランナーストラクチャーNXS STN660M-St (ノリーズ)
リール● アルデバランBFS XGレフト (シマノ)
ライン● R18フロロリミテッドハードバス8Lb (クレハ)
フック● TG−1#2 (イチカワフィッシング)

2.9inレッグワーム (ゲーリーヤマモト) 3.5〜5gダウンショット

やや重めのダウンショットでフォールさせるとテールをブルンブルンと振りながら強くアピールする

フック● ダブルエッジ#1 (リューギ)
※他のタックルは3inリングマックスバスと同じ

2.5inレッグワーム (ゲーリーヤマモト) 5gダウンショット

2.9inにくらべるとフォールのアクションは弱目でスピードがある。よりリアクションを重視したいときや、弱さを生かしたシェイクなどに向いているだろう

フック● ダブルエッジ#1 (リューギ)
※他のタックルは3inリングマックスバスと同じ

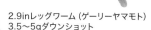

冬
Winter Pattern 05

越冬テトラ帯のジャークベイト&メタルゲーム

これもテトラの越冬バスを釣るパターンだが、こっちのほうが釣れるバスはデカいぞ

時期	11月下旬～2月下旬	釣り場のタイプ	マッディシャロー、リバー

今度はテトラに対して浮いているバスを狙っていくゲーム。バスが回遊してきたりすればビッグフィッシュ連発の可能性もある。あくまでも浮いている魚を狙っていくので、タイミングを逃さずにやるのが重要です。

場所は、マッディシャローや川でも比較的水深の深いテトラ帯。深いところまでテトラが入っていて、越冬もできるような場所。冷え込んだときに穴に潜れるような環境を併せ持っているテトラ帯、というのがキーです。

テトラの深い側の壁などにサスペンドした、エビではなくベイトフィッシュを追っているバスを狙う釣りなので、壁に沿ってルアーを通していくことが重要になります。

釣り方ですが、まずはサスペンドジャークベイト。レイダウンミノー110JPやタダマキ112などのジャーク&ポーズでバスを浮かせていく。テトラにルアーを当てて、バスを誘い出して食わせる。逆に、ジャークベイトだと浮いてこない状況で使うのがメタルバイブレーション。これはテトラの穴の中を釣るイメージを持たれるかもしれませんけど、あくまでテトラの上っ面に浮いているバスを狙います。

メタルバイブは、テトラのエッジに付いているベイトフィッシュを追いかけているバスに対して使う。テトラの深い側の上っ面まで落として、底に着くギリギリで、ブルブルと持ち上げる。落とすときは、トン、とテトラに当てるけど、穴までは落とさない。落としきると根掛かってしまうので注意。サスペンドジャークベイトもテトラにかすめるくらいがベストです。

あくまで狙いはベイトを追って泳ぎ回っているバスなので、サイズは大きくコンディションもいい。ただ、フィーディングには合わせないといけない。朝イチ、暖かくなった11～12時、タマヅメ、この3つのタイミングは魚が動くきっかけになりやすいので、ぜひ集中してやってみてください。

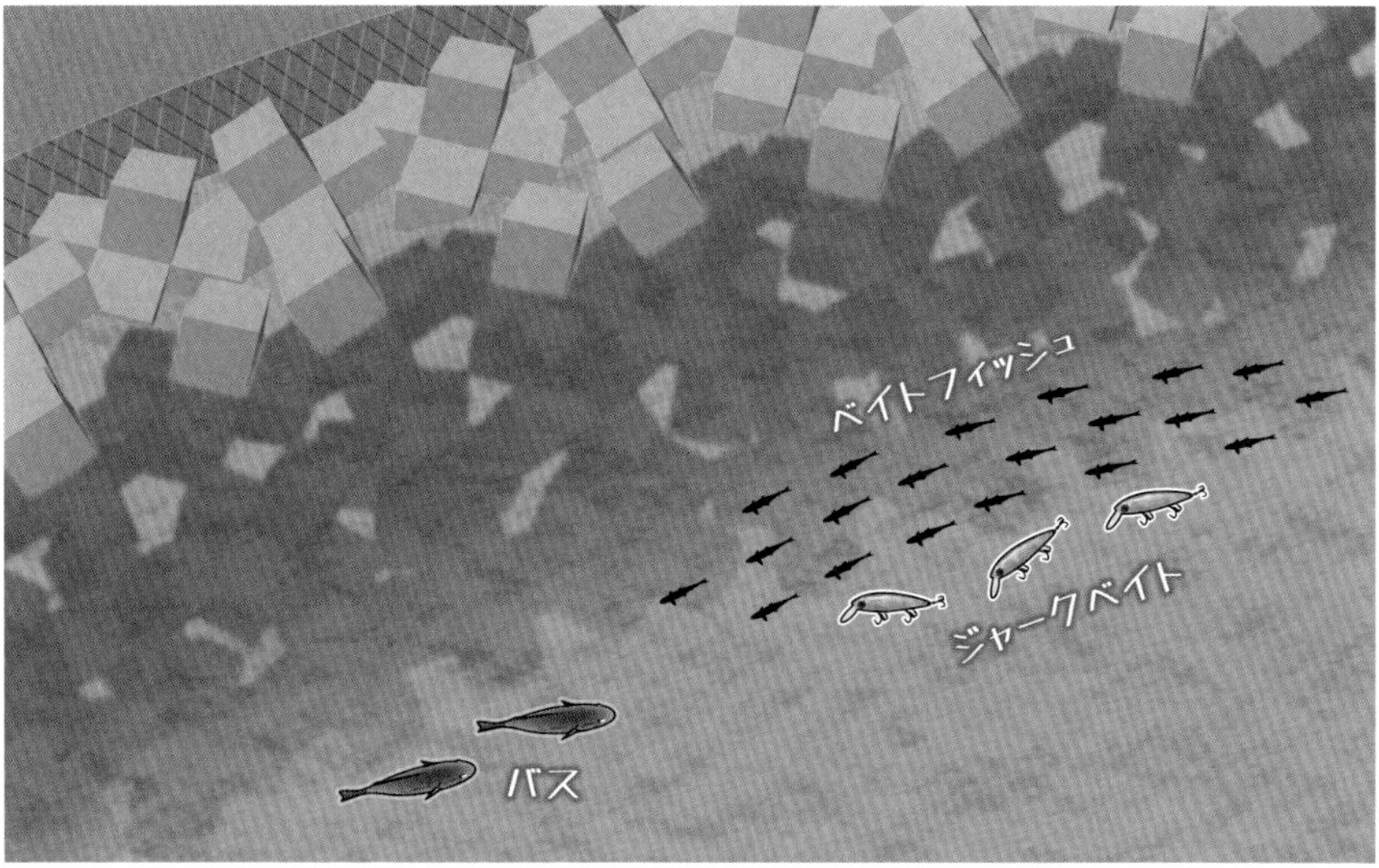

深い側の際にベイトが付いている

深いところまで入っているテトラのアウトサイドエッジにベイトフィッシュが付く。そのラインを意識しながらかすめるようにジャークベイトやメタルバイブでアプローチする。テクニックと集中力が必要な釣り方だが当たればデカイぞ

Lures & Tackles

タダマキ112（ノリーズ）

ロングビルミノーといえば頭下がりで泳ぐタイプが多いが、これは水平姿勢を保ったまま2mほどのレンジをキープできる。より深い場所のアウトサイドを線で釣りやすい

※ジャークベイトのタックルはルアーごとではなく、動かし方によってロッドを使い分ける。リール、ラインは同じ

【移動距離を抑えてピンで誘う】
ロッド● ロードランナーヴォイス
ハードベイトスペシャルHB600L（ノリーズ）

【しっかりレンジまで潜らせて線で誘う】
ロッド● ロードランナーヴォイス
ハードベイトスペシャルHB640ML（ノリーズ）
リール● アンタレス　ライト（シマノ）
ライン● R18フロロリミテッド12Lb（クレハ）

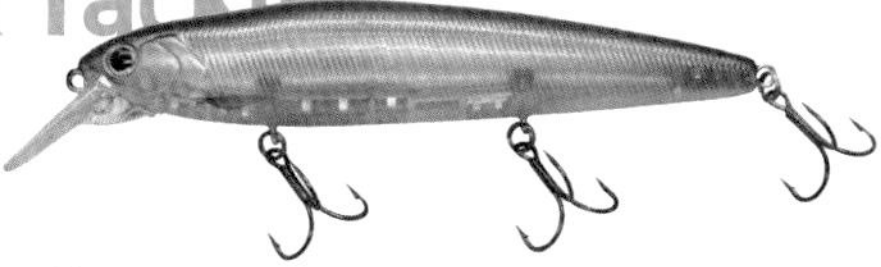

レイダウンミノー110JP（ノリーズ）

タイトなウォブルロールと水噛みによる移動を抑えた低水温期に強いタイプ。12Lbラインで1.5mほど潜るのでテトラのアウトサイドをかすめるのにピッタリだ

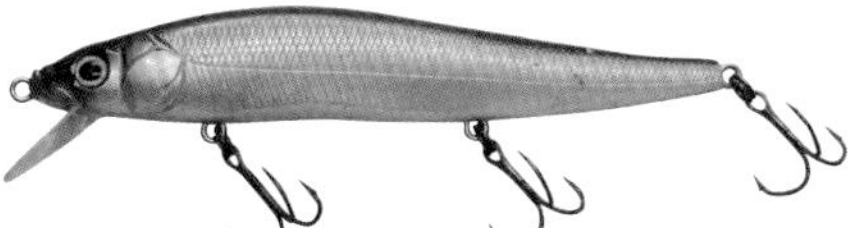

ビジョンワンテン（メガバス）

潜行深度は1.5mほど。左右のダート、ウォブリング、強いフラッシングなどバランスのいい優等生。水押しは弱めで、その弱さを生かして食わせる

TGジャカブレード9g（ノリーズ）

オーソドックスなウエイトのジャカブレードで、ボトムに軽くタッチするようにリフト&フォールでアウトサイドエッジを狙う。ブレードのフラッシングも効く

ロッド● ロードランナーストラクチャーNXS
STN670MH-St（ノリーズ）
リール● アルデバランMGL 31HGレフト（シマノ）
ライン● R18フロロリミテッドハードバス12Lb（クレハ）

冬
Winter Pattern
06

日照変化の時合を釣る ため池メタルゲーム

真冬のため池、一瞬の時合を逃さずにとらえよ！

時期	12月上旬〜2月上旬	釣り場のタイプ	ポンド

ため池という、バスが逃げられない狭い水域での釣りが好きな方は結構多いと思います。河川や湖に比べて水の量が少ないから、実は釣るのが難しかったりする。なぜかというと、冬場は水温が下がり切ってしまうので、本当にドンピシャのタイミングじゃないとバスに口を使わせることができない状況が多いです。非常に難易度が高いイメージを僕は持っています。

じゃあ、どうやって食わせるのかというと、朝マヅメと夕マヅメという、日照時間が関係している時合を利用します。そのタイミングを逃さずに強いルアーでしっかり釣るんです。

ため池の釣るべき場所っていうのは、小さい湖というイメージで考えると……結局、水深があって、ハードボトムがあるところがキーになる。そういう場所にメタルバイブを遠投して広く探っていきます。もしくは、ジグヘッドリグのチューブでパンパンとリアクションをかけて釣っていく。

なので、みんなが知っているような冬の釣り方なんです……が、そこでキーになるのが時間帯。前述の通り、マヅメの時合をとらえることがすごく大切。それを逃すと全然釣れないので注意が必要です。

というわけで、取水塔など、ハードボトムや水深のあるところを効率的にリフト&フォールで誘っていきます。上にプルプルっとリフトさせてから落としてあげる……というメタルバイブレーションで広く探る、冬の定番の釣り方。水温が低ければ低いほどバスは追えなくなるから、リフトの幅を短くする。ブル、ブル、ブルっとバスの口元から離さないようなイメージで繰り返す。結構バスが追いかけてくるよ、っていうときは、ブルブルブル…ポト…っていうイメージで使います。

チューブも一緒で、メタルバイブの音が出ないバージョンだと思ってもらえたらいいかな。音が出ないリアクションベイトとして使っています。

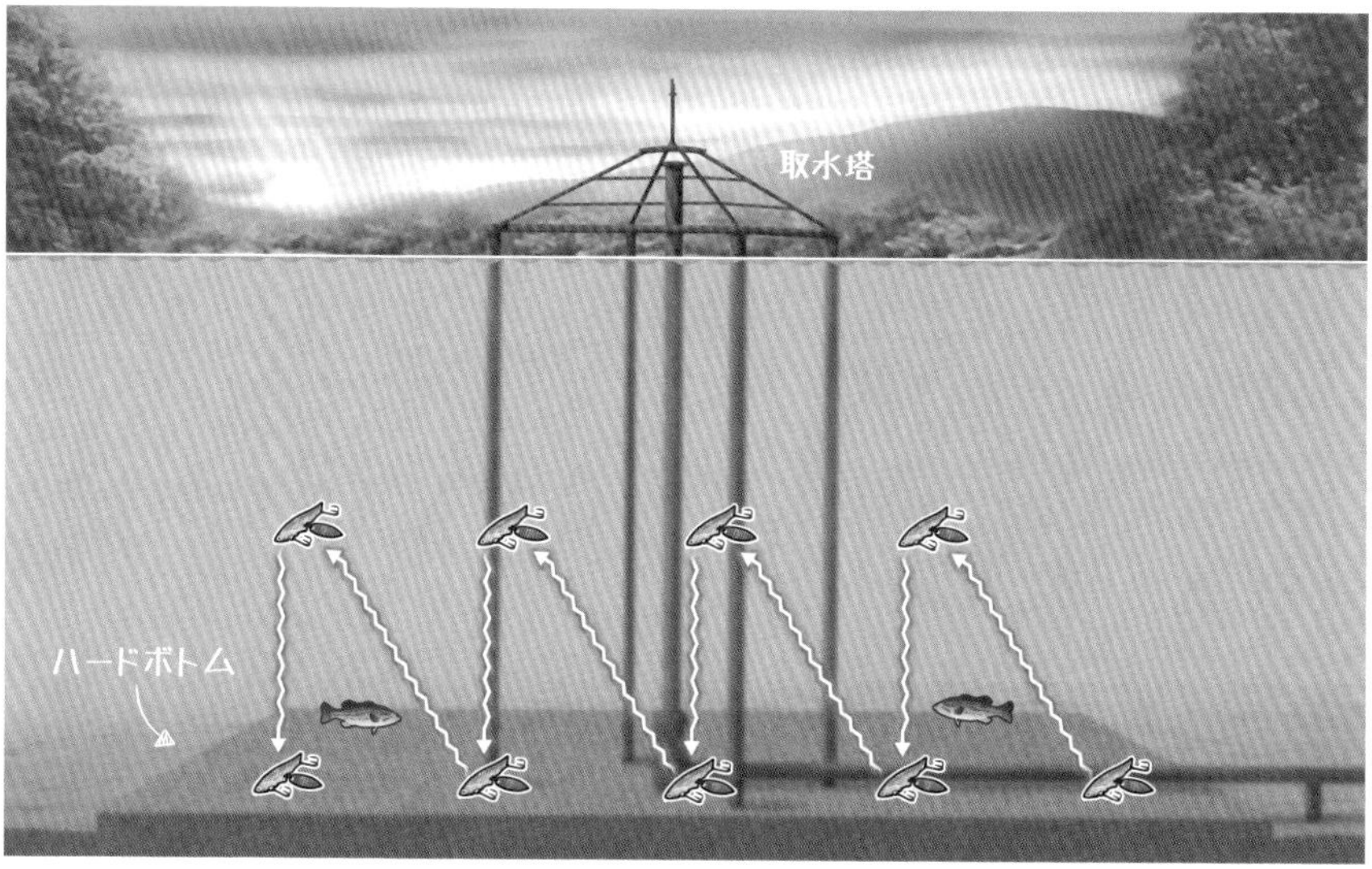

メタルの勝負どころは朝夕マヅメ

深くて固い場所をメタルバイブレーションのリフト&フォールという冬のオーソドックスな狙い方…… なのだが、重要なのはタイミング。朝夕マヅメという、1日の中で必ず訪れる時合が勝負。なお、池は浅いほうがいいという人もいるが、タクミ的にはある程度水深が深く、ボトムの変化に富んでいるほうが釣りやすいという

Lures & Tackles

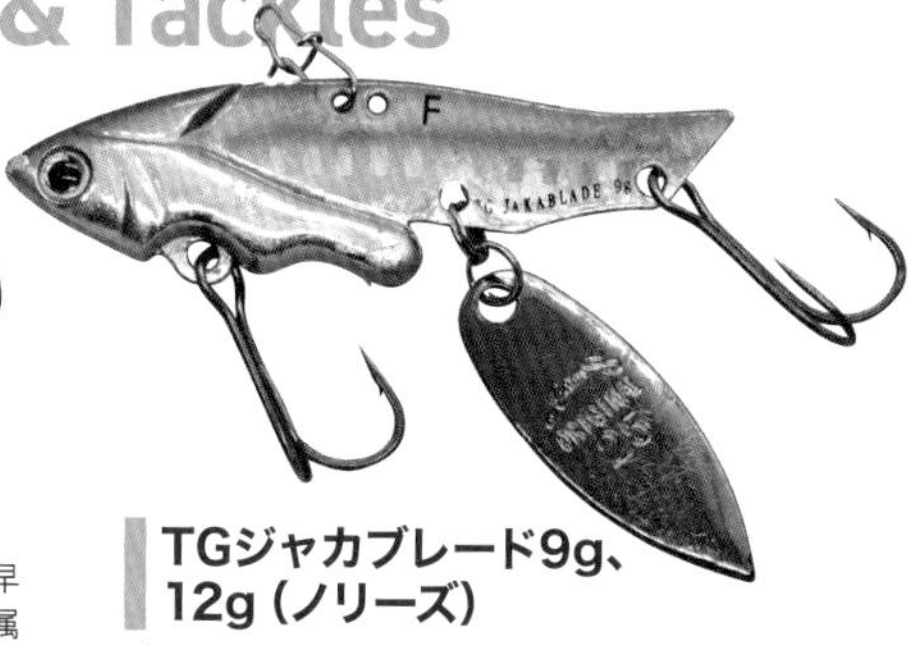

サーキットバイブ1/4oz (デプス)

メタルじゃないメタルバイブ。立ち上がりとフォール時の素早さ優先。細かいスパンでのリフト&フォール時に愛用。金属よりも軽く薄いので、立ち上がりレスポンスが非常に素早い

ロッド● ロードランナーストラクチャーNXS STN660M-St (ノリーズ)
リール● アルデバランBFS XGレフト (シマノ)
ライン● R18フロロリミテッドハードバス8Lb (クレハ)

TGジャカブレード9g、12g (ノリーズ)

ブレード付きのメタルバイブレーション。フラッシングと、フォールの遅さ優先で誘うとき用。タクミは塗り系とシルバー系カラーが好き

ロッド● ロードランナーストラクチャーNXS STN660M-St (ノリーズ)
リール● アルデバランBFS XGレフト (シマノ)
ライン● R18フロロリミテッドハードバス8Lb (クレハ)

2-1/2inパドチュー (ノリーズ) 2.3gジグヘッドリグ

超コンパクトボディのチューブにジグヘッドを挿入すれば、高速レスポンスのリアクションベイトになる。メタルバイブに比べ音がなく、フィネス。リフト時には大きくダートし、フォール時はスパイラルに誘う。ジグヘッドはヴェスパ#2 (リューギ)

ロッド● ロードランナーストラクチャーNXS STN610LLS (ノリーズ)
リール● ヴァンキッシュ2500SHG (シマノ)
ライン● R18フロロリミテッドハードバス4Lb (クレハ)
フック● ヴェスパ#2 (リューギ)

冬

Winter Pattern 07

冬の風物詩 オカッパリ 温排水パターン

地元民なら知っている、魚が集まる温排水。激スレバスをどう食わせる?

時期 12月下旬〜2月中旬　**釣り場のタイプ** 温排水があればどこでもOK

真冬でもバスが見えるような場所は、大抵温排水が絡んでいたりします。工場の排水や浄化水などが流れ込んでいると、冬でも水温10℃台をキープしているところもあるのですが、大抵はプレッシャーが非常に高い。それでも僕なりのバスを釣る方法はいくつかあるので、紹介しますね。その前に、心がけとして、大事なのは他の人がやらないことをやるということ。プレッシャーが高いので、人と同じことをやるとなかなか釣れません。

では、1つ目。カバーが絡んでいるところでは、アシ越えでルアーを入れてやるようなアプローチをよくやります。パワーフィネスタックルで、カメラバ4gにスイッチオントレーラーを付けて、普通の人は絶対に撃たないようなところを撃って釣ります。

2つ目は、テクトロ。これはみんなやるのですが、誰よりも丁寧に歩く。ルアーもよく使われるダウンショットなどのシェイクがダイレクトにワームに伝わり、動くタイプではなく、フワフワと誘えるパドチューのスプリットショットを多用します。シェイクしながら歩くのですが、ルアーがフワフワと浮いて漂うので、エビとかゴリのようなノリでバスも自然と食べる。

3つ目はジグヘッドチューブのリアクション。ダウンショットもアリですが、僕はあえてジグヘッド。ピョンピョンと跳ねさせて落とすと、スパイラルフォールでリアクションを誘発します。非常によく釣れますよ。

4つ目は、羽根モノ系トップウォーター。動きが複雑な羽根モノを使って、真冬のプレッシャーが高いなかでも釣れる。水温が意外に高いので、水面をガボっと割ることも多々あります。

5つ目は、MPSのダウンショットリグ。プルルルル……と細かいシェイクで食わせる。これは人より細かく、繊細に、一点で誘ってあげるイメージ。ぜひ人と違うテクで真冬の価値ある1尾を釣ってください。

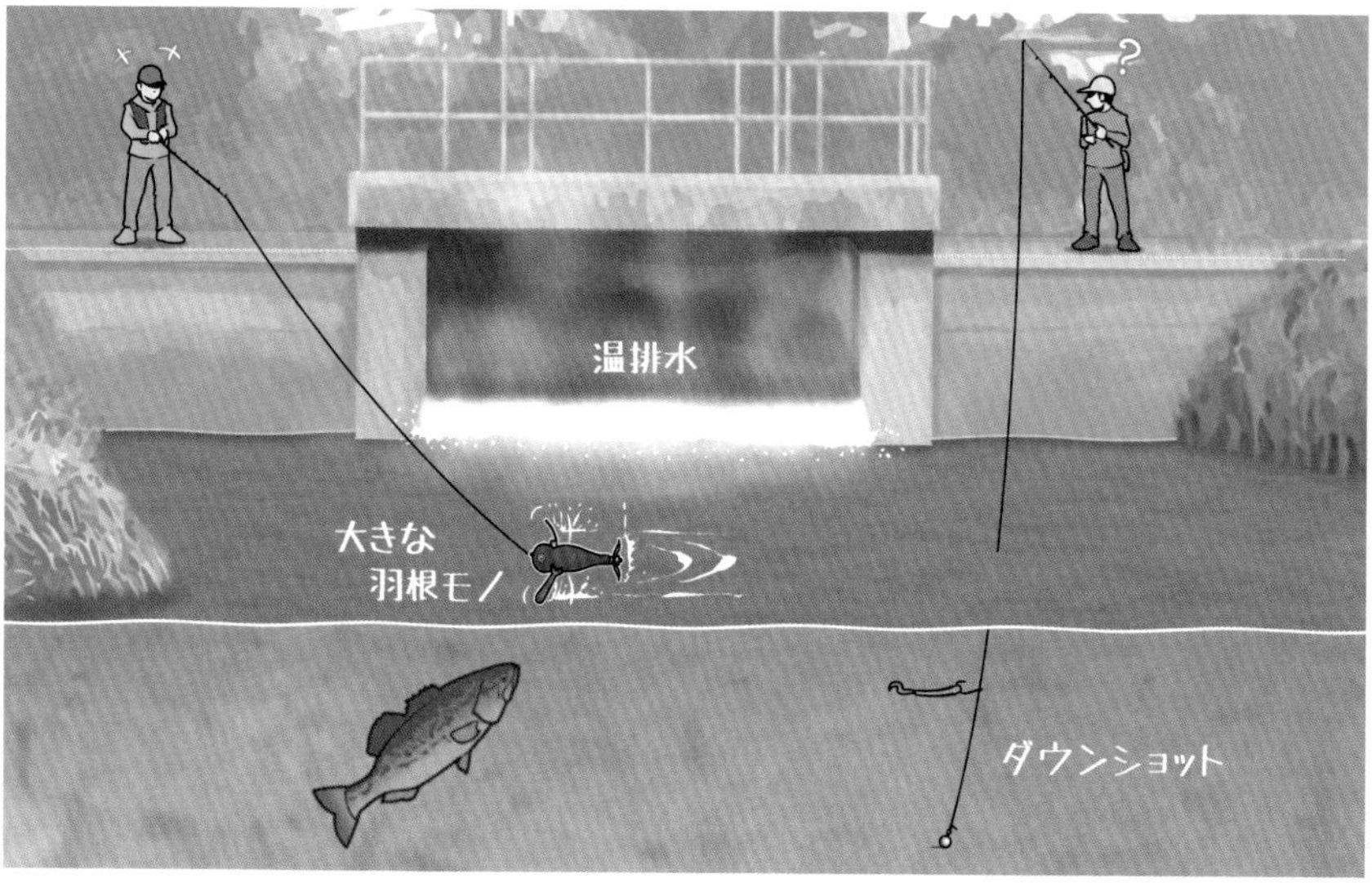

教科書に載っているような釣り方はもうダメ？

人と違うことをやる、といっても単純に突飛なことをすればよいというわけでもない。釣りの方向性がバスの状態とマッチした上で、みんながやっている釣りをあえて外す。ここに載っていない釣り方を試してみるのも大いにアリだろう

Lures & Tackles

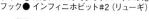

2-1/2inパドチュー（ノリーズ）スプリットショットリグ

テクトロにはこれ。護岸沿いにエビやゴリがフワフワと泳ぐような、自然なアピールをする

ロッド● ロードランナーストラクチャーNXS STN610LLS（ノリーズ）
リール● ヴァンキッシュ2500SHG（シマノ）
ライン● R18フロロリミテッドハードバス3Lb（クレハ）
フック● インフィニホビット#2（リューギ）

ウォッシャークローラーフカフカ（ノリーズ×アカシブランド）

大型ウッドトップのベジテーションシリーズのひとつ。通常のデッドスローリトリーブのみならず、大型ブレードのスイングがボディをフカフカと縦に揺らす。真冬のハイプレッシャー下においては最高の意外性ルアー

ロッド● ロードランナーヴォイスLTT680MH（ノリーズ）
リール● メタニウム MGL ライト（シマノ）
ライン● R18フロロリミテッド16Lb（クレハ）

カメラバ4g+スイッチオントレーラー（ノリーズ）

温排水周りにアシやマット系カバーがあればこのセットをパワーフィネスタックルでねじ込んでいこう。やる人はそういないハズだ

ロッド● ロードランナー ヴォイスジャングル680JMHS（ノリーズ）
リール● ヴァンキッシュ2500SHG（シマノ）
ライン● R18完全シーバス1.5号直結（クレハ）

2-1/2inパドチュー（ノリーズ）ジグヘッドリグ

こちらはチューブならではのリアクションの釣り用。跳ねさせてスパイラルフォール……を繰り返す。タクミの冬マストアイテムのひとつ

ロッド● ロードランナーストラクチャーNXS STN610LLS（ノリーズ）
リール● ヴァンキッシュ2500SHG（シマノ）
ライン● R18フロロ リミテッドハードバス3Lb（クレハ）
フック● ヴェスパ#2（リューギ）

冬
Winter Pattern
08

越冬知らずな個体をビッグベイトで狙撃

バスが絶対に付いているであろうA級ポイントへ、ビッグベイトで堂々と切り込む

時期	12月下旬～2月下旬	釣り場のタイプ	ナチュラルレイク、リバー、リザーバー

冬でも越冬しない、デカくてコンディションのいい個体をビッグベイトなどで狙い撃ちしていくパターンです。狙うのはリザーバーならシャローカバーやレイダウン、川なら水深のある流木や橋脚、天然湖なら溶岩帯といったわかりやすい一級ポイント。クリアウォーターであることも条件です。

キモは、大型のベイトフィッシュがいる、ということ。オイカワやハスなど冬でも動いているようなベイトをハントできるビッグフィッシュのパターンなんです。

ルアーは、水をかき回すのではなく、水を抜くようなビッグベイト、スイムベイト。付き場からおびき出して口を使わせる、というイメージです。リザーバーや天然湖だったら、ジョインテッドクローのようなS字系をサスペンドチューンして、ちょっと動かして止める。魚が出てくるまで待って、近づいてきたらダートさせて食わせてしまう……という、あくまでもサイト系の釣り方。真冬でも目で見ながら、追わせて食わせます。普通にワームで食わせたほうがいいんじゃないの？　と思われるかもしれないけど、大きめのベイトフィッシュを食っている個体だから撃つ釣りでは反応しないかな。

水温がひと桁台なので、バイトは弱い。食うギリギリのタイミングでジョイクロを軽くトゥイッチしてスーっと逃がすことでハウっとリアクションバイトさせるなど、食うきっかけをちゃんと与えてあげるのが重要になります。

川ならば、水深のある流れのヨレた場所に刺さっている流木。リザーバーなら、いかにもバスが付いていそうなレイダウン……といった超一級スポットを、一期一会のつもりでビッグベイトの決め撃ちをしていこう

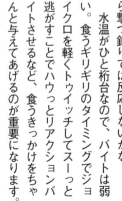

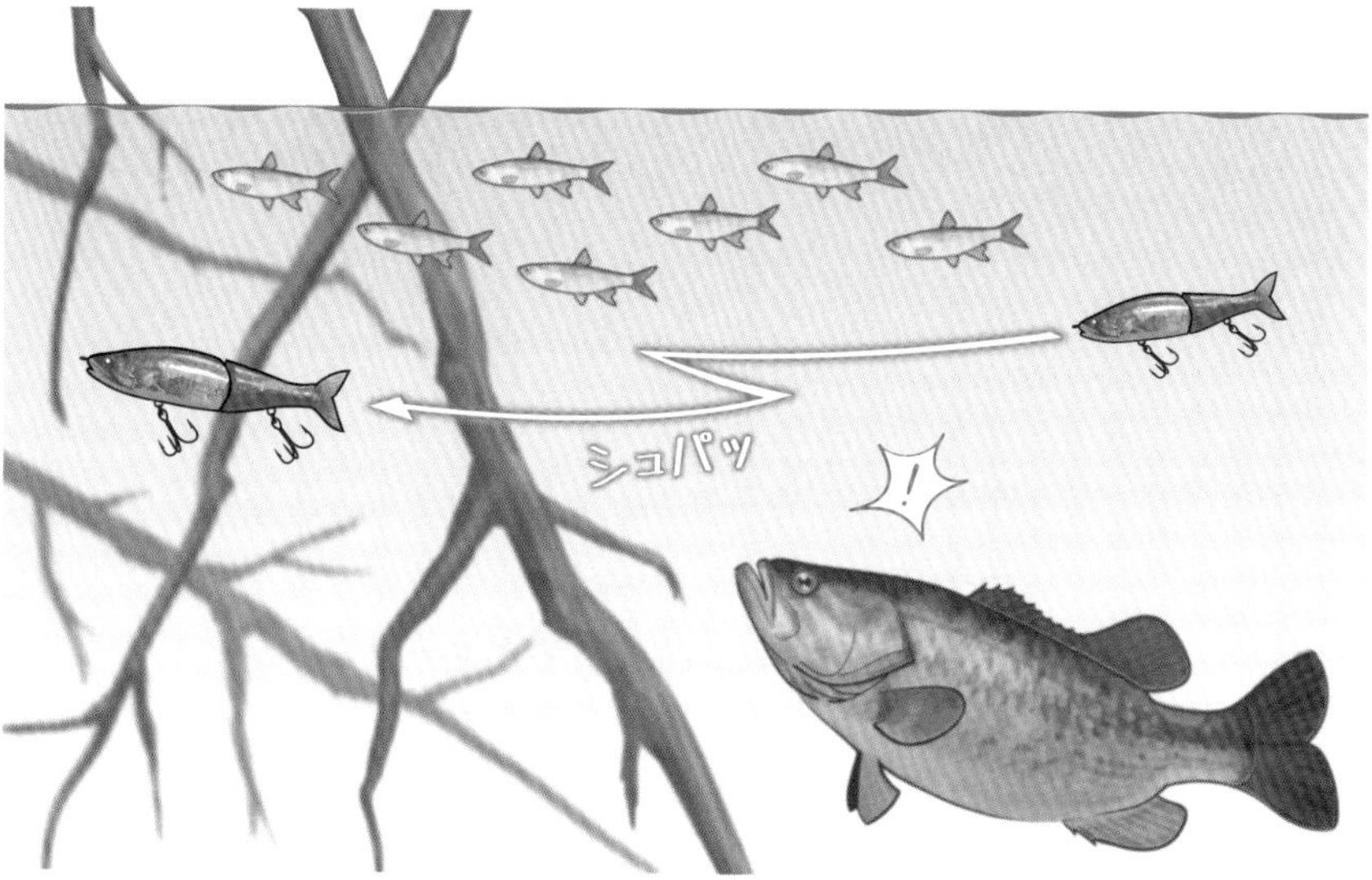

ただ巻きではなく、トリックを使おう

この釣りの主力である「女医クローン」。バスがチェイスしてきたら、カバーの方向へとひとっ飛びダートをさせる。バスにはカバーに追い込んだかのように錯覚させることで、捕食のスイッチを入れて食わせてしまおう。とにかく、オープンウォーターよりもカバーに絡めて勝負!

Lures & Tackles

鮎邪ジョインテッドクロー178（ガンクラフト）”女医クローン”チューン

ジョインテッドクローをサスペンドチューンして、さらにバスのリアルプリントシールを貼った特製ルアー。他にもいろいろと秘密があるようだが……。桑形氏による特別チューン

ロッド● ロードランナーヴォイスLTT680H（ノリーズ）
リール● バンタムMGL HG（シマノ）
ライン● R18フロロリミテッド16Lb（クレハ）

ウオデス乙型（常吉）

国産ビッグスイムベイトの最古参。流れのあるエリアにて、アップストリームで一級スポットへゆっくりと巻いて泳がせる。スポットに待機しているバスに追わせて食わせるイメージだ

ロッド● ロードランナーヴォイスLTT680MH（ノリーズ）
リール● バンタムMGL ライト（シマノ）
ライン● R18フロロリミテッド14Lb（クレハ）

スイムベイトヘッズ3/4oz（リベンジベイツ）＋スプーンテールシャッド6in（ノリーズ）

ヘビーサイズなジグヘッドにスプーンテールシャッド6inをセット。アクションはロール系。冬場の琵琶湖にて、ディープの魚礁などのでかバスに実績がある

ロッド● ロードランナーヴォイスLTT680MH（ノリーズ）
リール● メタニウムMGL ライト（シマノ）
ライン● R18フロロリミテッド14Lb（クレハ）

冬

Winter Pattern 09

オカッパリもボートも崩落直撃!

サンカクコンビで狙うはビッグバス、冬のリザーバー最終奥義!

時期	11月中旬〜2月中旬	釣り場のタイプ	リザーバー

これはリザーバーで僕が多用する冬の最終奥義。冬になってバスがディープに落ちる、もしくは中層にサスペンドもできる状況下で、ビッグフィッシュも越冬バスもどちらも釣れる、魅力的な障害物というのが崩落跡です。

やり方は簡単で、オカッパリの場合は、目に見える崩落跡を狙う。水深10mくらいの場所に崩落して浅くなっていて、そこに沈んでいる木に対して、サンカクティーサンを枝に引っ掛けて落とし込んでいく。水深2〜3mから10mのディープまでをチョウチンでシェイクしながらチョコチョコチョコっとレンジを下げていきます。

亀山湖など、ボートの場合は水深10mにある高さ3mのオダなど、バーチカルにサンカクティーサン5gネコリグをピューっと落としていき、オダの中に入れてシェイク。中で寝ているバス、もしくはその崩落にサスペンドしているバスを釣っていきます。

三島湖の大規模な崩落跡。冬の実釣編でもサンカクティーサン5gネコリグで冬バスを誘った。崩落の規模が大きかったせいか、ボトムまで落としてからゆっくりとドラッギングするという使い方も試していた

デカいバスを狙うならズバリ、中層。ボトムに付けずに中層でロングシェイク。その場にいるバスがじーっと見てから食べたり、回ってきたバスが食べたりします。それで釣れなかったら、狙いを越冬バスにシフト。ワームをボトムまで落としてからロングシェイク。すると、崩落の中で寝ているバスが起きて食べてくれます。

かなりデコりづらい、安打の確率が高い釣りなので、ぜひオカッパリ、ボート問わずに冬のリザーバーで試してみてください。

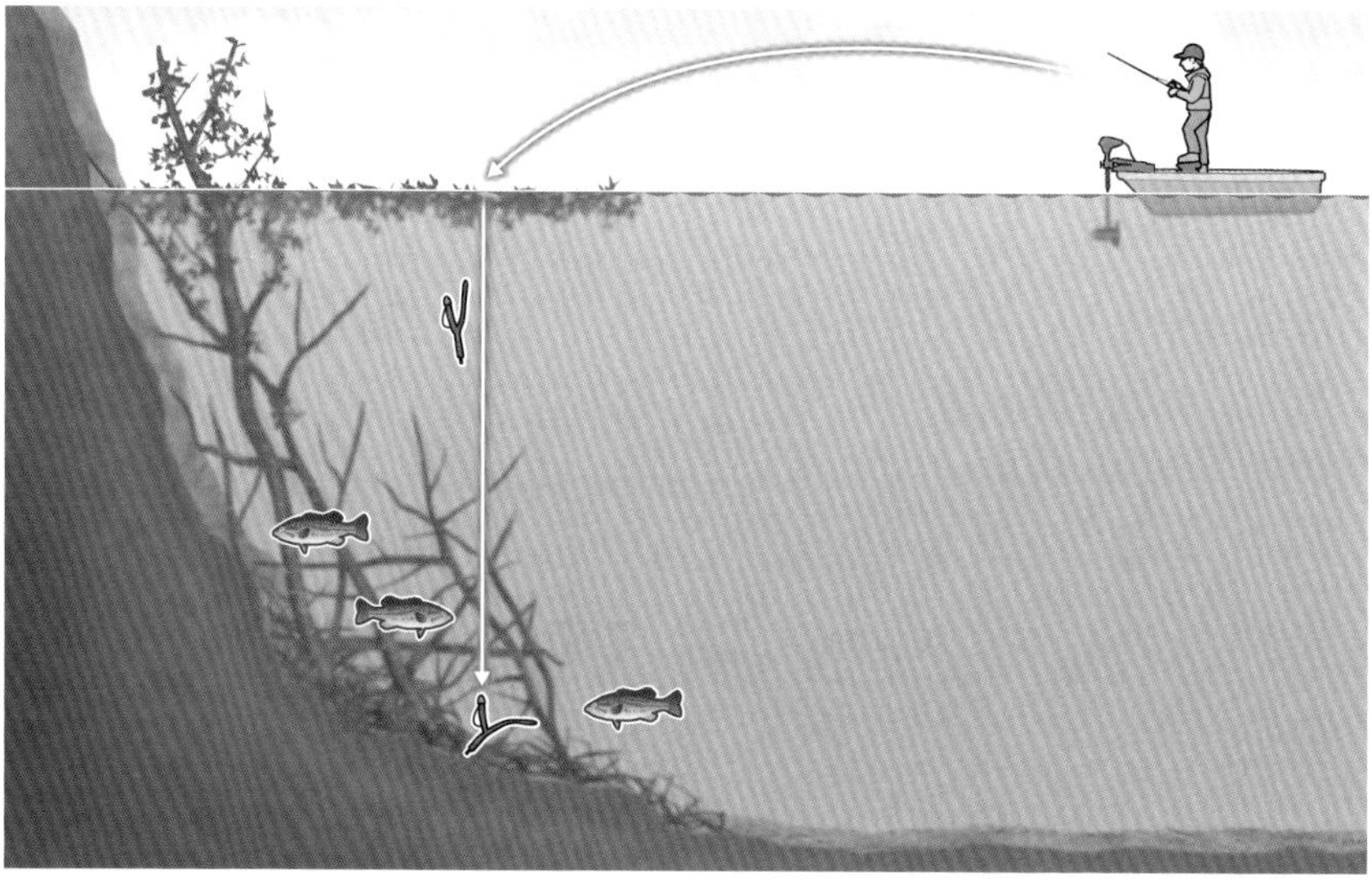

重いシンカーでカバーを突破させる

サンカクティーサンのネコリグを崩落へと落としていく。キモは、枝がたくさんあってもかいくぐってボトムまで到達できる5gシンカーを使うこと。しっかりカバーの中に入れてシェイクし、寝ているバスは起こす、サスペンドしているデカいバスは枝に引っ掛けて食わせよう

Lures & Tackles

5inサンカクティーサン（ノリーズ）5gネコリグ

このパターンで多用するのは、ヘビーウエイトネコリグ用に開発されたサンカクティーサンオリジナル。ベイトフィネスタックルで使うことが多い。フックはダブルエッジ（リューギ）の#1/0。グラブガードもセットする

ロッド● ロードランナーストラクチャーNXS STN660M-St（ノリーズ）
リール● アルデバランBFS XGレフト（シマノ）
ライン● R18フロロリミテッドハードバス7～10Lb（クレハ）
フック● インフィニ#1/0（リューギ）

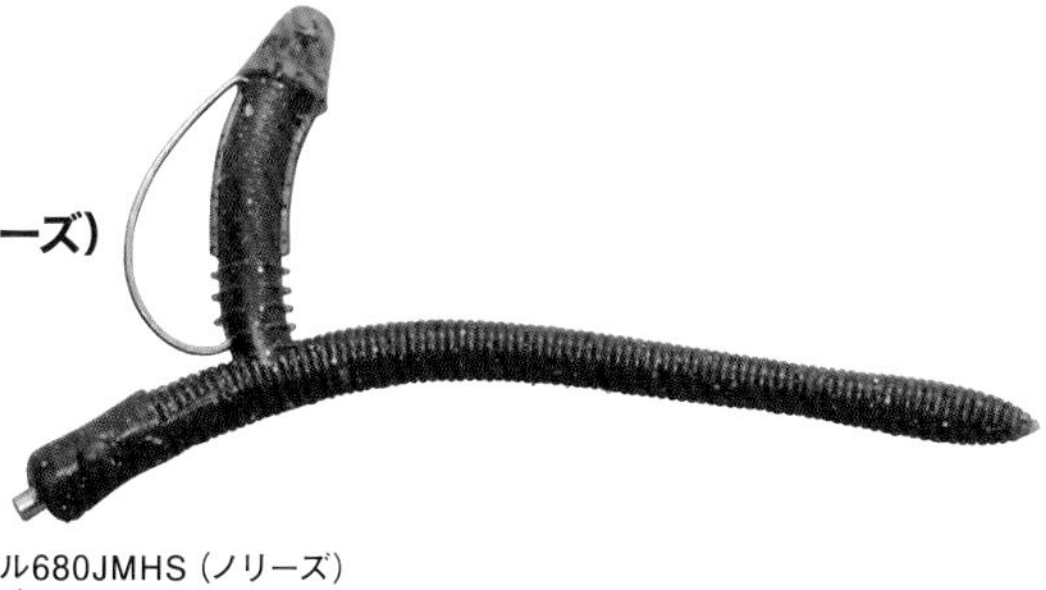

サンカクコティーサン（ノリーズ）3.5gネコリグ

濃いカバーをすり抜けさせるときはこのセット。PEラインをセットしたパワーフィネスタックルでやることもある。フックはインフィニ（リューギ）#1

ロッド● ロードランナーヴォイスジャングル680JMHS（ノリーズ）
リール● ヴァンキッシュ2500SHG（シマノ）
ライン● R18完全シーバス1.2号＋グランドマックス3号（クレハ）
フック● インフィニ#2（リューギ）

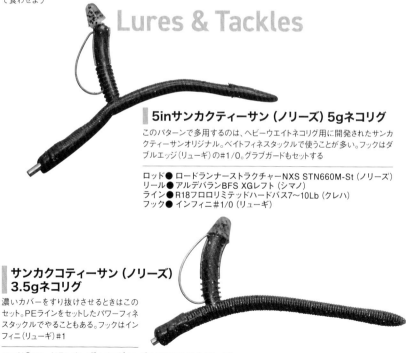

冬
Winter Pattern 10

メタルに釣り勝てるダウンショットリグ

水温が6℃を下回った、真冬の最低水温期の奥の手フィネス

時期	1月中旬〜2月上旬	釣り場のタイプ	リザーバー

リザーバーのレンタルボートでディープのダウンショットというのは冬の定番ではあるのですが、僕はあまりやらない。なぜかというと、もっとやる気のあるバスをメタルでバンバン釣る方が好きだから。でも、メタルがダウンショットに勝てないタイミングがある。それは、水温が6℃を下回ったときと、晴天無風、高気圧。とくに雨の後の晴天などでタフった状況だとどうしてもダウンショットには勝てない。そうなったらダウンショットでしっかりとタフな状況でもバスを釣っていきます。ただ気をつけてもらいたいのが、冬だからディープのダウンショットでネチネチやって1本釣るよ、っていうことじゃない。

水温が6℃を下回るとバスの吸い込む力が弱くなる。そこで僕が多用するのがパドチューの2.3gダウンショット。これはバイトバスリキッドでしっかり巧漬けにしてバイトパウダーをまぶしたものを使う。もしくは、アピールが必要なときはレッグワーム。

朝はなにもないフラットでウロウロしているフィーディングバス、日中はその近くの枝やスタンプなどに絡めて使うと真冬の厳しい日でも釣ることができる。動かし方は、細かいシェイク。なにかに引っかかったらあまり移動させずにチョコチョコチョコチョコって1点でシェイク。しばらくしたら、少しズル引きして、沈んだ枝やスタンプなどを探る。その繰り返しです。

キモは、ボトムから離さないこと。ボトムでのシェイクが強すぎて、どんどん浮いてきてしまいがちなので注意が必要です。ルアーがスタンプに絡んでいるのに気づかずにシェイクをしていて、上に上に上がっちゃって、止めたときにボトムに着く、みたいな。スタンプなどに絡めてシェイクしたら、引っ張って乗り越えたら確実にフォールさせる。水中でルアーがどのように動いているのかをイメージしながら丁寧にやるのがこのパターンでも大切です。

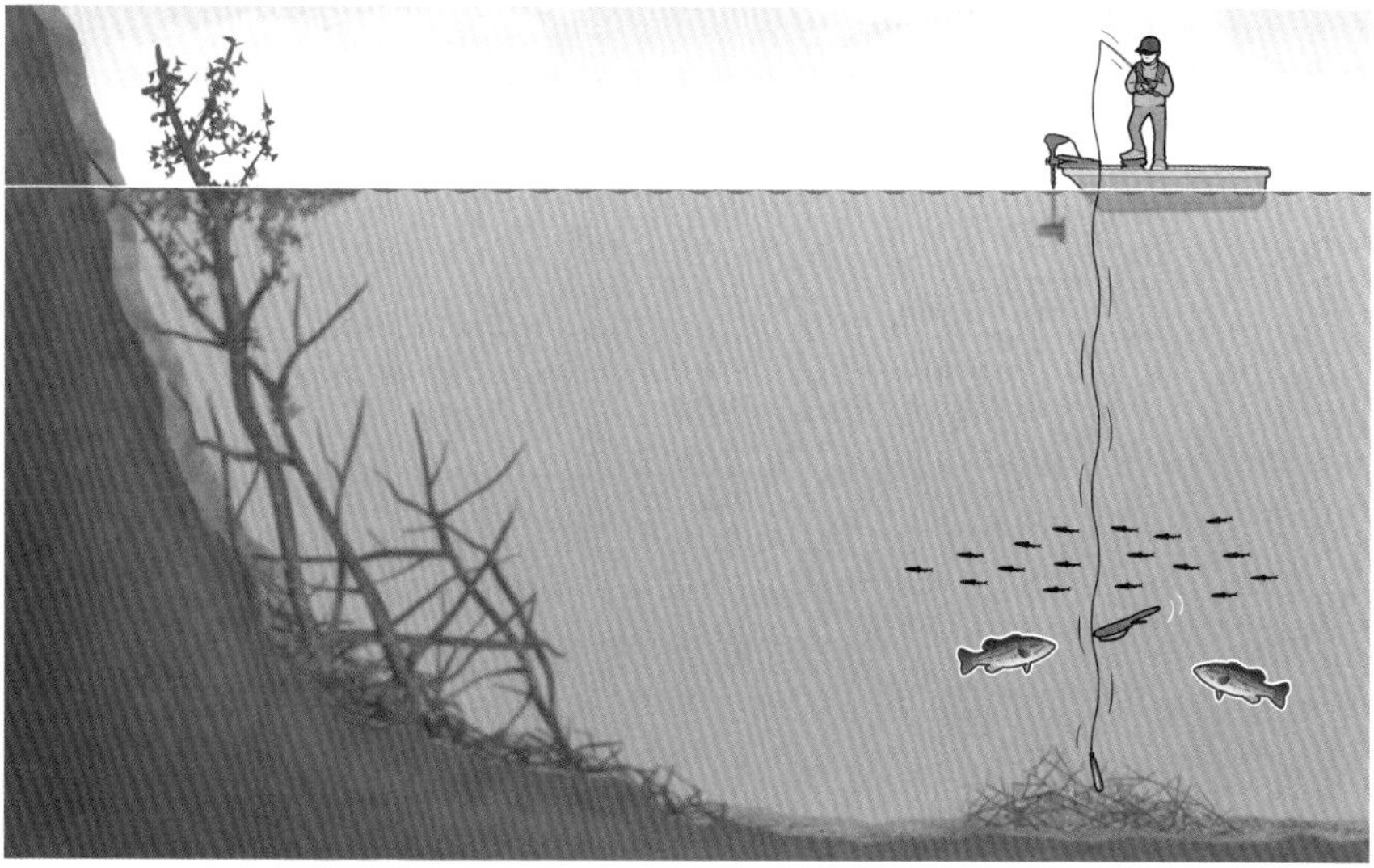

沈みモノから離さないようにタイトにロングシェイク

場所は流れが直接当たらない、なだらかな9〜12mくらいのディープ。朝のうちはディープのバスもやる気があるのでフラットのフィーディングを狙う。日中はその周辺の沈みモノを探して、軽く引っかかりを感じたら細かいロングシェイクで食わせにかかる

Lures & Tackles

2.5inレッグワーム（ゲーリーヤマモト）2.3gダウンショットリグ

アピール力が必要なときはレッグワーム。とくに冬の亀山湖では超定番になって久しい。バイトしたバスが吐いてしまうときは、ウエイトを1.8gに下げてみるのもアリだ

ロッド● ロードランナーストラクチャー ST630MLS-ULFt（ノリーズ）
リール● ヴァンキッシュC2000SHG（シマノ）
ライン● R18フロロリミテッド2Lb（クレハ）
フック● ダブルエッジ#1（リューギ）

ボトムからリグを離さないよう丁寧に探る。どんな障害物に絡んでいるかも意識する

2-1/2inパドチュー（ノリーズ）2.3gダウンショットリグ

おなじみのミニチューブだが、この場合はリアクションではなく、ふわふわ漂わせる食わせ。水質は濁りすぎていないほうがいい。バスが噛むとブチュっと潰れるのも効く。冬のショートバイト対策として巧漬けもおすすめ

ロッド● ロードランナーストラクチャーNXS STN610LLS（ノリーズ）
リール● ヴァンキッシュC2000SHG（シマノ）
ライン● R18フロロリミテッド2Lb（クレハ）
フック● インフィニホビット#2（リューギ）

タクミの夢はアメリカへと続く

Dreams continue to the U.S.A.

なぜアメリカの夢をみたのか？

僕がもともと釣りを始めたきっかけは、スーパーファミコンの『スーパーブラックバス2』というゲームだったんです。小学校低学年のころ、親戚のおじさんにそのゲームを買ってもらって、それでブラックバスという魚がいること、大会があることを知って、バスを釣りたいと思った。同時にそのゲームの舞台がアメリカだったことで、アメリカへの憧れを持ったんです。アメリカのトーナメントに出たい、と思ったきっかけでした。バスフィッシングの知識もないのにゲームだけやって、すでにクラッピーやウォールアイを知っていた、特殊な小学生でしたね。小学生ながらアメリカの大会で活躍するようなプロになりたいと夢を持って、成長していきました。

　では、どうやってその夢を実現しようと思ったのか。まず、釣り業界というものを勉強するのが大切だと思い、マルキユー株式会社に就職しました。唯一マルキユーだけが、利根川水系の大会で結果を出していた僕の釣りを見てくれたんです。実は、大手の釣り具メーカーの就職試験を何社も受けているんですが、ことごとく落ちた。でもマルキユーだけは、筆記の成績が悪い僕を通過させてくれたんです。しかも、当初募集予定のなかったノリーズのルアーチームに採用枠をひとつ増やして、そこに新卒として入れてくれた。そして田辺哲男さんの元で働くことで、釣りの技術も学び、メディア露出も増え、コツコツといろんなことを勉強していきました。その過程で、アメリカに挑戦したいということを相談したところ、「バックアップするよ」といっていただき、夢が実現することになったんです。

　生まれて初めてアメリカにいったのは２０１２年。その前年にＨ-１グランプリが発足して、初代年間チャンピオンが僕なんです。それで招待していただき、アメリカへ。カリフォルニアだったのですが、小学生のときに感じた衝撃、感動、夢。それが現実になり……「こんなものか」ではなく、「やっぱりこの世界で戦いたい」と心から思いました。あの夢は間違ってなかった、と。

　また、２０１８年に木村建太さんに誘われてアメリカの大会に出た。そこでバスマスターがどういうものなのか、というのを見て……これは絶対にやらなきゃダメだ、と。それまでは２０２０年から挑戦しようと決めていたのです。ところが、参加したオープンにて、ジョーイ・ナニーヤというプロにコアングラーとして乗ったのですが、彼はめちゃめちゃフィジカルがすごくて、キャスティングのキレもバリバリ。35歳くらいかと思っていたのだけど、歳を聞いたら25歳だという。僕は、31歳。早くいかないと……と、予定を１年はやめて２０１９年にアメリカ挑戦を開始することになりました。

セントラルオープン第１戦
恐怖のトレドベンド

　セントラルオープンへの出場を決意し、２０１９年に、中古の車とボートをゲットしました。セントラルオープンは年間４戦あって、年間成績上位５名がエリート（B.A.S.S.の最高峰カテゴリー）に昇格することができる大会です。

　第１戦はルイジアナ州の湖、トレドベンド。琵琶湖より大きいリザーバーです。湖のそこいら中に木が生えていて、もしぶつかると船が壊れる、しかもバカ荒れするという……とんでもなく怖い釣り場。僕が初挑戦した２０１９年は、青木大介さん、北大佑さんなど９人の日本人がエントリーしていたのだけど、僕を含めて初めて挑戦するアングラーが度肝を抜かれるようなフィールドだった。バスボートの経験が浅い僕にとってはまあ地獄。プラクティス２日目にして日本に帰りたいと思ったほど辛かった。波を３連発で食らい、ビルジをバンバン回して水を抜いて……死ぬかと思いました。もう日本に帰りたい、と本心から思いました。

　セントラルオープンでは一番の難関だろうといわれていたトレドベンド。でも、僕はなぜか準優勝してしまった。理由は、正直わからないですが、運よく最高のスタートが切れたのです。僕にとって相性のいいフィールドだったかと思われるかもしれませんが、やはり相当厳しいフィールドでした。あと、田辺さんに８年間教わってきたバスフィッシングがアメリカで通用することに自信を持てた。僕以上に田辺さんが喜んでくれたのが今も思い出深いです。

セントラルオープン第2戦 大トラブルからの大逆転、スミスレイク

スミスレイクは、細い川が3本重なっていて、規模はそれほど大きくないクリアリザーバーです。魚種は、メインがスポッテッドバス、そしてラージマウスでした。スポッテッドバスは日本にはいないので、知識が足りず、なかなか難しい。しかし、日本の釣り場に近いようなクリアレイクなので、オープンのなかでは僕は一番好きかな。

この試合でのトラブルは……というかアメリカの試合で一番ヤバかった。最初に入ったエリアから移動しようとした瞬間、なんにも当たっていないのに、ピーン！という音とともに、なにかが金属疲労で飛んでいった。それは3枚あるプロペラの1枚。スタート会場まで戻れば40分……この状況をどうしよう？と焦った僕はとりあえず釣りをしました。釣った魚をライブウェルに入れていたら、バスマスターのオフィシャルクルー、しかも日本語がわかるセイゴさんが偶然通りかかったんです。そこで事情を話したところ、「本部へ連絡して、許可をもらえばなんらかの手助けができるよ」と。結局、一度マリーナに戻って、僕もコアングラーも釣ったバスを全部リリースし、エンジンのプロペラも直してリスタートしよう、ということに決まりました。近くのマリーナから上がって、オフィシャルクルーのトレーラー、車に僕の船を乗せてもらって、スタート場所まで1時間かけて戻ると、そこにはバスマスターのサービスクルー、ヤマハのスタッフがいて、30分くらいでロワーケースもプロペラも新品に戻りました。試合の残り時間は4時間半でリスタート。ここで大きくプランを変更することに。この日のプランは、デカいラージマウス2本を入れて、スポッテッドバスでリミットメイクするつもりだったのですが、スポッテッドバスのみをまとめて釣れる釣りに徹底しました。結局、11Lb9ozで52位。スミスレイクはすごく魚が釣れるので、ウエイトが1oz少ないだけで順位が10位落ちるというレベル。一発逆転もある。2日目はプラン通りラージマウスを入れる試合をして、15Lbを釣り、トータルウエイトで5位までジャンプアップしたんです。初日にエンジンが壊れたのになんと決勝進出。結果、8位でしたが、第2戦が終わった時点で僕は総合1位に。「Taku Itoって誰やねん？」と話題になり、アメリカのバスマスターからも取材がきましたね。

セントラルオープン第3戦 我慢のミシシッピリバー

ここは日本人にとっては難関といわれている釣り場。どこまでもいける湿地帯、川、と途方もない規模のとんでもないところでした。危険だし、浅いし……恐怖のフィールドなんです。そして釣れない。湿地帯の

タクミの夢は アメリカへと続く

経験がなかったので、どうしたらいいかもわからない。

ミシシッピリバーといえば、フロッグとフリップの選手が大半なのに、僕はスピニング5本というフィネスで、会場の近くでリリースフィッシュをとにかく釣りまくるというプラン。結果、2日間で66位。真ん中よりちょっと上くらいの順位でフィニッシュしました。ただ、セントラルオープンで一番悪い順位でしたが、キーになったのはこの試合だったと思います。この試合で大崩れしなければエリートもありえるぞ……と思っていたので、どうにか大怪我せずに66位で終えることができたんです。

釣り方は、ジグヘッドワッキー、ダウンショット、ネコリグという日本人の釣り。2日目はリリースフィッシュが途端に釣れなくなったので、急遽方向転換して、下流に40分走ってスモールマウス狙いに変えてどうにかしのぎました。とにかく辛かった……けど持ちこたえた試合でしたね。この時点で年間順位は4位。上位5人のエリート枠へ首の皮一枚繋がった状態で最終戦へ続きます。

タクミの夢はアメリカへと続く

Dreams continue to the U.S.A.

セントラルオープン第4戦 決戦・グランドレイク！

最終戦のグランドレイクは、かなりタフだという前情報があったのですが、オープンのなかでは一番僕向き。レイクといっても川に近く、ダムの放流によって流れが生じる、利根川のような地形や水中堤防もありました。なので、利根川チックな釣りをしようと決めて、6.5inカットテールのネコやエスケープツインのチェリーリグなどをメインにしました。プラクティスからイージーに釣れていて、調子がよかったんです。2日目を終えて3位で決勝に進んだ時点でエリート進出決定といわれ、安心したのか……決勝はノーフィッシュ、10位フィニッシュでした。しかし、年間成績は4位となり、エリート昇格の切符を手に入れました。

決勝まで、ずーっと神経をすり減らしていたし、グランドレイクの前に睡眠薬を飲まないと眠れないような状態に陥るほど精神的にもストレスが溜まっていました。年間を通して夢の舞台アメリカでの戦いは本

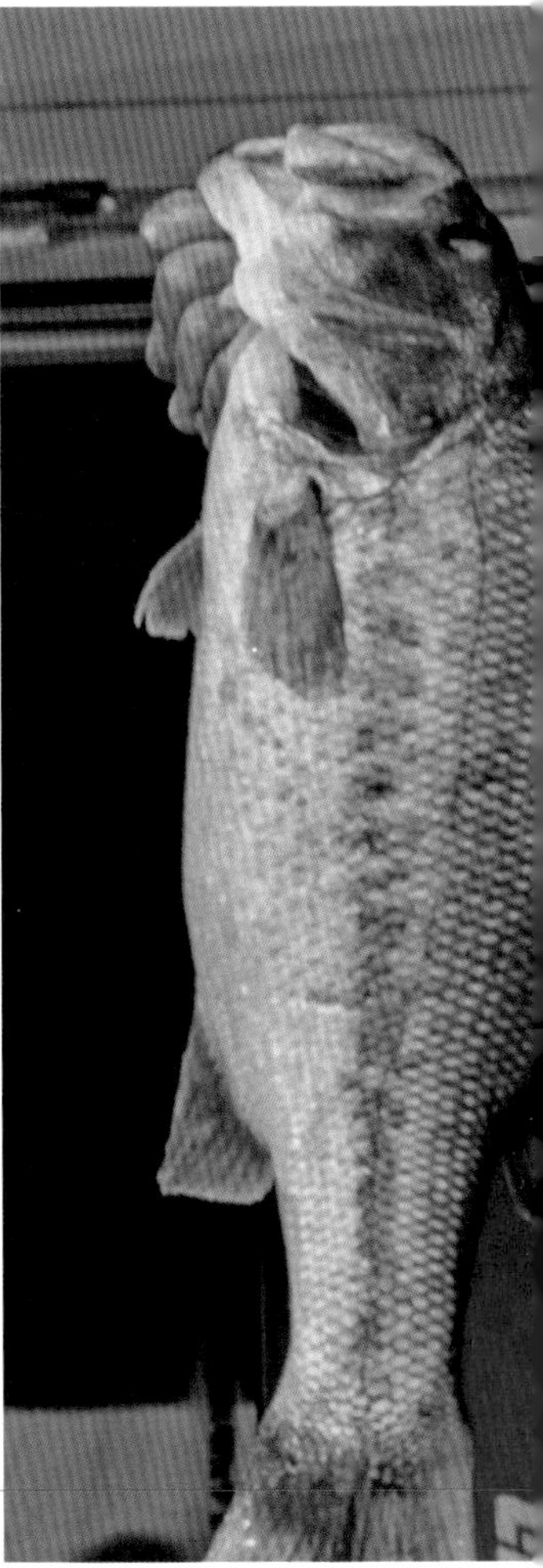

Photo by Hiro

当に楽しかったけど、それ以上に苦しくて、プレッシャーや色々なことが辛かった。振り返ってみれば、そんな1年でした。そして、エリートという、自分が子供のころゲームのなかで夢見た世界に立った今、思うことは、人生のすべてをかける勢いで試合にのぞまないとやられるな、と。楽しみな反面、とんでもないところに来てしまった……ということをヒシヒシと感じています。これからエリートで活躍するために、死に物狂いで集中していかないといけません。ここが人生の勝負どころだと自分を奮い立たせています。絶対に夢の舞台で活躍してみせます。また、そこで学んだ知識やテクニックを今後日本に持ち帰って、紹介できたらな、と思っています。

エリートシリーズ第1戦 セントジョンズリバーの決心

南国のフロリダ。全体に浅く、あまり水深の変化がなく、冷え込むと一気に水温が下がる釣り場です。ここでは、オフィシャルプラクティスを3日やって、4尾のバスしか釣れず……かなり辛かった。もはや、全選手がこれでメシを食っている世界なので、プレッシャーも半端じゃない。これは最下位もありえるぞ……と思いつつ試合に入りました。

試合中に魚を探すしかないような……本当に見えていなかった。ただ、そこで強く思ったのが「自分が日本で培って来た技術で戦ってみよう」ということ。セントジョンズリバーはフリップ、パンチという対べジテーションがメインとなる釣り場なのですが、僕はオフショアの沈みモノやブッシュをパワーフィネスで釣っていきました。

悪天候のため予選が3日間から2日間へ変更され、決勝はトップ40が通過だったルールがトップ20に変更されてしまい……2日間のトータルで僕は21位とギリギリ決勝に進めない順位で終わりました。悔しさはありましたが、「背伸びをせず、自分のやれる釣りでアメリカと戦おう」と思えたことは、それ以上に大きかったです。アメリカの大会でアメリカ人が強いのは当たり前で、僕が背伸びをしてアメリカの釣りをやっても勝てないんだな、と思った。それならば、僕にしかできない釣りをやろう、と。今まで、関東でたくさん釣ってきたパワーフィネスの釣りで、セントジョンズで21位になれた。その結果を通して、今までの釣りに自信を持っていいのだな、と思えた自分がいました。できないことはできない、と気持ちを切り替えて、やれることを全力でやる。これからの試合に大きな影響を与える1戦だったと思います。

Afterword

　この本を最後まで読んでいただき、ありがとうございました。どうでしたか？　身近なフィールドで釣れそうなパターンはありましたか？　ピンときた方は、次の休日にぜひ試してみてください。とくになかった方でも、これから様々なフィールドで釣りをするなかで、「そういえばこんなパターンがあったかも……」ということが必ずあるはずです。というのも、僕が26年間のバス釣り人生で、プロアングラーになる前の、学校から帰ってきてからの近所の釣りや、プロになってから感じたことまで様々な経験をもとに紹介しているので、日本のどこでも起こりうることばかりです。すぐにハマらなくても、どこかでこのパターンがハマるということを信じて、2度3度読んでいただけたらうれしいです。

　今、日本にいられる時間は短くなりましたが、将来、僕が40歳、50歳になった時代の日本のバスフィッシングシーンで、少しでも皆さんのお役に立てるような知識などをアメリカで学べるいい機会だと思っています。バスマスターエリートシリーズを戦うなかで、よりすごい、より実用的なパターンを身につけて、必ず日本に帰ってきます。そのときまで、楽しみに待っていてください。今、僕はエリートシリーズを必死に戦い抜く状況です。それでも今までと変わらず、伊藤巧を応援していただけたらうれしいです。今後とも、よろしくお願いします。

伊藤 巧

2018年、バサーオールスタークラシックにて

なぜボクだけが釣《つ》れるのか？

春夏秋冬★秘密のビッグバスパターン40

Secret Big Bass Patterns for All Seasons

2020年6月1日発行

著　者　伊藤 巧
発行者　山根和明
発行所　株式会社つり人社
〒101-8408　東京都千代田区神田神保町1-30-13
TEL 03-3294-0781（営業部）

印刷・製本　図書印刷株式会社

乱丁、落丁などありましたらお取り替えいたします。

ISBN978-4-86447-346-0 C2075

つり人社ホームページ　https://tsuribito.co.jp/
つり人オンライン　https://web.tsuribito.co.jp/
釣り人道具店　http://tsuribito-dougu.com/
つり人チャンネル（You Tube）　https://www.youtube.com/channel/UCOsyeHNb_Y2VOHqEiV-6dGQ